MIREILLE DARC

TANT QUE BATTRA MON CŒUR

En collaboration avec Lionel Duroy

ÉDITIONS DE NOYELLES

Éditions de Noyelles
avec l'autorisation de XO Éditions

Éditions de Noyelles
123, boulevard de Grenelle, Paris

ISBN : 2-7441-8810-7

Aux hommes de ma vie, Alain, Pierre et Pascal.

À Louis Deschamps, qui a partagé notre vie à Douchy.

Quand j'ai rencontré Pascal, j'ai brûlé toutes les photos de mes vies précédentes. Je voulais entrer dans la sienne légère et sans bagages.

J'aurais sans doute également brûlé mes photos d'enfance si j'avais su que je les avais. J'ignore comment toutes ces photos ont atterri chez moi, ficelées dans un vieux carton. Je suppose que c'est mon frère, Maurice, qui me les a remises après la mort de nos parents. J'ai dû accepter le paquet sans savoir ce qu'il y avait dedans, et le ranger au fond d'un placard.

Un jour, je suis tombée sur ces clichés, par hasard, et comme nous parlions parfois de mon enfance, avec Pascal, je les lui ai donnés. *Tiens, regarde, je crois que toutes mes premières années sont plus ou moins là...* La semaine suivante, j'ai découvert sur mon bureau, joliment encadrée, une photo d'enfance où je pose entre mes deux grands frères, Roger et Maurice. Pascal en avait donc choisi une, mais il ne l'avait pas gardée pour lui, il en avait fait faire un tirage et me le mettait sous les yeux.

C'est à partir de cet événement minuscule qu'a grandi en moi l'idée d'écrire ce livre.

Avec élégance, Pascal me rappelait que j'avais un passé, et que ce passé l'intéressait, contrairement à ce que je m'étais imaginé. Je n'étais pas bavarde sur mon enfance, et il me manifestait combien il le regrettait. Je n'évoquais jamais mes vies précédentes, mais dès qu'il tombait sur de vieux *Paris Match,* ou de vieux films d'actualités racontant des fragments de ces vies, Pascal les rapportait à la maison.

Ces fameux *bagages* dont je m'étais délestée pour ne pas *plomber* notre vie présente, eh bien, Pascal les recomposait par bribes, et leur faisait une place sous notre toit. *Mimi, regarde ce que j'ai trouvé chez un bouquiniste... Quel couple vous formiez avec Delon! Mais je me demande si tu n'es pas encore plus belle aujourd'hui...*

À sa façon, discrète et drôle, Pascal était en train de me dire qu'on n'a qu'une seule vie, en réalité, et que, s'il m'aimait aujourd'hui, il aimait aussi la femme que j'avais été avant de le rencontrer.

1.

Au milieu de l'été 1945, nous rentrons de Suisse. Mes deux frères et moi. Puisque la guerre est finie, nous retournons à Toulon. J'ai sept ans, je ne me rappelle rien de ce voyage. Roger a dix-huit ans, lui, et Maurice peut-être quinze ou seize. Aujourd'hui, Maurice me raconte qu'il n'en revenait pas de l'état de la France – le délabrement, la saleté, la pauvreté... Nous venions de passer deux années loin des bombardements et de l'Occupation. La gare de Toulon, surtout, lui parut effrayante, noire, misérable. Moi, je lui donne la main, paraît-il, et Roger marche devant avec les valises. Je n'ai pas de souvenirs non plus de la gare de Toulon, ni du long chemin que nous faisons ensemble pour remonter vers les faubourgs, jusqu'à l'avenue des Moulins. Je me laisse conduire sans poser de questions.

Avenue des Moulins, Roger pousse la porte d'une épicerie et, soudain, c'est comme si ma poitrine allait exploser. Mon cœur se met à cogner, à cogner, parce que je crois reconnaître la dame derrière le comptoir, son visage, son regard, et puis la tête me tourne et je pense que je vais mourir. Mourir d'émotion, de bonheur, là, tout de suite. Mais déjà les bras de la dame m'entourent, me soulèvent et, comme enfin je respire son odeur, je m'entends lui dire tout bas cette phrase qui me revient intacte, un demi-siècle plus tard : *Je ne savais pas que j'avais une maman!*

Non, je ne savais pas. En deux ans, j'avais tout oublié, nos parents, l'épicerie, Toulon... Et c'est pourquoi ce jour de l'été 1945 demeure dans mon esprit comme celui de ma véritable naissance.

Pour l'état civil, cependant, je suis née le 15 mai 1938 à Toulon, en plein mois de Marie. C'était un dimanche, et Maurice se souvient qu'il faisait déjà très chaud, comme en plein été. Dès le matin, on avait chassé de la maison mes deux frères, allumé le poêle pour faire bouillir les linges, préparé la chambre à côté de la cuisine, et on attendait la sage-femme qui ne venait pas. Maman était épuisée, très nerveuse, elle demandait pourquoi Mme Terron n'arrivait pas, et mes frères se faisaient rabrouer dès qu'ils s'approchaient de la maison. Enfin, Mme Terron est apparue, et deux ou trois heures plus tard, à seize heures précisément, on est venu dire à mes frères qu'ils avaient une petite sœur.

Maman m'a souvent répété que j'étais un *accident. Toi, Mireille, tu es un accident.* Cela dit joyeusement, sans aigreur, sans amertume, comme on dit qu'il fait chaud, ou froid, car maman aimait la vie et jamais je ne l'ai entendue se plaindre de quoi que ce soit. Pourtant, mon arrivée ne fut sûrement pas un cadeau. Mes parents approchaient de la quarantaine, en 1938, et je crois qu'ils avaient tout juste de quoi élever mes deux grands frères. Maman tenait donc la petite épicerie de l'avenue des Moulins, et mon père cultivait le potager en contrebas pour l'approvisionner en légumes.

J'essaie d'imaginer le couple que furent mes parents bien avant ma naissance, au temps où on leur propose de prendre en location cette épicerie des faubourgs de Toulon. Roger a trois ans, maman vient d'accoucher de Maurice, et ils vont alors d'exploitations horticoles en maraîchers. Ils vivent à Toulon, puis à Nice, puis à Antibes, déménageant tous les six mois parce que mon père veut en savoir un peu plus sur les citronniers, sur les ficus, sur les camélias. Il termine son apprentissage, son « Tour de France des compagnons », tandis que maman, elle, trouve du travail ici ou là comme employée de maison.

Sont-ils amoureux dans leurs années nomades ? Sûrement, puisqu'ils se sont choisis un peu plus tôt en toute liberté. Ils se sont rencontrés chez Allard, le grand horticulteur de Toulon. Ma mère est alors gouvernante chez M. et Mme Allard, tandis que mon père y est apprenti jardinier. Maman a un peu plus de vingt ans, elle arrive d'un village perdu des Alpes-de-Haute-Provence, Turriers, au-dessus de Sisteron. Les siens sont si pauvres qu'elle n'a pas dépassé la petite école et qu'on l'a *placée* très tôt, vers douze ou treize ans. Mon père, lui, vient de Suisse, du canton de Vaud. Pourquoi a-t-il quitté sa famille et son pays ? Sans doute parce que l'horticulture est mieux enseignée en France. Toujours est-il que, le 3 juillet 1926, Gabrielle Marie Reynaudo a dit *oui* à Marcel Alfred Aigroz.

À peine mariés, Gabrielle et Marcel quittent les Allard pour les camélias de Nice, ou d'Antibes, mais ils ont dû laisser bon souvenir puisque c'est une amie des

Allard qui leur propose l'épicerie au milieu des années 1930. Maman estime que c'est une aubaine, cette épicerie. Je devine qu'elle est fatiguée d'aller de ville en ville avec ses deux petits garçons et rêve d'une maison à elle où se poser. Et justement, il y a une maison derrière l'épicerie...

Je ne suis pas encore née, mais je me les figure découvrant cet éden. Une alimentation minuscule sur l'avenue des Moulins, faite de planches clouées et d'un toit de tôles et, derrière, sur un demi-hectare de bonne terre, un vieux mas. Il est un peu délabré, des souris nichent dans la charpente, il n'y a ni électricité ni chauffage, mais maman n'a peur de rien. J'ai retrouvé récemment la maison de son enfance, à Turriers – une pièce unique, humide et noire, où ils ont vécu à six, les cinq enfants et la mère veuve –, et j'ai aussitôt compris d'où lui venaient sa force, sa confiance en la vie. Ce vieux mas, cette terre en friche, et la pauvre boutique sur l'avenue, bien sûr qu'elle va savoir en faire quelque chose ! J'imagine en contrepoint le peu d'enthousiasme de mon père, son œil taciturne, son silence têtu, mais peut-être est-ce que je me trompe. Peut-être n'était-il pas comme ça avant ma naissance. Peut-être était-il gai et entreprenant, car sinon, comment expliquer que ma mère ait pu tomber amoureuse de cet homme-là ?

Quand je viens au monde, l'épicerie des Moulins est déjà le lieu de rendez-vous de toutes les mères de famille du quartier. Elle n'a pas encore été reconstruite en dur, mais peu importe, l'écoute et la bienveillance de maman suffisent à attirer la clientèle. Mon père a fait du terrain, derrière, un précieux potager où il passe désormais toutes ses journées. J'arrive en pleine récolte des petits pois et Maurice est chargé d'en remplir des seaux qu'il porte à l'épicerie. Maman a fait venir sa sœur aînée, notre sévère tante Marie-Louise, pour tenir la boutique pendant les quelques jours qui suivent son accouchement. Maurice court du potager à l'épicerie et se fait sans cesse houspiller, de sorte que mon apparition restera à jamais liée dans son esprit à celle des petits pois...

Et puis maman reprend ses affaires, et moi je suis confiée à mes frères. Aujourd'hui, Roger est mort, si bien que je ne dispose plus que du témoignage de Maurice. Lui prétend que Roger, qui avait onze ans cet été-là, s'arrangeait pour se défiler et qu'il était donc seul à m'avoir sur le dos du matin au soir. « *Maurice, va garder ta petite sœur ! Maurice, tu n'entends donc pas qu'elle pleure ?* » *Je prenais une sucette au magasin, je te la mettais dans la bouche, et en deux minutes tu dormais. J'avais la paix, enfin !*

Je peux dater mon premier souvenir d'enfant puisqu'il est lié à un événement dramatique de la guerre. Je suis assise dans le jardin sous une verveine, il fait très chaud, les yeux me brûlent, jamais je n'ai vu le ciel aussi noir en pleine journée, on dirait qu'il va nous tomber sur la tête, nous écraser. Je sens confusément qu'il se passe quelque chose de grave, de menaçant peut-être, mais, comme personne n'est à côté de moi pour me l'expliquer, je cherche désespérément le soleil, comme si son retour pouvait me sauver. Par instants, il apparaît, mais terriblement lointain et pâle, comme à demi éteint déjà. Et puis il fait une mauvaise lumière qui m'éblouit, qui me donne la nausée, à force. Alors je cherche qui pourrait bien venir à mon secours, et à ce moment-là seulement je suis surprise par le silence. Où sont passés mes frères ? Pourquoi maman ne s'inquiète-t-elle pas de moi ? On n'entend plus un bruit soudain, on dirait que même les oiseaux se sont enfuis du jardin.

Des années plus tard, je comprendrai que ce jour-là, tandis que je scrutais le soleil fané à travers les fumées épaisses qui montaient de la rade, la flotte française était en train de se saborder. C'était donc le 27 novembre 1942, et j'avais quatre ans.

Au début de l'été 1943, nous partons pour la Suisse, dans la famille de papa. Seulement Roger, Maurice et moi, sans nos parents. Je suppose qu'ils nous mettent dans le train mais, curieusement, je n'ai aucune mémoire de ce moment, d'une émotion quelconque. Comment est-ce possible quand je sais l'importance qu'a prise cette séparation dans ma vie ? C'est que dans notre esprit, je l'ai compris par la suite, nous partons seulement pour le temps des vacances scolaires, nous ignorons que notre exil va durer deux ans, au point que j'oublierai l'existence de maman...

Et donc nous sommes certainement plus excités par ce long voyage qu'émus de quitter les nôtres. Nos parents nous expédient en Suisse parce qu'il n'y a plus grand-chose à manger à Toulon, et que là-bas on ne manque de rien. Eux non plus ne savent pas que les bombardements, puis le débarquement de Provence, vont sans cesse repousser notre retour. Je devine la fierté de mon père, lui d'ordinaire remisé à l'ombre de maman, d'être celui grâce auquel nous échappons à la guerre ! Nous allons chez l'une de ses sœurs, notre tante Marguerite, qui tient avec son mari Alfred un petit hôtel en haute montagne, Les Martinets, aux Plans-sur-Bex, dans le canton de Vaud.

J'ai sous les yeux la photo de cet hôtel prise durant le premier hiver où nous y habitons. Un toit massif à quatre pans recouvert d'une épaisse couche de neige, et de part et d'autre du chemin d'accès des amoncellements de neige. C'est étrange comme le souvenir de toute cette neige me glace encore le cœur... Je crois que je découvre durant cet hiver 1943-1944 combien le froid et la montagne me sont étrangers. Mes frères et moi sommes des enfants du Midi, laissés pieds nus une bonne partie de l'année, habitués à nous percher dans les arbres, à manger dans le potager comme les vers de terre et les oiseaux, et, pour la première fois, je prends conscience que la nature peut être cruelle et ne rien offrir d'autre qu'une désolation silencieuse et ouatée.

Pourtant je ne souffre pas du froid, j'ai une petite chambre sous les combles pour moi toute seule qui est même très bien chauffée. Je reconnais ma fenêtre sur la photo, et je me revois derrière cette fenêtre, regardant tourbillonner la neige avec une tristesse sur laquelle je ne sais mettre aucun mot. Si, bien sûr, je me demande où est passé le soleil, où sont passés les amandiers, mais jamais je ne formule combien maman me manque. C'est sans doute trop énorme, cette absence, ce doit être un gouffre qui me donne le vertige et dont je me détourne pour ne pas y tomber, et mourir de chagrin.

D'ailleurs, je ne reste jamais longtemps toute seule à ma fenêtre, je préfère la chaleur et l'animation de la grande cuisine, trois étages plus bas, où tout le monde est gentil avec moi, et où somnole Lassy, la chienne de mon oncle Alfred. Lassy est la seule qui a véritablement du temps à me consacrer. Elle pose son long museau sur mes genoux et se laisse caresser. Petit à petit, je me suis habituée au luxe incroyable de cette maison, mais quand je suis là à ne rien faire, assise avec la tête de Lassy contre mon ventre à regarder les cuisinières, mon ébahissement me revient. Jamais je ne me serais doutée que de l'eau chaude pouvait jaillir d'un robinet, qu'on pouvait voir la nuit aussi bien que le jour grâce à l'électricité, qu'il existait pour se laver des *baignoires* qui se remplissent automatiquement d'eau brûlante... Jamais. Chez nous, on se lavait à l'eau froide, debout dans une bassine en zinc, on s'éclairait à la bougie, et les toilettes étaient au fond du jardin. Et puis chez nous, je n'avais pas une chambre pour moi toute seule, même pas un lit puisque je partageais celui de maman. Oui, mais ça c'est un souvenir que je chasse rapidement de ma mémoire, puisque je serai bientôt incapable de dire où j'habitais avant de vivre dans cet hôtel.

On me le demande parfois, des gens de passage, des clients, à qui l'on doit dire que je ne suis pas la fille de tante Marguerite et d'oncle Alfred. *Je m'appelle Mireille Aigroz, j'ai cinq ans...* Voilà tout ce que je suis capable de leur raconter. Après, je ne sais plus, c'était il y a trop longtemps. Des gens de passage toujours chaleureux et gentils, et qu'on revoit pour la plupart de loin en loin. Des amis d'oncle Alfred aussi. Je me souviens d'un homme en uniforme, qu'on appelle *le général*, et qui me prend affectueusement sur ses genoux. *Mais bien sûr*, me dit aujourd'hui Maurice, *c'était le général Guisan, le commandant en chef de l'armée suisse. Il venait régulièrement à l'hôtel, peut-être pour skier, ou pour se reposer.*

On a donc expliqué à Maurice qui est *le général*, mais à moi on ne m'explique jamais rien. On pense sans doute que je suis trop petite pour comprendre. Roger et Maurice doivent eux-mêmes le penser puisque jamais ils ne me donnent de nouvelles de nos parents. À moins que ce ne soit moi qui n'aie pas envie de les écouter quand je devine qu'ils vont me parler de maman... Je ne sais pas. Dans les limbes de ma mémoire, durant cette période qui doit être en réalité infiniment douloureuse pour moi, je retrouve la trace de moments d'émotion liés dans mon esprit à l'arrivée d'une lettre de Toulon, et il me revient très vaguement que je suis tiraillée entre le désir de savoir et celui de m'enfuir.

On me met à l'école du village, dès le premier hiver je suppose. Il n'y a qu'une classe dans cette école, si bien que je suis avec Maurice qui a huit ans de plus que moi. La maîtresse est responsable d'une vingtaine d'enfants, de la maternelle jusqu'au niveau du certificat d'études primaires. Je revois le poêle au milieu des pupitres, mais il me semble que la maîtresse ne s'occupe pas du tout des trois ou quatre plus petits dont je suis. Elle consacre tout son temps aux grands, à qui il faut apprendre à lire et écrire, puis à compter. Je crois que nous ne faisons que dessiner, regarder des livres d'images, et nous ennuyer. Mais, malgré tout, l'école ne me déplaît pas parce que j'y monte, mes skis sur l'épaule, avec Lassy qui gambade à côté de moi. À la sortie, Lassy m'attend, assise dans la neige, et nous redescendons ensemble jusqu'à l'hôtel.

Oui, dans mon souvenir, cette chienne est la seule à me manifester de la tendresse. Tante Marguerite est gentille, mais elle ne me prend jamais dans ses bras. Ça ne se fait pas, ici, d'embrasser, de câliner, de raconter des histoires. Le soir, je monte toute seule me coucher, au troisième étage, et je regrette que Lassy, qui aime donner des câlins et en recevoir, n'ait pas la permission de dormir avec moi.

Enfin, les beaux jours reviennent, et avec eux les grandes vacances d'été. Roger part travailler chez notre oncle Charles, le frère aîné de papa, qui est charpentier. Maurice est envoyé dans les champs, et moi je découvre Yverdon, sur le lac de Neuchâtel, où habite ma tante Marie, la plus jeune sœur de mon père. On m'expédie chez elle parce que l'hôtel est plein à la belle saison et qu'il n'y aurait plus de quoi me loger. Tante Marie est très différente de Marguerite, elle est fantasque, toujours prête à s'amuser, à rire, à profiter de la vie. Avec elle, j'entre pour la première fois dans un *tea-room*, comme on dit à Yverdon, je découvre les cafés liégeois, les meringues, le chocolat... Je découvre également qu'on peut avoir un enfant sans être mariée. Tante Marie élève seule sa fille de quatorze ans, Josette, et je crois comprendre que le reste de la famille n'apprécie pas trop sa singularité. Mais cela ne semble pas du tout la déranger et je suis très vite conquise par sa jolie personnalité, par la beauté de son âme.

Cet été-là, Josette est partie pour Zurich apprendre l'allemand, et peut-être est-ce que je la remplace un peu dans le cœur de sa mère. Comme tante Marie est couturière, elle entreprend de m'habiller en petite fille. Je viens de fêter mes six ans, mais je n'ai encore jamais eu ni jupe ni robe. Jusqu'ici, je n'ai fait que *terminer* les habits de mes frères, des pantalons raccommodés aux genoux et des chemises trop grandes au col élimé. J'ai encore quelques photos de moi apprêtée par tante Marie. Sur l'une, je porte une robe plissée, joliment brodée sur le devant et fermée par un col Claudine de toute évidence assorti au nœud dans mes cheveux. J'ai aussi un petit sac en bandoulière et des socquettes blanches. Sur l'autre, je prends la pose dans une robe légère à manches ballons qui semble friser sur la poitrine. Cette fois, je suis coiffée d'une raie au milieu et deux petits rubans clairs me retiennent les cheveux sur les tempes.

Avec le recul du temps, je mesure combien les attentions et la gaieté de tante Marie ont dû me réconforter. Je pense aussi que, sans en avoir conscience sur le moment, j'ai découvert auprès d'elle combien le bonheur dépend de l'enthousiasme qu'on met à vivre. Tante Marie, qui n'était qu'une petite couturière, qui n'avait pas beaucoup d'argent, dépensait toute son énergie à embellir la vie et, insensiblement, elle vous tirait vers la lumière. Mes séjours à Yverdon m'empêchèrent certainement de me noyer dans la solitude et la tristesse, c'est dire tout ce que je dois à cette jolie femme. Et cependant, une fois ma mère retrouvée, jamais je ne retournerai vers tante Marie car la Suisse restera à jamais associée dans mon esprit à la peur d'être de nouveau abandonnée.

Je suis revenue aux Plans-sur-Bex quand tombent les premières neiges de notre second hiver en Suisse. Roger n'est plus là, il travaille désormais chez notre oncle charpentier. Maurice est présent, lui, mais il aide un peu oncle Alfred et ne s'occupe pas beaucoup de moi. Les gens me sourient, mais je suis trop petite pour participer aux conversations. J'ai le souvenir de ne jamais rien comprendre à ce qui se dit, comme si tous ces adultes qui passent leur temps à rire et bavarder parlaient une langue étrangère. Je me revois errant d'une pièce à l'autre, essayant en vain d'accrocher l'attention de Maurice avec ma jolie robe, pour finalement aller m'asseoir dans la cuisine à côté de Lassy, et même dans son panier la plupart du temps.

À l'école aussi je m'ennuie. Pourquoi la maîtresse ne se décide-t-elle pas à m'apprendre à lire ? Je ne sais pas. Peut-être simplement parce que personne ne le lui demande. J'ai le pressentiment que quand je saurai lire, je comprendrai d'un seul coup ce que disent les adultes, et qu'alors ils s'intéresseront à moi. J'attends cela avec tellement d'impatience qu'il m'arrive souvent, le soir, de m'installer dans un fauteuil du salon, avec le journal d'oncle Alfred sur les genoux, et de faire semblant de comprendre ce qui est écrit dedans. Mais, curieusement, personne n'est dupe, je ne parviens qu'à faire sourire, quand on ne me prie pas sévèrement d'*arrêter mes bêtises*.

Et puis l'hiver s'achève. Il me semble que je retourne pour quelques jours à Yverdon et, en effet, je retrouve une photo où je suis sensiblement plus grande, habillée d'une nouvelle robe... Ni tante Marie ni tante Marguerite et oncle Alfred ne me parlent de nos parents. Pourquoi ? Peut-être parce que, ne sachant pas quand se terminera la guerre, ils n'ont pas envie de susciter mes questions, et d'avoir ensuite à me consoler. Peut-être parce qu'ils n'ont plus aucunes nouvelles d'eux. *On apprenait par la radio qu'une vague de forteresses volantes avait bombardé Toulon*, me dira plus tard

Maurice, *et deux ou trois mois après on recevait un petit mot, en partie censuré, d'où l'on déduisait que papa et maman étaient en vie.* Aujourd'hui, je me demande comment j'ai bien pu m'arranger de leur absence, et de tout ce silence autour de moi ? Mes parents ont disparu, je me suis appliquée à les oublier, mais comment un enfant peut-il grandir avec le poids d'une telle disparition sur le cœur ?

Ils ont si bien disparu de ma conscience que je ne prête aucune attention à notre retour vers Toulon, et que j'ai tout oublié de ce voyage qui aurait dû me remplir d'impatience, me combler d'excitation. C'est Maurice qui me racontera, des années plus tard, dans quelles conditions nous sommes rentrés.

La guerre est à peine finie, et la frontière encore fermée entre la Suisse et la France. Roger vient d'être appelé sous les drapeaux en Suisse, or c'est en France qu'il veut faire son service militaire. Il décide donc de boucler précipitamment nos valises et de nous emmener vers la frontière avec l'intention de la franchir d'une façon ou d'une autre. Nous parvenons à la passer, en effet, Maurice ne se souvient pas comment, et nous retrouvons dans le train pour Toulon.

Je ne pose pas de questions, je me laisse conduire, mais, à l'instant où je reconnais ma mère, il me semble que tous mes sens se réveillent brusquement d'un très long sommeil.

2.

La beauté de maman me bouleverse. Les premiers jours, je n'ai d'yeux que pour elle. Je me tiens dans l'épicerie et je la couve du regard. Comme c'est l'été, elle ne porte qu'une de ces grossières blouses de coton qui se boutonnent sur le devant et qu'on achète au marché. Elle est mince, le tissu fait de jolis mouvements quand elle se déplace. Je l'aide à servir les pommes de terre et je m'applique à faire les mêmes gestes qu'elle. Elle a des mains aux ongles courts, à la peau calleuse, que je caresse furtivement quand nous sommes seules. Puis entre une cliente et, aussitôt, le visage de maman s'illumine. J'aime comme elle regarde la femme, avec bienveillance et fierté. Ici, elle est chez elle, c'est elle qui commande, cela se voit tout de suite. Je les écoute bavarder et rire, et, au début, je me grise de leur accent chantant. Puis je sens petit à petit la colère monter du tréfonds de mon ventre, une colère sourde qui me surprend chaque fois, et soudain j'en veux à maman de donner tout ce temps à cette étrangère, de la questionner, de la conseiller, quand moi je suis là qui voudrais tellement qu'elle me prenne dans ses bras...

C'est nouveau, cette colère. Quand je repense à la Suisse, il me semble que jamais je n'ai été fâchée contre ma mère. Non, bien sûr, puisque je l'avais chassée de mon esprit, puisque je l'avais oubliée. Et cependant, la regardant servir ses clientes, je vois bien qu'à aucun moment je ne l'ai véritablement *oubliée*. Cette femme brune aux cheveux épais, aux lèvres charnues comme les miennes, c'est évidemment ma mère, et je l'ai su à la seconde où je suis entrée dans l'épicerie, derrière Roger qui portait nos valises. Alors comment ai-je pu lui dire cette phrase qui a jailli de mon cœur : *Je ne savais pas que j'avais une maman !* En réalité, je m'en rends compte à présent, c'était le premier signe de ma colère contre elle. Elle m'avait abandonnée, je voulais lui manifester combien cela avait été douloureux, et sous cette phrase enfantine je cherchais à lui dire des mots autrement plus violents, autrement plus blessants : *Après ce que tu m'as fait, je ne veux plus avoir de maman !*

À midi, elle ferme l'épicerie, et on se réunit tous les cinq pour le déjeuner, à l'ombre d'une tonnelle couverte de roseaux séchés qu'a construite papa derrière la boutique. Il y a un coin aménagé pour la cuisine. Maman épluche quelques légumes qu'elle fait revenir à l'huile d'olive, avec de l'ail et du persil, puis elle casse trois œufs dessus et c'est bientôt prêt.

— Marcel, les enfants, à table !

Même dans les fumées de la cuisine maman est belle. On dirait une Gitane avec sa taille étroite et ses cheveux sombres ramassés sur la nuque. Je m'assois près d'elle, à l'opposé de mon père. Le jour de notre retour, j'ai vu les traits durs de papa s'adoucir à la vue de mes deux frères, mais ensuite il est venu vers moi sans élan, et j'ai retrouvé instinctivement l'espèce de méfiance qui devait déjà me tenir loin de lui avant la Suisse.

Mon père, si taciturne, est plutôt bavard durant ces premiers repas qui suivent notre arrivée à Toulon. Il est encore fier de nous avoir mis à l'abri des bombes, grâce aux siens, et il veut tout connaître de nos impressions. Mes frères se prêtent au jeu, mais moi je me tais. Au fond de mon cœur, je vomis la Suisse, la rigidité de mes oncles et tantes, leur sécheresse, et tante Marie elle-même fait les frais de ce rejet en dépit des jolies robes que j'ai rapportées d'Yverdon. Et puis je devine que mon père cherche à se mettre en valeur aux yeux de maman, et je n'ai pas envie de l'y aider.

Qu'est-ce que je comprends du couple de mes parents durant cet été 1945 ? Je vois qu'ils ne dorment pas ensemble puisque je partage de nouveau le lit de maman. Je remarque que ma mère n'accorde pas grande attention à ce que dit notre père, comme s'il ne comptait pas beaucoup dans son esprit. Parfois, je surprends mon père en train de la regarder d'une façon que je n'aime pas, comme s'il attendait un signe, quelque chose, et j'aime encore moins la façon dépitée dont il se détourne pour s'éclipser vers son potager, les épaules basses.

Heureusement, la vie qui reprend m'ouvre vite d'autres horizons. Je suis inscrite à l'école primaire du Fort-Rouge, au-dessus de la maison, sur les premières pentes du mont Faron. J'ai l'espoir qu'on voudra bien m'apprendre à lire, cette fois, et je ne suis pas déçue. En quelques jours, j'enregistre tout l'alphabet, et je découvre alors l'association des lettres avec le sentiment grisant d'enchaîner les tours de magie. J'ai sept ans, j'attends qu'on me livre ce secret-là depuis si longtemps que j'en perds le sommeil durant quelques jours. En rentrant de l'école, j'arrive à déchiffrer les enseignes des magasins, les gros titres des journaux, et je bondis dans l'épicerie pour prendre maman à témoin. Elle est heureuse de me voir si excitée, mais ne m'encourage pas, ne me demande rien de plus, et je dois la supplier de lire avec moi ma leçon. Je crois qu'elle-même a dû se débrouiller toute seule, petite, et qu'elle n'a aucune idée de ce que doit faire une mère avec les devoirs du soir. Aucune idée.

Apprendre à écrire me réclame un plus gros effort. Je suis gauchère et, en ce temps-là, c'est interdit. Pour me forcer à tenir mon crayon de la main droite, la maîtresse m'attache donc la gauche dans le dos avec une épingle à nourrice. Je n'en souffre pas, je prends ça comme un jeu. Est-ce que j'en parle seulement à maman ? Oui, sans doute, mais sûrement pas pour me plaindre car, à la maison, tout ce qui concerne l'école, tout ce que dit l'institutrice, est parole d'évangile. C'est bien plus tard, lorsque les mots me viendront à l'envers comme si on m'avait inversé le cerveau, que j'établirai un lien entre ma soudaine dyslexie et l'entêtement de l'école à faire de moi une droitière. Mais je m'en arrangerai, je n'en dirai jamais rien à mes parents.

J'apprends toute seule à lire et à écrire et, bientôt, je cesse d'associer maman à mes découvertes. Le jeudi, je vais au patronage chez les sœurs de Fatima, un peu plus bas en descendant vers la rade. Il me semble que les sœurs en savent plus long que maman sur l'éducation des enfants. Avec elles, nous apprenons à nous laver les mains avant de manger, à remercier le Seigneur pour ce qu'il y a dans notre assiette, à prendre soin de nos vêtements, à respecter les autres. Nous apprenons aussi le *Je vous salue Marie*. Il n'y a pas besoin de maîtriser complètement la lecture pour apprendre une prière puisqu'on la répète inlassablement à voix haute, si bien que le *Je vous salue Marie* devient la première récitation que je prends plaisir à déclamer toute seule.

Très vite, il y en aura beaucoup d'autres, et je sortirai petit à petit de mon cocon grâce aux récitations. Je me rappelle la visite de l'inspectrice dans les premières semaines de l'année scolaire. Tous les enfants se connaissent, ils en sont à leur deuxième année d'école, tandis que moi je suis nouvelle, et paralysée par la timidité. L'inspectrice me pose une question, mais je ne parviens pas à articuler la réponse. Un peu plus tard, elle demande à la cantonade si quelqu'un peut lui réciter une poésie. Alors j'entends toute la classe s'écrier *Mireille ! Mireille !* et je me retrouve à dire la récitation.

Eh bien, ça n'est pas la même enfant que j'ai interrogée tout à l'heure ! s'exclame l'inspectrice.

Est-ce parce que maman ne s'intéresse pas à mon talent de diseuse que j'en viens à coloniser le grenier ? Je me revois, le cœur battant, grimpant pour la première fois dans cette pièce ouverte aux quatre vents, et me mettant à déclamer pour un public imaginaire. Ensuite, presque tous les soirs je m'y retrouve avec moi-même. J'aime le grenier parce qu'on y entend le chant des oiseaux, tous les bruits du dehors, et que cependant on a quitté le monde, on est ailleurs. Ici, l'horloge du temps semble s'être arrêtée pour toujours.

On peut tout inventer dans un grenier, aucun objet ne va venir vous contredire car les objets, si prétentieux dans une maison, ne sont plus rien du tout sous la poussière et les toiles d'araignées. Des années plus tard, quand je jouerai au théâtre, je repenserai à mon refuge de l'avenue des Moulins. Sur la scène, on peut tout se permettre, comme dans un grenier, et quand on en redescend, tout est oublié, ça n'a laissé aucune trace, on dirait même que ça n'a jamais existé.

Ai-je réellement vécu l'histoire que je vais raconter maintenant, et qui s'y déroule, ou est-elle seulement le fruit d'un cauchemar d'enfant ? Je dirais que je l'ai vécue, oui, car malgré les années, chaque détail en est resté profondément gravé dans ma mémoire. Cependant, à certains moments, je ne peux pas me défendre de douter tant la scène me paraît effrayante.

Je vois clairement mon père me prendre par la main et me conduire vers ce grenier que je connais si bien. Il n'est pas habituel qu'il me prenne d'autorité par la main et je pressens qu'il va se passer quelque chose de grave. Arrivés dans la pièce, je vois qu'il a suspendu une corde à la grosse poutre faîtière. Alors il me lâche la main, et ses yeux bleus et durs cherchent les miens, comme s'il voulait me faire mal, me brûler, ou me clouer au mur comme on crucifie un papillon. Je n'aime pas son regard, je ne le trouve jamais bienveillant et j'ai toujours peur d'y croiser cette espèce de colère sournoise qui me glace les os. Mais c'est plus que de la colère, cette fois-ci, c'est quelque chose entre la folie et le désespoir. Je ne bouge pas, j'attends qu'il me dise ce que j'ai fait de mal, et pourquoi il va me punir. Alors j'entends :

— Regarde-moi bien, Mireille, je vais me pendre, et je vais me pendre à cause de toi. C'est toi qui m'as apporté le malheur.

Je me rappelle m'être mise à pleurer, de chagrin, ou de terreur. Et être parvenue à balbutier :

— Mais qu'est-ce que je t'ai fait ? Qu'est-ce que je t'ai fait, papa ?

Et lui :

— Ce que tu m'as fait ? Tu vas me faire mourir, voilà ce que tu m'as fait. Et tu vas voir, je vais mourir là, devant toi, je vais me pendre et mourir.

— Non, papa, non ! Je ne veux pas que tu meures... S'il te plaît...

Je suis certaine d'avoir prononcé ces mots, de les avoir criés tout bas dans mes larmes. Après, je ne me souviens plus. Je ne le vois pas me prenant dans ses bras, me disant qu'il s'excuse, qu'il renonce. Pourquoi ne s'est-il pas pendu, finalement ? Comment le cauchemar s'est-il terminé ? Sommes-nous redescendus ensemble ? Me suis-je enfuie toute seule en courant ? Je ne le sais pas, et jusqu'à aujourd'hui cette scène conserve pour moi une part d'irréalité.

Pourtant, par la suite, et sans doute aussi avant cet événement, mon père emploie souvent le mot de *bâtarde* pour me désigner. Mais sournoisement, comme s'il ne voulait pas que maman l'entende. Par exemple, à midi, au moment de se mettre à table, il prend son journal et, tout en le dépliant, tout en se cachant derrière, il maugrée dans ma direction *Ah tiens, la bâtarde... t'es là, toi ?* Comme des mots volés, aussitôt envolés. Pendant des années, je n'ai aucune idée de ce que signifie ce mot de *bâtarde*. Je remarque

que mon père ne l'emploie jamais en s'adressant à mes frères, et cependant je n'en éprouve aucune émotion particulière. Quand fais-je le lien entre la scène du grenier et ce qualificatif de *bâtarde* ? Je ne le sais plus précisément, mais il me semble que je suis déjà élève au Conservatoire. Je dois donc avoir quatorze ou quinze ans. Je me souviens du choc qu'a été pour moi l'instant où j'ai pressenti que je n'étais peut-être pas la fille de mon père, et que ce terme de *bâtarde* pouvait être l'explication de son désespoir. Car aussitôt il m'a sauté aux yeux que je n'avais aucun trait commun avec lui. Il était blond, plutôt petit et frêle, avec des yeux bleus. Moi j'étais brune comme ma mère, et déjà grande et longiligne...

Je crois avoir attendu d'être une femme pour parler de mes doutes à ma mère. Comme elle feignait de ne pas comprendre, je lui ai raconté qu'il m'appelait *bâtarde* à la dérobée. *Mais tu sais*, m'a-t-elle répondu, *il était un peu dérangé*. Papa n'était pas dérangé, non. Par la suite, j'ai donc tenté à plusieurs reprises de faire avouer maman, souvent par jeu, et jusqu'à peu de temps avant sa mort, tant je demeure persuadée qu'elle me cachait la vérité. Au fil des années, je suis même devenue plus brutale, et je me revois lui lançant : *De toutes les façons il est moche, il est bête, il est méchant, et si je ne suis pas sa fille, j'en suis ravie, figure-toi. Je trouve que tu as bien fait de le tromper. Alors dis-moi ce qui s'est passé et on se sentira mieux toutes les deux.* Mais maman n'a pas cédé et ils sont partis tous les deux en emportant leur secret.

La scène du grenier m'écarte radicalement de mon père. Et j'allais même écrire *à jamais*. Il ne m'attirait pas, mais désormais je le fuis. Je me souviens d'un sentiment de peur lorsque je l'aperçois de loin agenouillé dans le potager – non pas peur qu'il ne se tue, mais qu'un jour il ne *me* tue. Pour le mal que je lui ai fait, puisqu'il dit que je lui ai fait du mal. Quel mal au juste ? Il me faudra attendre des années avant de me figurer ce qui a pu se passer, la furtive rencontre de ma mère avec un homme, au milieu de l'été 1937... Elle était sensuelle, vivante et belle, tandis que notre père avait l'âme sèche et le cœur étroit. Mais, petite fille, je n'imagine rien de tout cela, je me sens simplement coupable d'une faute infiniment lourde dont j'ignore la nature, et, pour échapper au châtiment de mon père, je me tiens plutôt à proximité de ma mère. Cependant, pas un instant je n'envisage de lui raconter ce qui s'est produit au grenier. Pas un instant. Pourquoi ? Peut-être parce que je peux me figurer le drame que je vais provoquer et que je ne me sens pas de taille à affronter la colère et le désespoir de mes deux parents. Peut-être parce que j'ai honte pour mon père, et que je sens bien qu'à l'instant où je révélerai ce qu'il m'a fait, il sera mort en moi pour toujours. Tandis que dans ma tête d'enfant le malheur peut être conjuré tant que le secret est bien gardé.

Il me semble que c'est peu de temps après ce cauchemar qu'arrive enfin l'électricité, comme un cadeau du ciel pour exorciser mes peurs. Je me souviens du ravissement et de la sensation de sécurité que me procurent les premières ampoules. Il y en a une suspendue au plafond de chaque pièce. On peut aller d'une chambre à l'autre, on peut se retourner brutalement, la lumière est toujours là, c'est incroyable, irréel. La veille encore, il m'arrivait de perdre le souffle en songeant que quelqu'un m'épiait peut-être depuis tel ou tel recoin sombre, ou encore tapi derrière une porte. Désormais, il n'y a plus un endroit où se cacher...

L'école aussi m'apporte de bonnes surprises. Dès le premier trimestre, je me fais trois amies, Angèle, Rosette et Monique. Mes premières amies car, en Suisse, je ne m'étais liée avec aucun enfant. Elles habitent dans des maisons voisines de la nôtre, et souvent, le soir, je vais m'amuser une heure chez l'une ou l'autre. Maman me laisse libre d'aller et venir, elle n'a pas l'idée de m'imposer des horaires, de me demander si j'ai bien fait mes devoirs avant de sortir. Et puis les trois mamans sont ses clientes, de sorte qu'elle n'a aucune raison de s'inquiéter.

Chez mes amies, je découvre l'existence des jouets. Dans mon souvenir, il n'y en a aucun à la maison, je n'ai jamais eu ni poupée, ni dînette, ni tableau noir pour jouer à la maîtresse. Les dînettes surtout me plaisent parce que j'ai suffisamment vu maman préparer le repas pour imiter ses gestes, éplucher les légumes, les faire sauter à la poêle, *et hop! vite à table, les enfants, c'est prêt!* Je sers toute la famille, je mène la conversation. Voilà, en somme je sais m'amuser, provoquer des fous rires, et en plus on m'admire parce que je suis la meilleure en récitation. Pourtant, je me sens différente des autres, comme si tout ça ne suffisait pas à me donner confiance. En moi. En la vie.

Et différente, je dois l'être, en effet, puisque je n'ai pas de jouets, puisqu'il n'y a aucun livre à la maison alors qu'il y en a plein chez Angèle, Rosette et

Monique, puisque je vais avec plaisir chez elles, mais que je ne veux pas qu'elles viennent avenue des Moulins. Ça non, sûrement pas ! Je n'ai pas envie qu'elles s'aperçoivent qu'il n'y a rien chez moi. Et puis je n'ai pas envie qu'elles voient combien notre intérieur est en désordre comparé aux leurs, si bien tenus...

Je retourne donc chaque soir à ma solitude. Le jardin et le grenier, où j'ai mis longtemps à oser remonter, sont mon domaine secret. Alors il est temps que je dise à quoi ressemble ce domaine... Une fois passé l'épicerie, qui fait office de porte sur la rue, on découvre un bel espace planté d'amandiers. Cinq à huit poules se promènent là toute la journée en bavardant, en picorant les graines que leur lance maman. La nuit, elles se réfugient dans la cabane à outils qu'a construite mon père. Un haut palier de pierres sèches, une *restanque*, comme on dit chez nous, sépare le terrain des amandiers du potager, qui s'étend en dessous. À cheval sur ce palier se dresse notre maison d'habitation, et donc le grenier où l'on remisait autrefois le foin. On peut voir encore par la petite porte béante du grenier, juste sous le toit, la grosse poulie qui servait à hisser les bottes. Tout près de la maison se trouve la réserve d'eau pour le potager, un bassin rond et grossier dans lequel mes deux frères plongent la tête la première durant les mois d'été. Moi, je ne me baigne pas, j'ai peur des crapauds qu'on entend coasser et, de toute façon, la brutalité de mes frères me tient en retrait. Pour arroser ses légumes, mon père n'a qu'à libérer l'eau et la diriger par de petites écluses vers le sillon qu'il veut irriguer. Ensuite, il faut descendre le potager pour gagner le fond du jardin fermé par un rideau de roseaux sauvages. Là encore, on trouve d'autres crapauds, car juste sous les roseaux coule un ruisseau. Derrière, un chemin public longe notre domaine, le chemin dit *de plaisance*, depuis que Louis XIV, passant par là, a remarqué tout haut combien l'endroit était *plaisant*. Enfin, c'est ce qu'on raconte...

Mon amandier préféré est celui dont les branches s'élancent au-dessus du bassin d'irrigation. De là-haut, je peux observer les crapauds et leur balancer des amandes. Quand je ne suis pas au grenier, je suis dans cet arbre. J'y déclame des *Je vous salue Marie*, ou des textes d'Alphonse Daudet, de Frédéric Mistral, de Guy de Maupassant... Je me souviens aussi de ce compliment, appris par cœur pour la fête des Mères, et que je me récite avec délectation : *Si on me demande, maman, si tu es belle, je réponds : « Le visage de ma maman est pour moi le plus beau visage. » Si on me demande, maman, si tu as du courage, je pense à une seule de tes journées, et je réponds : « Maman travaille pour nous du matin au soir, toujours. »* Je ne suis certainement pas l'auteur de ce texte, mais si je m'en rappelle chaque mot, aujourd'hui encore, c'est qu'il résume exactement le regard que je porte alors sur ma mère.

Je lui parle sans qu'elle le sache, perchée dans mon amandier, parce qu'à l'épicerie elle n'a jamais une minute pour m'écouter. Et puis je m'adresse aussi aux poules, aux crapauds, aux coccinelles, aux scarabées... Je crois que j'ai eu très tôt l'intuition que les animaux du jardin me comprenaient, mais la véritable révélation m'est venue à la lecture de *Mickey*. Il n'y a rien à lire à la maison, c'est dire mon excitation quand je tombe par hasard sur une pile de vieux *Mickey* dans les affaires de mes frères. Je bute encore sur chaque phrase, mais je comprends. Cependant, au-delà de l'histoire qui me transporte dans un monde tellement plus joyeux que le mien, ce que je découvre me confirme mes premières intuitions : les animaux parlent ! Et ils ont même une vie sociale très proche de la nôtre ! Dans l'isolement où je me trouve, c'est une nouvelle considérable. Désormais, j'ai la conviction que les poules me comprennent, et je sais que si elles ne me répondent pas avec des mots, c'est simplement qu'elles ont une autre façon de s'exprimer. Je cherche laquelle, et j'imagine qu'elles communiquent avec leurs plumes, avec leur jolie façon de balancer le bec d'avant en arrière, ou encore avec leurs drôles de mouvements du derrière... À partir de ce moment, nous avons des conversations que je nourris de tout ce que je découvre dans *Mickey*. Les crapauds aussi deviennent mes interlocuteurs, mais je me sens moins de complicité avec eux qu'avec les poules ou les scarabées.

Certains jours, papa n'est pas dans le potager, mes frères sont au travail, il n'y a donc personne d'autre que moi dans tout ce grand domaine. Le soleil est encore bien haut quand je rentre de l'école. Alors j'ai tout mon temps. Je parle un peu aux animaux, je cherche dans la terre des petits vers pour les poules, ou des feuilles de salade pour les coccinelles, et puis comme j'ai faim, moi aussi, je décide d'aller demander du saucisson à maman dans l'épicerie. Je passe en coup de vent et, sans s'arrêter de servir sa cliente, elle me coupe une ou deux tranches.

Pendant ces années, je ne vois pas mes parents se sourire, se prendre par la main. Plus tard, lorsqu'ils seront vieux, oui, mais quand je suis enfant on dirait qu'une sourde hostilité leur défend de se toucher. Les apparitions de papa sont rarement joyeuses. Il lui arrive de ne plus nous adresser la parole pendant plusieurs jours, parfois même pendant plusieurs mois, et de s'attabler, le soir, sans un mot pour sa femme et ses enfants. Pourtant, nous dînons souvent dehors, sous la tonnelle illuminée, et ça pourrait être un bon moment. Mais non, papa est enfermé dans sa colère. Alors maman feint de ne rien voir. Elle remplit les assiettes, interroge ses fils, rit sans se gêner, elle est la vie qui continue. Chez nous, de toute façon, on ne reste jamais longtemps à table, il y a trop à faire pour l'épicerie. Quand elle enlève les assiettes, mon père se lève aussitôt et s'en va se coucher tout seul, sans même un bonsoir. Parfois Roger, ou Maurice, s'inquiète de ce qui ne va pas et, invariablement, maman rétorque : *Ne te fais pas de souci, il se remettra bien à parler un jour.* Et au regard qu'elle lance dans la direction où il a disparu, on devine qu'il ne compte plus beaucoup dans son cœur.

Au contraire de papa, moi j'attends maman pour aller me coucher. Ces premières années qui suivent notre retour de Suisse, je ne la quitte pas d'une semelle une fois la nuit tombée. Je l'aide un peu pour la vaisselle, et puis comme elle n'a jamais fini de ranger, je m'endors là, dans son remue-ménage, la tête entre les bras ou en travers d'une chaise. Elle n'a pas besoin de me secouer quand elle est prête, je le sais, j'ai entendu. Alors je cherche sa main, nous marchons sous les amandiers dans le chant des grillons, le coassement des crapauds, et vient le moment délicieux de se glisser dans son lit.

3.

L'épicerie, le potager, les amandiers, tout cela est soudain gravement menacé. Je me rappelle l'émotion de maman, les discussions fiévreuses entre Maurice et Roger, les bougonnements courroucés de mon père. Nous allons peut-être devoir partir, abandonner tout ce que nous avons construit depuis des années... Cela me paraît tellement invraisemblable que je mets plusieurs jours à comprendre l'histoire. La dame qui nous louait le domaine vient de mourir, et ses héritiers veulent vendre. Si nous ne pouvons pas acheter, nous sommes priés de laisser la place.

Pendant des semaines, toute la maison tremble et vacille. Acheter ? Mais comment pourrait-on acheter alors que nous avons tout juste de quoi manger après avoir payé le loyer ? Maurice se souvient du *conseil de famille* convoqué par maman. C'est peut-être un grand mot, *conseil de famille*, pour dire qu'ils se réunissent tous les quatre derrière l'épicerie, sans moi qui suis en deuxième année de primaire et dont l'avis n'intéresse personne, mais maman tient sans doute à souligner combien l'instant est solennel. Et il l'est, en effet, puisqu'il s'agit de décider si mes deux frères, au lieu de penser à leur avenir, vont s'engager aux côtés de nos parents pour payer cette propriété.

Je crois que Roger travaille déjà aux chantiers navals de La Seyne-sur-Mer, mais Maurice est encore à l'école, lui, il est même bon élève et veut faire des études, apprendre un métier *de bureau*. Mes frères envisagent-ils de laisser tomber nos parents ? Ces derniers leur donnent-ils véritablement le choix ? Je ne sais rien des discussions de ce *conseil*, mais, le lendemain, la décision est prise : Maurice va abandonner ses études pour travailler, et lui comme Roger verseront désormais l'intégralité de leurs salaires à ma mère. Nous sommes sauvés, nous allons acheter le domaine de l'avenue des Moulins.

Il me semble que cette année-là, et jusqu'à mon entrée en sixième, notre vie se referme sur moi comme un couvercle, ou comme les lourdes grilles d'une prison. Jamais nous n'avons été aussi pauvres, aussi démunis, et je comprends mieux pourquoi aujourd'hui : on ne nous a accordé que cinq années pour payer une somme qui leur donne le vertige à tous les quatre...

Je suis venue à bout des jolies robes de ma tante Marie, je n'ai plus rien à me mettre, mais il ne viendrait à l'esprit de personne de dépenser un sou pour s'habiller. Je porte les pantalons crevés de mes frères, des chemises sans forme, et pour cacher les trous je suis une des seules de la classe à conserver la blouse grise qui n'est plus obligatoire. Maman s'essaie bien à coudre et à raccommoder, mais elle est débordée, et de toute façon notre tenue lui importe peu. Elle fait rarement bouillir le linge, ne nous apprend ni la propreté ni l'élégance, et c'est à chacun de se débrouiller pour se vêtir avec ce qu'il trouve de mettable au fond de l'armoire. Je pense qu'elle a été élevée comme ça.

J'ai conscience d'être différente des autres, et en particulier d'Angèle, de Rosette et de Monique qui demeurent mes trois amies. Je suis éblouie par le luxe de leurs maisons, la quantité de belles choses qu'on trouve chez chacune d'elles – les dessus-de-lit en cotonnade, les lampes aux abat-jour à franges, les tapis, les fauteuils... C'est l'époque des sous-verre colorés évoquant les splendeurs des colonies françaises, et je leur envie les couchers de soleil d'Indochine encadrés dans la salle à manger, ou les scènes de la vie quotidienne en Algérie... Je leur envie aussi leurs pères que je croise parfois, qui lisent le journal et ont un sourire, ou un mot gentil. Plus que jamais, mon domaine leur est interdit. Aujourd'hui, avec le recul du temps, je suppose qu'elles ont dû s'étonner que je ne les invite jamais, et cependant je ne me vois pas inventant un mensonge pour les dissuader de venir. Alors quoi ? Peut-être leurs mères, croisant la mienne à l'épicerie, et devinant qu'elle n'avait pas une minute à me consacrer, leur expliquaient-elles que j'étais une petite fille laissée à elle-même et qu'il ne fallait pas me mettre dans l'embarras. Ou peut-être suffisait-il de voir comment j'étais habillée pour tout comprendre. Je ne sais pas.

Cet hiver-là, je commence à tomber malade, à faire des angines. Je ne demande pas à voir un docteur parce que je ne sais pas que les docteurs existent. Nous ne sommes jamais allés en consulter un, et aucun n'est jamais venu chez nous. Quand elle constate que j'ai la fièvre et la gorge enflée, maman me fait une tisane avant d'aller au lit. À la visite médicale de l'école, on me dit que je suis trop maigre. *Demande à ta maman de te purger*, me recommande la dame qui m'ausculte. *Et puis dis-lui de te donner des vitamines, tu en as besoin.*

Maman acquiesce, mais ne fait ni l'un ni l'autre. Chez nous, on n'entre pas dans une pharmacie, on n'achète pas de médicaments. Et pourtant, je ne grandis pas bien, je le sens, et ça se voit jusque sur mes photos de l'époque où j'ai l'air d'un chat maladif. J'ai de violentes douleurs aux articulations, j'ai souvent la fièvre le soir, et tout au long de l'année j'ai les yeux cernés de noir. *Elle grandit trop vite, la petite*, disent les clientes de l'épicerie, et maman, qui s'inquiète, se raccroche à cette explication. Je suis en pleine *crise de croissance*, ça va passer, il n'y a rien d'autre à faire qu'à attendre.

On ne mange de la viande qu'une fois de temps en temps, sinon maman s'en tient à une cuisine simple et économique faite des légumes du potager et des œufs frais de nos poules. Mais ça n'est pas la nourriture qui est en cause, celle que maman nous prépare est délicieuse, et d'ailleurs mes frères s'en portent très bien. Non, ce qui est en cause, c'est qu'au fil des mois j'ai complètement perdu l'appétit. Et je m'entends encore répéter à ma mère, au moment de me mettre à table : *Je ne peux pas manger, maman, j'ai le cœur fermé.*

D'où est-ce que je tiens cette expression : *J'ai le cœur fermé* ? Presque un lapsus, puisqu'en réalité je devrais parler de mon estomac que je sens, en effet, comme cadenassé. Mais non, l'image qui me vient aux lèvres, et qui exprime sûrement ce que je ressens, est celle de ce cœur scellé comme une tombe. Le mien. J'ai neuf ans, j'ai dix ans, et je crois qu'en réalité je ne veux pas vivre. Tout est froid au fond de moi, comme si la mort était parvenue à s'immiscer dans mon âme d'enfant. Bien des années plus tard, quand je découvrirai que mes angines à répétition, jamais soignées, ont gravement endommagé mon cœur, je tiendrai une explication rationnelle à ma frilosité. Cependant, avec le recul, je devine que cette espèce de glaciation, contre laquelle je n'ai pas encore appris à me défendre, est plutôt l'écho lointain, mais inoubliable, du désespoir de mon père et de la culpabilité qui m'accable.

Maman entend-elle seulement ce que j'essaie de lui dire ? Je ne crois pas. *Tu ne veux pas manger ? Tu ne manges pas*. Elle n'a pas appris à se préoccuper des douleurs du corps, alors elle est très loin de se douter qu'il existe en plus des maladies de l'âme. Maman n'est pas quelqu'un qui scrute un visage pour deviner ce qui ne va pas. Elle va de l'avant, et tant qu'on se réveille chaque matin, c'est que la vie est là, et bien là. Chez elle, ils étaient cinq enfants, élevés dans ce village isolé de Turriers, à mille mètres d'altitude, avec seulement pour se nourrir un troupeau de moutons. Les cinq ont survécu, sans médecin, dans l'humidité et le froid, jusqu'à ce que le dernier, Élie, meure à dix-neuf ans. Pourquoi ? De quoi est-il mort, si jeune ? Maman le savait, sans doute, mais jamais elle ne l'évoquait. La mort avait à voir avec la fatalité, se disait-elle, et il ne lui serait pas venu à l'esprit de se dresser contre la fatalité. Et puis elle avait d'autres choses à penser – travailler, nourrir les siens, profiter des bonheurs qui passent, du soleil, des amandiers en fleur, et tenir, envers et contre tout.

Tous les matins, à six heures, elle prend le tramway avec ses paniers pour descendre jusqu'au marché, cours Lafayette, à l'aplomb du port. Elle choisit les fruits et légumes qui lui manquent pour son épicerie, le fromage, la charcuterie, et elle remonte, chargée comme un baudet, sans jamais se plaindre. Je n'ai jamais vu mon père l'accompagner. Quand il y a trop pour ses deux bras, les commerçants la livrent. Au retour, elle pose sa marchandise, et se fait un café-chicoré dans une *chaussette*. J'aime ce moment ; je suis sur le point de partir pour l'école et maman est là, satisfaite de souffler une minute et de la journée qui s'annonce. L'épicerie n'est pas encore ouverte mais le soleil, déjà haut, joue entre les losanges rouges et jaunes du rideau anti-mouches. C'est comme un feu d'artifice, rien que pour moi, pour nous. Et puis je m'en vais comme elle se met à la préparation de son étalage. Le long des trois marches qui descendent du trottoir au fond de la boutique, elle dispose les sacs de patates, d'oignons, de pois chiches, de pois cassés... Tout doit être prêt pour l'arrivée des premières clientes, à neuf heures. Maman les accueille avec le sourire, je le sais. Elle est heureuse, elle n'a pas à se forcer pour les écouter, pour les réconforter. Elle pense qu'elle a bien de la chance d'avoir ce petit commerce, des garçons honnêtes et travailleurs, et qu'il ne faut pas demander au ciel l'impossible.

Le ciel, c'est celui constellé d'étoiles et d'anges de l'église Saint-Antoine-de-Padoue où elle m'accompagne à la messe, certains dimanches. Maman est catholique, tandis que mon père est protestant mais, comme pour tout le reste, c'est elle qui a imposé ses convictions : nous, ses enfants, sommes catholiques. Je crois qu'elle a du plaisir à prier, à fréquenter l'église, mais elle ne va pas jusqu'à fermer son épicerie pour assister à une messe. Ça non, certainement pas. La plupart du temps, je descends donc à Saint-Antoine toute seule.

Grâce aux sœurs de Fatima, que je côtoie tous les jeudis au patronage, la foi a pris petit à petit une grande place dans ma vie. J'envisage même de devenir bonne sœur dans ces années où le quotidien me semble tellement lourd. J'admire le visage lumineux de sœur Victorine, j'aime son enthousiasme, ses jolis élans, sa largesse d'esprit, et elle devient secrètement mon modèle. D'ailleurs, à dix ans, je n'ai de foi qu'en les femmes, comme si l'inconsistance de mon père, sa misère intellectuelle et morale rejaillissaient sur tous les hommes. Par exemple, je refuse de me confier au prêtre pour la confession. Je le trouve trop curieux, j'estime que mes péchés ne le regardent pas et, par-dessus tout, je ne veux pas de son *absolution.* Il me semble que si j'ai commis une faute, le mieux est d'aller en demander pardon auprès de la personne qui en a souffert. Je ne vois pas pourquoi ce prêtre aurait le pouvoir de me décharger de ma responsabilité, lui à qui je n'ai rien fait de mal. J'en parle beaucoup aux religieuses, qui voudraient me convaincre des bienfaits de la confession, mais n'y arrivent pas vraiment.

Jésus non plus ne m'intéresse pas. Ni ses disciples barbus. Seule la Vierge Marie me fascine, et bientôt Marie-Madeleine qui, jusqu'à aujourd'hui, tient une place particulière dans ma vie. À la messe, au moment de la consécration, c'est l'apparition de la Vierge Marie que je guette. Tandis que tous les fidèles se prosternent, et que le prêtre élève l'hostie pour qu'elle devienne le corps du Christ, puis le vin pour qu'il devienne son sang, moi j'observe intensément tout ce qui se passe dans le chœur, la lumière qui tombe à pic des vitraux, les poussières qui tourbillonnent follement dans les rayons lumineux, persuadée que le beau visage de la Vierge va soudain s'incarner dans ce vide abyssal, et qu'elle va me distinguer, m'appeler, ce qui tout d'un coup donnerait un sens à ma vie.

Je l'imagine blonde aux yeux immenses et clairs, habillée d'une robe bleue qui lui découvre les épaules, le teint diaphane mais les lèvres vermeilles délicatement ourlées. La beauté, quoi ! À l'âge où les petites filles d'aujourd'hui s'identifient à de très jeunes chanteuses et rêvent de passer à la télévision, mon modèle à moi est la Vierge Marie et je rêve secrètement d'entrer au couvent. C'est dire avec quelle dévotion je me prépare à ma première communion. D'autant plus qu'à l'occasion de cet événement la Vierge va véritablement... entrer chez moi ! Selon la tradition, chaque famille dont un enfant va recevoir l'hostie pour la première fois doit être honorée d'une visite de la Sainte Vierge. Les premières communions ont lieu en mai, en plein mois de Marie, ce qui explique sans doute pourquoi la Grande Dame est étroitement associée à la célébration. Une procession se forme, conduite par le prêtre. La Vierge est portée chez un premier enfant. Elle va y demeurer pour la nuit, puis la même procession la portera le lendemain chez l'enfant suivant.

À la maison, en ce mois de mai 1949, son apparition est attendue dans une excitation silencieuse. Comment croire qu'Elle va réellement venir, traverser l'épicerie, cheminer sous les amandiers, avant d'entrer dans notre maison et y rester ? Y rester ! Elle, devant laquelle on s'agenouille toute l'année dans la nef, Elle pour qui ceux qui ont de l'argent brûlent des cierges sans compter... Chez nous, pour nous seulement durant toute une nuit ! C'est à en perdre le souffle. Jamais je n'ai vu la maison si propre, et je suis pleine de reconnaissance envers maman qui s'est donné tellement de mal. Nous allons l'installer dans la cuisine, à côté du poêle, et pour la poser nous avons tiré une table que maman a recouverte d'un drap blanc. Toutes les fleurs du jardin ont été cueillies afin d'embellir la cuisine. Toutes les bougies de l'épicerie ont été réquisitionnées pour lui faire un halo lumineux qui brûlera toute la soirée...

Enfin, Elle arrive ! Eh non, Elle n'a pas à passer par l'épicerie, entre les sacs de pommes de terre et les grappes de saucissons, pour Elle on a ouvert le portail sur la rue. La procession s'y engage. Les poules ont été enfermées dans la cabane à outils, les crapauds priés de se taire, il me semble que rien ne vient troubler la solennité du moment. Et la cuisine est si belle à l'instant où la Vierge y pénètre que je suis fière qu'Angèle, Rosette et Monique soient exceptionnellement là pour admirer tout ce luxe.

Ensuite, c'est ma première communion, et on me photographie devant un muret. Avec Monique, tiens. Pourquoi Monique, et pas les deux autres ? Je suis la plus grande, j'ai les joues creuses et des cheveux noirs qui me désespèrent. À mes yeux, la beauté est associée à la blondeur. La Vierge Marie est blonde, je n'envisage pas un instant qu'elle puisse être brune.

Roger et Maurice avaient eu une montre pour leur première communion, mais pour moi nous n'avons plus les moyens. Toute la famille est arc-boutée vers ce but unique : acquitter les mensualités de la maison. *Chaque dimanche*, se souvient Maurice, *Roger et moi remettions notre paye à maman. On ne gardait que le prix d'une place de cinéma, et encore, s'il y avait un film qui nous plaisait*. Maurice est mon parrain, parfois il m'offre le cinéma, et nous descendons ensemble au Saint-Roch. Le patron nous connaît, il dit *Elle a bien grandi la petite*, parce qu'il se rappelle qu'au début de la guerre, en 1940-1941, Roger, qui savait que Maurice était au cinéma avec un copain, m'y déposait comme un ballot de linge sale, en plein milieu de la séance. *Je n'entre pas, je dépose juste ma petite sœur*, s'excusait-il. Le patron le laissait passer, et Maurice, consterné, devait me garder sur ses genoux pendant tout le film, tandis que son ami ricanait.

Par contre, il me semble que c'est Roger qui m'emmène pour la première fois à la plage. Ou mes deux frères ensemble, je ne sais plus. Je suis grande déjà, et on ne m'a jamais conduite au bord de la mer qui n'est pourtant pas bien loin. Nous prenons le bus, et nous allons sur la jolie plage des Sablettes, à La Seyne-sur-Mer. Je me souviens de mon ravissement en découvrant la blondeur du sable, et sa douceur, surtout. Cette sensation délicieuse sous la plante des pieds... Je peine, en revanche, à me mettre en maillot de bains, et quand j'apparais, si simplement vêtue, j'ai affreusement honte de mon corps. Je suis maigre et noueuse, toute en articulations, et aussitôt sortie de l'eau je cours me cacher sous ma serviette.

En même temps que je grandis, grandit en moi la sensation que nous ne sommes décidément pas comme tout le monde. Les autres vont régulièrement à la plage avec leurs parents, moi pas. Je le découvre en racontant à Rosette et à Angèle mon après-midi aux Sablettes. Elles ne trouvent rien d'extraordinaire à mon histoire, et cela accroît mon désarroi. Les autres ne sont pas gênés de se montrer à moitié nus, je l'ai bien vu sur la plage, tandis que moi, si. Je me juge laide et sans grâce, à l'image de notre vie qui me paraît vouée au gris. Et cependant, la beauté m'attire, celle de la Sainte Vierge, comme celle que je pressens autour de moi. Désormais, pour redescendre de mon école du Fort-Rouge, j'emprunte l'élégant boulevard Fourniol qui serpente parmi des villas dont l'allure me laisse muette d'admiration. Jamais je ne me serais doutée qu'on pouvait inventer de telles merveilles ! Il y en a des roses à colonnades, des vert amande flanquées de balcons où s'accrochent des vignes vierges, des glycines, il y en a des bleu pastel à volets blancs dont l'allée est ombragée par un cerisier, des jaune passé, des terre de sienne à colombages... C'est un festival de couleurs, ce boulevard Fourniol, un éloge insolent du bonheur de vivre, et j'envie les enfants que j'aperçois goûtant dans certains jardins, à demi allongés sur l'herbe, ou se poussant sur des balançoires en hurlant de rire. Pourquoi notre maison à nous n'a-t-elle que ses petites fenêtres enfoncées et sombres ? Pourquoi aucune fée, même fatiguée et vieillissante, ne s'est-elle penchée sur notre toit, quand tant d'entre elles se sont déployées des deux côtés du boulevard Fourniol ?

Et pourquoi chez nous les fêtes sont-elles si pauvres, quand nous ne feignons pas, tout simplement, de les oublier ? Angèle, Rosette et Monique organisent un goûter pour leur anniversaire, la moitié de la classe y est invitée, on chante quand apparaît le gâteau et qu'elles s'apprêtent à souffler leurs bougies, on rit, on se bouscule, on hurle, on les couvre de bonbons et de cadeaux... Moi, pour mon anniversaire, il n'y a jamais rien, peut-être juste un baiser de maman.

Pas de cadeaux non plus pour Noël, dans mon souvenir, ni même un sapin, quand les rues elles-mêmes sont illuminées. La fête de Noël à la maison se résume à la messe de minuit où maman m'accompagne, pour une fois. L'église resplendit de mille bougies, on se recueille devant la crèche où dort un enfant Jésus gros comme un véritable bébé, sur un lit de paille qu'irradie une mystérieuse lumière rouge, et sous le regard aimant de ses deux parents. On chante, on se tient mutuellement chaud, et nos chœurs s'élèvent vers les cieux. Il y a une émotion particulière cette nuit-là, portée par ces cantiques de Noël qui me bouleversent, m'envoûtent. Des gens que l'on connaît à peine nous sourient, les yeux mouillés, comme s'ils avaient envie de pleurer. Quand nous remontons vers la maison, maman et moi, serrées l'une contre l'autre, eh bien nous nous sentons plus précieuses, malgré notre solitude au milieu du froid et de la nuit. Même sans cadeaux ni sapin, Noël est entré dans notre cœur.

Il n'y a pas la même émotion à Pâques. Les cloches m'apportent bien des œufs, mais des œufs de poule. Maman les a fait durcir, mes frères les ont peints en marron pour faire illusion, et moi je les cherche sous les amandiers, comme tous les enfants cherchent leurs œufs ce jour-là. Seulement je me garde bien de les apporter à l'école où les autres s'échangent de vrais œufs de Pâques en chocolat.

Seul le Tour de France est l'occasion de plaisirs partagés, de quelques soirées véritablement joyeuses. Sans doute parce que mon père se joint à nous, pour une fois. Je me rappelle en particulier le Tour de l'été 1950 où papa espéra chaque jour que le coureur zurichois Ferdi Kubler allait enfin donner sa première victoire à la Suisse. Toutes les fins d'après-midi nous nous retrouvons en famille autour du poste de radio, sous la tonnelle. Jamais nous n'avons vu papa si excité. Mes frères osent même se moquer gentiment de lui, ils disent que Kubler a bien de la chance que Fausto Coppi, blessé, n'ait pas pu prendre le départ... Ils disent ceci et cela, mais papa s'en fiche, il est de bonne humeur. Et il crie de joie, et on applaudit avec lui, le jour où son héros grimpe enfin sur la plus haute marche du podium, entre le Belge Stan Ocker et un Français qui va bientôt entrer dans la légende, Louison Bobet... L'année suivante, c'est encore un Suisse, Hugo Koblet, qui gagne le Tour, si bien que le mois de juillet s'écoule comme une fête.

Je dois avoir une douzaine d'années le jour où la maison est enfin payée. Si je ne m'en souviens pas précisément, c'est que maman s'arrange pour que ce jour passe inaperçu, comme si elle avait pris goût à notre misère, ou comme si elle craignait qu'on ne se mette tout à coup à jeter l'argent par les fenêtres. En fait de cinq ans, nous avons liquidé notre dette en trois ans. Mais à quel prix ! Maurice a sacrifié ses études, nous nous sommes privés de tout, nous nous sommes isolés de nos amis, de nos voisins, et, de ces années d'enfance si importantes pour l'avenir, il ne me reste qu'un souvenir uniforme de morosité, comme si en dépit du soleil je n'avais pas cessé de grelotter.

Pendant trois ans, me confiera plus tard Maurice, *maman ne nous a jamais dit où en était le remboursement. On lui donnait notre paye, mais elle ne nous tenait pas informés des comptes. C'est dommage, si on avait su qu'on allait plus vite que prévu, cela nous aurait soutenu le moral. Et soudain, un dimanche, elle nous a annoncé que c'était fini, qu'on pouvait garder notre argent, désormais. Mais elle l'a dit sans solennité particulière, comme ça, si bien qu'on n'a même pas pensé à boire un petit verre tous ensemble.*

4.

D'un seul coup, la maison se vide. Roger s'en va vivre ailleurs, et il va bientôt se marier. Maurice part pour l'Indochine faire son service militaire. Et moi j'ai enfin une chambre...

Il était temps, parce que cette année-là je quitte l'école primaire du Fort-Rouge pour entrer en sixième au Collège Moderne et Technique de Jeunes Filles. Ce changement d'école, c'est une révolution dans ma vie. Mon nouveau collège se trouve en plein centre-ville, juste sous la gare, à deux pas de l'immense place de la Liberté où bat le pouls de la ville.

J'ai réussi mon examen de passage et je délaisse donc les faubourgs pour entrer dans *l'autre monde*, celui dont je pressentais l'existence derrière les grilles du boulevard Fourniol. Maman se serait satisfaite de mon certificat d'études primaires, mais puisque je veux aller plus loin, elle me laisse faire. Elle ne m'encourage pas, mais ne me décourage pas non plus. Simplement, la planète qui m'entrouvre ses portes lui est étrangère, comme lui est étranger le centre-ville qu'elle n'a jamais fait que traverser pour gagner le marché du cours Lafayette avec ses paniers.

Soudain, je découvre la ville, le tourbillon, l'élégance. Tout cela existait donc à deux petits kilomètres seulement de nos poules, et je n'en avais aucune idée ? Eh bien, oui ! Chaque jour, en rentrant du collège, debout à l'avant du tramway pour mieux profiter du spectacle, je mesure combien le fossé est profond entre notre façon de vivre et celle des autres. Papa, que je retrouve agenouillé en maillot de corps dans son potager, et maman, recevant ses clientes dans sa blouse grossière, informe, tandis qu'au Grand Café, à l'angle de la rue Pastoureau et du boulevard de Strasbourg, je viens d'apercevoir des femmes en voilette et des hommes en souliers vernis...

Et Liliane ! Liliane qui est dans ma classe et qui est à tomber de beauté, d'élégance ! Elle change presque chaque jour de tenue, noue un ruban coloré dans ses cheveux, s'exprime avec une aisance qui me laisse sans voix... J'aimerais qu'elle soit mon amie, mais elle me regarde de haut. Que s'est-il donc passé entre la petite école et le collège ? On dirait que tout est plus compliqué, que l'amitié elle-même est d'une autre nature. Angèle, Rosette et Monique ne m'ont pas suivie en sixième, je les rejoins parfois le soir, chez elles ou sur l'avenue des Moulins, et je regrette leur gentillesse, leur simplicité. Je les regrette, tout simplement.

Bien sûr, il n'est plus question que je porte au collège les pantalons troués de mes frères. Enfin, plus question pour moi, car maman, elle, ne voit même pas où est le problème. Je n'ai qu'une jupe et un pull que j'apprends donc à laver à temps pour ne pas être sale. La propreté aussi est une découverte du collège. Les autres filles l'ont acquise depuis longtemps, moi pas. Je rattrape mon retard dans les premières semaines, mortifiée par mes ongles noirs...

Et c'est cette année-là, tandis que je m'ouvre petit à petit à *l'autre monde*, que l'oncle Baptistin vient opportunément me rappeler qui je suis, d'où nous venons. Baptistin est le frère aîné de maman, il n'a que soixante-deux ans, mais il vient à la maison pour y mourir. Est-ce que je l'ai déjà vu auparavant ? Je ne crois pas. Il me semble que je le découvre là un soir, en rentrant du collège. Son seul bagage est sa cantine toilée de noir d'ancien soldat de 14-18, et maman l'a installé dans la petite chambre, à côté de la cuisine.

Baptistin avait vingt-deux ans, et maman seulement neuf, quand leur père est mort. C'est donc lui qui a élevé ses trois sœurs et son jeune frère, Élie. Élevé est un grand mot pour dire qu'il a dû s'occuper seul du troupeau de moutons, rapporter de quoi manger, et du bois mort pour le feu. Puis la guerre a éclaté, Baptistin a été blessé le 20 août 1914, de nouveau le 21 juillet 1918, ce qui lui a valu de rentrer de ses quatre années au front avec la croix de guerre et la médaille militaire. Ensuite, il est devenu huissier aux Archives départementales de la Côte-d'Or, à Dijon.

Il arrive de Dijon, justement, quand je le trouve à la maison, allongé près de sa cantine. Et, tout de suite, il me parle des étoiles. Jamais personne ne m'a si bien parlé du ciel, avec tant d'érudition et de poésie. Nous regardons ensemble tomber la nuit et, plus tard, allongés sous les amandiers, il m'explique comment identifier les constellations. Où a-t-il appris tout ça ?

Avec ses moutons, dans les montagnes au-dessus de Turriers, ou dans les tranchées ? Nous devenons des amis, il n'a pas eu d'enfant, j'ai l'impression qu'il est content d'être avec moi, de me connaître.

Et puis il ne se lève plus, et maman lui cède son lit. C'est elle qui m'apprend qu'il a été gazé pendant la guerre. Je crois que je comprends toute seule qu'il va mourir, mais je ne suis pas triste, nous continuons d'aller et venir autour de son lit, nous bavardons, nous vivons, et parfois je m'assois à son chevet pour lui prendre la main. La mort ne me semble ni extraordinaire ni terrifiante, maman a su lui donner sa place dans la maison, comme elle a donné sa place à la naissance, et nous l'attendons sereinement.

Le jour où elle frappe, cependant, le chagrin de maman me touche, et je pense que c'est sa peine qui me fait pleurer, plus que le départ d'oncle Baptistin à qui je souhaite silencieusement un bon voyage. Je n'ai aucun doute, je sais qu'il va trouver une bonne place dans ce ciel qu'il connaît si bien, tout près de la Sainte Vierge, et je l'envie presque d'être accueilli dans ce monde de grâce et de lumière.

Je suis une bonne élève en sixième, et mes résultats m'aident petit à petit à dépasser mes complexes. Je me trouve encore trop grande, trop maigre, trop brune, mais je continue de briller en français, je déclame *Le Corbeau et le Renard* comme aucune autre, et même en mathématiques je me débrouille. Maman doit être fière de moi parce que je l'entends pour la première fois évoquer mon avenir. *Si tu continues à bien travailler comme ça, Mireille, tu vas pouvoir devenir institutrice.*

Dans notre quartier, les maîtresses de mon ancienne école du Fort-Rouge sont certainement les personnes les plus respectées. On les laisse passer devant à l'épicerie, on leur demande leur opinion sur tout, et ces avis deviennent des vérités indiscutables qui se transmettent de bouche à oreille.

Je suis moins souvent perchée dans les arbres, je me désintéresse progressivement des poules et de *Mickey*, et je cherche désespérément de quoi lire à la maison. Je crois que c'est en furetant que je tombe en arrêt, un soir, devant la cantine d'oncle Baptistin. Elle n'a pas quitté la pièce où il est mort, cette cantine, posée sur les tomettes entre le broc d'eau qu'utilise maman pour sa toilette, et la patère à laquelle elle suspend sa chemise de nuit. On dirait qu'elle n'attire personne, à moins que maman n'ait pas le cœur à l'ouvrir... En tout cas, moi, j'en soulève le couvercle, avec la sensation que je vais y découvrir un secret, ou peut-être un trésor, et mon cœur bat très vite. Je l'entrebâille lentement d'abord, tout doucement, et comme il ne se passe rien, j'appuie le couvercle de bois contre le mur et je m'assois.

Ce ne sont que des papiers. Des lettres qu'oncle Baptistin a pris soin de rassembler dans de petits paquets ficelés. De gros carnets tamponnés *République française*, sur lesquels on peut lire *Soins gratuits aux victimes militaires*, en lettres capitales. Quelques journaux, des tickets d'alimentation, une petite boîte capitonnée de rouge dans laquelle il a soigneusement rangé ses deux médailles de soldat. Et soudain, un livre ! Un gros livre, que je saisis en étouffant un cri, comme si je venais de tomber sur un œuf en chocolat. C'est une bible. Le texte est imprimé sur du papier presque transparent, un peu taché de rouille ici ou là, avec à intervalles des images du Christ, des apôtres, de la Vierge Marie, des images semblables aux vitraux de l'église Saint-Antoine-de-Padoue.

Un moment plus tard, maman me voit lire et ne me demande rien, ni où j'ai déniché ce trésor ni ce qu'il raconte. Elle est simplement satisfaite que je sache m'occuper toute seule, je le devine à la fierté de son regard. *Voyez ma fille comme elle se débrouille !* Je me suis assise sous l'unique ampoule qui éclaire la tonnelle. Papa est au lit depuis longtemps. Maman veille un peu. La musique de sa petite radio couvre le chant des cigales, elle boit du café réchauffé en recousant un bouton de sa blouse, ou en me tricotant un pull qui sera sans doute trop petit quand elle l'aura fini. Si une lettre de Maurice est arrivée de Saigon, elle me la commente parfois. *Ton frère dit qu'il mange bien mais qu'il fait très chaud.* Ou elle se réjouit que Roger vienne déjeuner le dimanche suivant. Comme dans l'épicerie, avec ses clientes, elle aime bien parler de ses fils qui travaillent si dur et réussissent.

La Bible de Baptistin illumine ma vie. J'y rencontre Marie-Madeleine à laquelle je m'identifie presque malgré moi. Je le comprendrai plus tard en me remémorant mon trouble de très jeune fille devant les gestes de cette femme, en particulier dans cette scène à perdre le souffle où elle lave et parfume les pieds de Jésus, avant de les essuyer avec ses longs cheveux... Je crois que ce jour-là je découvre la féminité, la sensualité, et aussi qu'un homme peut mériter qu'on lui baise les pieds...

Pourtant, les garçons ne m'intéressent pas encore. Je suis bien plus attirée par Liliane qui, en plus d'être belle, riche et intelligente, est véritablement ébouriffante aux barres parallèles. Je n'ai pas grand-chose pour la séduire, si ce n'est qu'à la course je suis la plus rapide de la classe, et l'une des meilleures au saut en ciseaux ainsi qu'à la corde lisse. Je rêve de me hisser au niveau de Liliane aux barres parallèles quand me tombe sur la tête une nouvelle dont je ne saisis pas immédiatement les conséquences : je suis atteinte d'un souffle au cœur !

Comment est-ce que je l'apprends ? Sûrement à l'occasion de la visite médicale du collège, puisque aucun médecin ne me suit par ailleurs. Je ne sais pas ce que signifie *avoir un souffle au cœur*, et je n'y prêterais sans doute aucune attention si le constat du médecin n'était assorti d'une interdiction formelle de pratiquer quelque sport que ce soit. C'est de cette interdiction que je me souviens, parce qu'elle fait de moi, du jour au lendemain, une élève à part, dispensée de gymnastique, exclue de disciplines où je commençais tout juste à me faire remarquer...

Je ne suis pas certaine d'avoir annoncé la nouvelle à maman, sachant le peu d'intérêt qu'elle porte aux maladies. Je commencerai à lui parler sérieusement de mon cœur des années plus tard, quand les médecins m'expliqueront que je souffre d'un *rétrécissement mitral* dû à des angines non soignées et que je dois impérativement me faire opérer si je ne veux pas mourir. Alors je lui reprocherai d'avoir négligé ma santé, mais je crois qu'elle n'en éprouvera jamais aucune culpabilité, ne voyant pas, au fond, ce qu'elle aurait pu faire de plus que de me donner une bonne tisane.

La Bible me tient en haleine quelques semaines, ou quelques mois peut-être, et puis de nouveau l'ennui me tenaille. C'est plus que de l'ennui, c'est une absence totale de sollicitations. Il n'y a rien ni personne à la maison pour étancher ma curiosité, pour répondre au désir d'apprendre, de découvrir, qu'éveille en moi l'école. Les autres ont des livres, et s'ils n'en ont pas suffisamment, leurs parents les ont inscrits à la bibliothèque. Les miens ne proposent pas de m'y accompagner et je n'ose pas encore y aller toute seule. Les autres vont au cinéma, au théâtre, leurs parents ont lu, et continuent parfois de lire, ils ont des discussions en famille, moi je n'ai aucun interlocuteur. Il y a déjà bien longtemps que je ne peux plus raconter à la maison ce que j'apprends à l'école.

Je me sens pauvre, fille de pauvres, non plus seulement financièrement cette fois, mais culturellement. Je crois que je suis en classe de cinquième l'année où je découvre l'existence du piano. C'est une petite voisine de mon âge qui prend des leçons chez elle, et ce que j'en entends depuis la rue me remplit d'émotion, de désir. Un soir, j'ose lui demander de me montrer son instrument. Elle me fait entrer, se met à jouer, et comme j'ai certainement l'air en extase, elle me dit qu'elle peut m'apprendre *si je veux*.

Si je veux ? Mais évidemment je veux ! Je voudrais tout apprendre, tout découvrir, j'ai des désirs jusque par-dessus la tête. Alors elle m'enseigne grossièrement les notes et bientôt je sais jouer *Au clair de la lune*. C'est si grisant que pour continuer toute seule je me dessine un clavier sur une planche, toutes les touches bien enchâssées les unes dans les autres, et pendant trois ou quatre mois je m'entraîne. Comment est-ce que j'ose ensuite demander à maman de m'acheter un piano, la connaissant, sachant avec quoi l'on vit ? Je ne sais pas, mais j'ose. C'est dire à quel point le désir, parfois, peut être enivrant. Et maman ne dit ni oui ni non, elle ne comprend pas, tout simplement. Vouloir un piano, mais pour quoi faire ?

Et brusquement, moi qui étais si bonne élève, je n'y arrive plus. Je crois que le choc se produit en classe de quatrième, alors que de gré ou de force il faut assimiler la physique, la chimie, l'algèbre... La découverte du théâtre de Molière suffirait largement à mon bonheur, pourquoi faut-il partir dans toutes les directions à la fois ? Je lis et relis passionnément *Les Précieuses ridicules*, puis *Les Femmes savantes*. Molière entre chez moi comme y est entrée la Vierge Marie quelques années plus tôt, il illumine mon quotidien, je suis fière d'en déclamer des scènes entières sous les amandiers, entre les poules qui caquètent et le grincement assourdissant des cigales, mais au même moment mes notes s'effondrent dans les nouvelles matières scientifiques. C'est trop, je n'ai pas été préparée à assimiler toutes ces richesses, je me noie, je suis comme une plante du désert qu'on arroserait trop abondamment.

Mais je n'en parle pas à maman. Il y a longtemps qu'elle ne regarde plus mes bulletins de notes et que je les signe moi-même. Alors, comment est-ce que je prends conscience que mon salut se trouve ailleurs, hors des murs de l'école ? Grâce à la mère d'une amie qui m'invite à l'Opéra, une cliente de l'épicerie qui a peut-être repéré combien je m'ennuie. Je suis déjà passée devant le Grand Théâtre de Toulon, mais jamais je n'aurais pensé pouvoir y entrer un jour. En matière de spectacles, je ne fréquente toujours que le vieux cinéma Saint-Roch où je suis allée voir les films de Pagnol, *Marius*, *Fanny*, *César*, *La Femme du boulanger* et *La Fille du puisatier*. Cette fois, nous allons voir une opérette, *Le Pays du sourire*...

Je n'ai qu'un vague souvenir du spectacle lui-même, mais je n'ai pas oublié, en revanche, la révélation qu'a été pour moi la découverte de la danse ! De la danse en tutu ! Jamais je n'aurais imaginé qu'on pouvait exprimer tant de grâce et de beauté par la seule magie des mouvements du corps... J'en demeure éblouie, stupéfaite, et l'idée que moi aussi je pourrais peut-être devenir danseuse fait lentement son chemin.

J'essaie de me figurer en tutu, et je me sens confuse. Ne suis-je pas trop grande ? trop maigre ? N'ai-je pas de trop gros genoux ? De mon corps, je n'ai qu'une image subjective et secrète, celle que je me suis construite dans le regard des autres, enrichie de ce que j'ai pu glaner aux visites médicales. Il en ressort que je ne suis sans doute pas jolie. Mais comment en savoir plus ? À qui demander conseil ? Maman ne prête aucune attention à ces choses-là, elle ne m'a jamais rien dit sur mon physique. Et d'ailleurs, il y a juste un petit miroir pour se coiffer, à la maison. Alors je me surprends, pour la première fois, à guetter ma silhouette dans les vitrines des magasins...

C'est cette année-là que Maurice rentre d'Indochine. J'ai treize ans, bientôt quatorze. Sent-il que ça ne va pas très bien ? Il me fait en tout cas un cadeau qui va précipiter mon ouverture sur le monde : un vélo ! Aussitôt libéré du service militaire, il a choisi de s'engager dans l'armée pour y faire carrière, et c'est en réunissant ses trois premiers salaires qu'il m'offre cette merveille. La dame du magasin me racontera quelques années plus tard qu'en l'apercevant je me suis mise à pleurer... C'était, paraît-il, la plus belle bicyclette de la gamme Peugeot.

Du jour au lendemain, Toulon est à mes pieds. Je n'ai qu'à descendre l'avenue des Moulins pour tomber sur les luxueuses boutiques du boulevard de Strasbourg, longer les Dames de France, le Grand Café, contourner le théâtre et plonger vers le port par les ruelles de la vieille ville. Peut-être sans ce vélo n'aurais-je pas eu l'idée, ou le culot, d'aller m'enquérir, ici et là, sur l'endroit où l'on pouvait apprendre à danser. On me dit qu'il y a un Conservatoire vers le port, justement, et après m'être perdue, j'entre pour la première fois dans cette vieille bâtisse ouverte sur la rade.

— Apprendre la danse ? Et c'est maintenant que tu te réveilles, petite ? Mais les gamines, ici, elles commencent à cinq ans !

Je suis tellement honteuse, déçue, que je repars aussitôt. Mais trois jours plus tard je suis de retour. Cette fois, je ne demande rien à personne, je lis tout ce qui est écrit sur les murs, tous les prospectus posés sur les tables et, soudain, je découvre une chose qui me laisse interdite : on donne ici des cours d'art dramatique ouverts à tous les enfants tentés par le théâtre.

Le théâtre ! Mais bien sûr le théâtre ! Comment n'y ai-je pas pensé plus tôt ? La danse n'est rien du tout comparée au théâtre ! Moi, ce que je veux, c'est jouer Molière, c'est dire tout haut les Fables de La Fontaine, c'est déclamer de la poésie comme je le fais depuis que je suis toute petite. Et donc c'est une discipline, ça ?

Une discipline, le théâtre ? Évidemment c'est une discipline ! On peut même en faire son métier si on a du talent.

Ce jour-là, je ne rentre pas tout de suite à la maison. Je prends la route de la corniche et je roule dans le vent chaud de l'été qui vient. Je roule comme une folle, je ne sens pas la fatigue. Je suis ivre d'excitation, de bonheur. Je crois que je viens de trouver le moyen d'échapper à la fatalité.

5.

Désormais, ce sont les jeudis qui rythment mes semaines. Ces jours-là, je me réveille plus tôt, tirée du sommeil par une espèce de fièvre où l'appréhension le dispute à l'excitation. Vite, répéter encore une fois mon texte en allant et venant, pieds nus sur les tomettes, en songeant au regard des autres, en perdant le souffle à l'idée que le professeur... Mais non, jusqu'ici le professeur m'a toujours soutenue. Et puis m'habiller. Là-bas, ça n'est pas comme à l'école, peu importent les vêtements, l'élégance, ce qui compte c'est la force de conviction, la présence, la confiance en soi. Manger ? Non, ça ne je ne peux pas, je suis bien trop nerveuse. Alors tant pis, enfourcher ma bicyclette et dévaler la ville jusqu'au Conservatoire. Je serai en avance, mais qu'est-ce que ça peut faire ? Et d'ailleurs, je ne serai sûrement pas la seule, Henri Tisot aussi est toujours en avance...

Je suis essoufflée en descendant de vélo. Ici, pas besoin de sonner, on entre comme chez soi, les portes sont toujours largement ouvertes sur la rue. Eh oui, Henri est déjà là, assis sur les premières marches du grand escalier. J'aime son regard, son sourire... tout de suite je me sens mieux.

— Excuse-moi... j'ai pédalé comme une folle... je n'arrive même plus à parler...

— Alors respire, ne parle pas.

— Si... J'espérais que tu serais là... Tu veux bien me faire répéter ?

Henri est le meilleur de notre groupe, mais ça ne semble pas l'émouvoir. C'est un garçon jovial et rond, discret, attentif aux autres, et qui ne paraît pas réellement conscient de son talent. Pourtant, aussitôt qu'il ouvre la bouche, tout le monde se tait. On n'a plus d'yeux que pour lui.

— Vas-y, Mireille, je t'écoute.

Nous sommes en année préparatoire et notre programme se résume aux Fables de Florian et de La Fontaine. Cette semaine-là, nous travaillons sur *Le Mal Marié*.

Alors moi :

J'en vais alléguer un qui, s'étant repenti,
Ne put trouver d'autre parti
Que de renvoyer son épouse,
Querelleuse, avare, et jalouse.
Rien ne la contentait, rien n'était comme il faut :
On se levait trop tard, on se couchait trop tôt;
Puis du blanc, puis du noir, puis encore autre chose.
Les valets enrageaient; l'époux était à bout :
« Monsieur ne songe à rien, Monsieur dépense tout,
Monsieur court, Monsieur se repose. »
Elle en dit tant, que Monsieur, à la fin,
Lassé d'entendre un tel lutin,
Vous la renvoie à la campagne...

— C'est bien.

— Non, montre-moi comment tu le dis, toi.

Et Henri se lève et le dit, et moi je reste un moment ahurie à me demander pourquoi, quand c'est lui, le monde s'efface autour de nous, au point qu'on ne remarque même plus le bruit de la rue, tandis que quand c'est moi... eh bien non, je dois crier pour me faire entendre.

Pourtant, écouter Henri ne me décourage pas. Ça serait même plutôt le contraire, parce que Henri pourrait être mon frère. Un frère un peu plus gâté, mais à peine. Il est le fils d'un pâtissier de La Seyne-sur-Mer et non, comme l'éblouissante Liliane des barres parallèles, un enfant de la bonne bourgeoisie, élevé dans un de ces petits palais roses à colonnades qui me font tourner la tête... Henri est la preuve qu'on peut être enfant de commerçant et receler un trésor, la preuve que tout n'est pas écrit d'avance selon la maison qui vous a vu naître.

C'est aussi ce qu'exprime implicitement notre professeur, Armand Lizzani. Lui se fiche complètement de savoir d'où l'on sort, si l'on est blond ou brun, gros ou maigre, riche ou pauvre, ce qui l'intéresse c'est ce que nous avons dans le ventre, dans le cœur. C'est notre âme. Je ne voudrais pas qu'il me dise, comme je l'ai entendu le dire à d'autres : *Mais, ma parole, tu n'as rien dans les tripes ! Qu'est-ce que tu fiches au Conservatoire ?* Car alors je serais sûrement mortifiée, détruite.

Par bonheur, jamais il n'a remis en cause ma présence à son cours.

Et soudain, un jour, il me prend à part, pour me révéler une chose qui va bouleverser ma vie.

— Mireille, je te regarde, là, on dirait que tu es gênée d'être grande...

— Je ne sais pas, oui, peut-être.

— Tu as l'air d'un chat écorché, tu te tiens le cou et les épaules en dedans comme si tu voulais raccourcir...

— Excusez-moi.

— Non, ne t'excuse pas. Écoute-moi, Mireille. Écoute-moi bien : tu crois que c'est un défaut d'être grande ? Eh bien, à partir d'aujourd'hui, tu vas te servir de ce défaut pour t'imposer. Tu comprends ? Tu vas le mettre de ton côté, ce défaut, tu vas en faire un atout.

— Ah oui... oui... Et comment je vais faire ?

— En essayant d'être encore plus grande, pardi ! En te tenant de plus en plus droite, la tête de plus en plus haute ! Tu saisis ? Et tiens, monte sur cette chaise, regarde-nous de là-haut et dis ton texte. Vas-y, Mireille, on t'écoute !

C'est la première fois qu'on me parle de moi, de mon corps, de mon image. Je monte sur la chaise, j'ose tendre le cou, rejeter les épaules en arrière, et je dis mon texte... Et plus je vais, plus je grandis, car non seulement on ne se moque pas de moi, en bas, mais on me contemple comme si une petite étoile s'était soudain mise à scintiller au-dessus de ma tête. Je repense aux rayons lumineux qui tombaient des vitraux, à l'église, lorsqu'ils caressaient les visages du Christ ou de la Vierge, et alors je comprends qu'on peut soi-même toucher à la grâce pour peu qu'on sache faire de son corps un objet de grâce. Oui, maintenant je comprends.

Dans mon souvenir, c'est à partir de ce jour que j'ose m'approcher des grands miroirs en pied qu'utilisent les danseuses. Je me découvre, et petit à petit je me surprends à jouer avec ma silhouette. Suis-je aussi disgracieuse que je me l'imagine ? En tout cas, je suis assez différente des autres filles de mon âge. Je n'ai pas de hanches, pas de seins, je suis longue comme un roseau... Quel dommage que je sois brune ! Il me semble qu'une tête de blonde, sur ce corps androgyne, ça serait tout de même beaucoup plus joli...

Notre gros travail, dans cette année de préparation, c'est de nous accepter comme nous sommes, à une exception près : l'accent du Midi. Celui-ci, il faut s'en débarrasser et, curieusement, je n'en suis pas mécontente, comme si je me libérais par la même occasion d'une partie de mon enfance. Il faut apprendre à prononcer les *o*, à aspirer les *e*, il ne faut plus dire *Nan !* mais *Non !* il ne faut plus dire *Un rat, hott-teu d'un chain*, mais *Un rat, hôte d'un champ*. Tandis qu'Henri Tisot peine, moi, pour une fois, je brûle les étapes.

C'est aussi que je prends confiance en moi, cette année où justement j'aurais pu m'effondrer puisque je redouble ma quatrième. Mais non, car ici, au Conservatoire, et pour la première fois depuis l'école primaire où j'étais la meilleure en récitation, on me donne en exemple, on cite mon nom avec une pointe d'admiration. Et cela, je le dois sans doute à mon petit talent, mais surtout à notre professeur qui me pousse ostensiblement vers la lumière. Qu'une élève n'y arrive pas, et aussitôt M. Lizzani m'appelle : *Tiens, Mireille, montre-nous comment tu le dirais, toi...* Et je déclame, ou je donne la réplique, et au silence qui suit, je devine que j'ai réussi.

À la fin de l'année, je suis admise en première année de Conservatoire et déjà, à mes yeux, ce succès éclipse complètement mon admission en classe de troisième. Désormais, l'école n'est plus un souci, que j'y sois bonne ou mauvaise, je sais ce que je veux faire de ma vie : je serai comédienne ! Je me noyais, et le Conservatoire m'a sauvée. Il est entré dans ma vie comme une fée bienfaitrice et a tout résolu, tout apaisé d'un coup : mes complexes de petite fille des faubourgs ; ma soif d'ouverture, de culture ; la honte, ou le désespoir, d'être la fille d'un homme qui ne voulait pas de moi ; le désir insatiable de réussir pour mériter l'estime de ma mère.

Alors, Anne-Marie entre dans ma vie. Comme un jeune soleil de printemps. Curieusement, je ne me souviens pas d'elle en année préparatoire, tandis que nous n'allons plus nous lâcher de la première année de Conservatoire à mes débuts à Paris.

Anne-Marie est tout ce que je ne suis pas : elle est culottée, arrogante, pas complexée pour un sou. Physiquement, elle est déjà une femme sur laquelle tous les garçons se retournent. Elle a la poitrine conquérante, des reflets blonds qui captent le soleil, une jolie peau... et une façon unique de balancer les fesses ! Quand nous découvrirons ensemble *Et Dieu créa la femme*, de Roger Vadim, je lui dirai qu'elle est le sosie de Bardot.

Comment une telle fille peut-elle être attirée par l'adolescente ombrageuse que je suis encore ? C'est assez mystérieux, mais je sais, en revanche, tout ce qui me séduit en elle : son plaisir de vivre, sa vivacité d'esprit, une sensualité que je devine à fleur de peau... Elle est la vie, la vraie, celle dont je rêve secrètement, et qui tout d'un coup, comme une jolie goélette, viendrait m'accoster sur la mer inconnue et profonde pour que nous fassions un bout de route ensemble, bord à bord.

Elle est la première à me parler des garçons, du plaisir. À la maison, on ne parle pas de ces choses-là. Même le corps, on ne l'évoque pas. Maman ne m'avait pas prévenue de l'arrivée des règles, de sorte que j'ai cru mourir en voyant tout ce sang. Mais je n'ai rien dit, rien demandé – plutôt mourir, en effet, que d'avouer d'où surgissait l'hémorragie. Anne-Marie, elle, parle de tout, du sexe des garçons, de celui des filles, de comment on fait l'amour, avec une liberté qui me donne le vertige. Un vertige confus, parfois troublant, parfois terriblement angoissant...

Je crois qu'au début de notre amitié, elle n'a pas encore couché avec un garçon, mais elle en a embrassé beaucoup et elle me raconte, les lèvres, la langue, les premières caresses... Et les suçons dans le cou ! Elle n'est pas romantique. Un peu voyou, elle ne pense qu'au plaisir, à s'amuser. Faire marcher les garçons, les rendre dingues de jalousie. Un jour, elle me demande de lui faire un suçon dans le cou, et je le fais, bien sûr, je suis tellement fière d'être associée à la vie trépidante d'Anne-Marie ! Ce sont nos premiers fous rires. Et quand elle me racontera, le lendemain, la colère du petit ami, nous en perdrons carrément le souffle.

Anne-Marie m'apprend la légèreté, la dérision, le rire, la moquerie. Elle ne traîne pas comme moi un lourd fardeau, elle a été élevée dans une grande liberté par sa mère seule, sans un père à la maison, ni frère et sœur. Elle n'a peur de rien, la vie lui semble accessible et facile. Avec elle, je découvre les sombres ruelles derrière le port, celles des putains et des bars louches que fréquentent les marins. Il m'est arrivé de m'y perdre à vélo et de sentir monter la panique. Jamais je n'aurais eu l'idée d'aller m'y promener à pied. Mais pour Anne-Marie, c'est un jeu, elle n'a pas peur, elle ne voit même pas où est le danger. Que des marins nous sifflent, et elle leur répond gentiment, en tortillant du derrière, comme si elle n'avait toujours fait que ça.

Et moi :

— Tu es folle, ils vont nous prendre pour des putes !

— C'est ce que je veux, bien sûr ! Ici, si tu n'es pas une pute, personne ne te respecte...

Et Anne-Marie fait la petite traînée, comme elle faisait la soubrette, la veille, sur les planches du Conservatoire. Avec elle, brusquement, la vie devient une vaste scène sur laquelle on peut s'amuser, se déguiser, changer d'identité.

Maintenant, ça y est, nous prenons des scènes du répertoire, du Molière, du Racine, du Corneille, et nous les travaillons tous les jeudis. Je suis fière de donner la réplique à Henri Tisot pour des fragments de *Georges Dandin*. Henri est mon ami, mais notre amitié est bien différente de celle qui me lie à Anne-Marie. Il est le comédien le plus brillant du Conservatoire. Son attachement me flatte, et il m'intimide aussi. Comme parfois il me félicite et me laisse entendre qu'il a même de l'admiration pour moi, je vis dans l'angoisse qu'il ne découvre de quelle misère je suis issue, matériellement, mais surtout intellectuellement. Ses parents sont certes pâtissiers, mais j'ai compris qu'ils étaient beaucoup plus aisés que les miens. Henri a des livres, plein de livres, il est cultivé, il ne manque apparemment de rien.

Que penserait-il s'il voyait combien ma maison est triste, vide ? S'il croisait mon père dans son potager, et ma mère dans sa blouse informe ? Je ne veux pas qu'il voie mes parents, j'ai le pressentiment que, s'il les rencontrait, il perdrait aussitôt toute l'estime qu'il a pour moi. Et je tiens infiniment à son estime ! Alors je garde mes distances pour être certaine de ne jamais me retrouver dans l'obligation de lui présenter ma famille.

Très vite, en revanche, j'invite Anne-Marie à la maison et je lui présente mes parents. Anne-Marie est la sœur que j'aurais aimé avoir, il me semble qu'elle peut tout voir, tout comprendre, et que rien ne pourra jamais atteindre ce qui nous unit. Parfois même elle dort à la maison et nous passons la soirée à bavarder, ou à déclamer du Racine. Maman aime sa gaieté, sa spontanéité, et je crois qu'au fond elle est heureuse que je me sois trouvé une amie pour partager des curiosités qui lui sont étrangères.

Nous sommes peut-être en deuxième année de Conservatoire quand nous découvrons le théâtre. Non plus le répertoire, mais le théâtre contemporain, celui qui nous vient de Paris. Au milieu des années 1950, Marcel Karsenty a en effet cette idée généreuse et géniale de faire tourner à travers toutes les villes de France les spectacles qui ont connu le succès à Paris. Les *tournées Karsenty* deviennent alors pour nous l'événement culturel de la saison. Nous sommes aspirants comédiens, artistes en herbe, il faut être au courant de ce qui se donne au Grand Théâtre. Seulement, c'est bien trop cher pour nous – pour moi en tout cas –, et c'est encore Anne-Marie qui m'arrange le coup. Elle se faufile par les coulisses sans se démonter et, un moment plus tard, elle vient me chercher à l'entrée des artistes, l'air paniqué, comme si on n'attendait plus que moi pour commencer...

Ce sont d'éternelles histoires de tromperies, Madame couche avec son banquier, Monsieur se fait avoir par la soubrette, le public se tord de rire et applaudit. C'est du théâtre de boulevard en réalité, mais pour nous qui ne savons pas, qui découvrons, c'est tout simplement du théâtre. Et c'est joyeux, bondissant, inattendu, véritablement stupéfiant quand on songe à la vie que j'ai connue jusqu'à présent. Petit à petit, je me laisse ainsi gagner par l'ivresse de *l'autre monde.*

D'ailleurs, le plaisir de vivre est partout pour peu qu'on se laisse attraper. J'apprends à flâner, à ne pas rentrer tout droit chez moi aussitôt les cours finis. Nous avons seize ans et, pour la première fois, j'ose m'asseoir à une terrasse de café. Bien sûr, c'est encore Anne-Marie qui ouvre la voie, mais Henri est également là, à la fois décalé et rassurant. Et, bientôt, nous sommes toute une bande du Conservatoire, nous commandons des pizzas, nous bavardons et nous nous enflammons, et il me semble soudain que si maman passait par là avec ses paniers de légumes, elle n'en croirait pas ses yeux, elle ne me reconnaîtrait pas : sa fille à la terrasse du Grand Café, avec ces élégantes aux ongles rouges et ces messieurs tirés à quatre épingles !...

Oui, sa fille à la terrasse du Grand Café, voyez-vous ça, à jeter l'argent par les fenêtres, quand elle ferait mieux d'économiser pour préparer l'avenir... Je sais bien ce qu'elle penserait, et je mesure alors combien la fréquentation du Conservatoire m'éloigne d'elle, de ses valeurs, de mon milieu.

De mon quartier aussi. À intervalles, je revois mes trois copines, Angèle, Rosette et Monique. Déjà, Angèle et Rosette fréquentent des marins, des petits matelots à pompon rouge. La première va se marier, la seconde rêve de faire la même chose. Devenir femme de matelot à dix-sept ans, et avoir des enfants, voilà leur ambition ! Je connais ces petits couples et ils ne me font pas envie. Depuis le départ de mes frères, ma mère a profondément transformé la maison pour aménager deux studios minuscules au rez-de-chaussée. Elle les loue à des jeunes mariés, des marins, bien sûr, puisqu'il n'y a que des marins à Toulon, et des filles qui ressemblent comme des sœurs à mes amies. Ils vivent là chichement, petitement. Les dames de l'épicerie les félicitent à longueur de journée comme s'ils incarnaient un rêve impossible, mais à mes yeux ils figurent tout ce que je rejette. Ils n'ont rien vu, rien essayé, et déjà ils s'enferment dans le carcan du mariage. Quoi ? Qu'y a-t-il donc de si tentant à marcher sur les traces de nos parents, à peine sortis de l'enfance ?

C'est en les observant, en les écoutant, que grandit en moi le projet de partir. Echapper au mariage, quitter Toulon, prendre le train pour Paris, partir à la découverte du vaste monde. Et en moi-même je m'entends dire : *Ce sera ça ou mourir ! Oui, oui, ce sera ça ou mourir !* Alors mon cœur se met à battre à une allure folle parce que je sens bien que c'est énorme, cette idée de partir.

Je répète *Antigone*, la pièce de Jean Anouilh. Je suis folle d'Antigone, je me reconnais en elle, je m'identifie à elle, sa révolte est la mienne, sa colère aussi. Antigone devient ma sœur aînée, mon modèle, elle m'initie à la grandeur, à l'idéal, tandis qu'Anne-Marie demeure la complice de mes fous rires.

Au moment de jouer *Antigone*, je suis prise de tremblements secrets, comme si ses mots étaient les miens, comme s'ils surgissaient réellement de mon âme. Ceux-ci, en particulier, que je me répète inlassablement comme s'ils avaient le pouvoir d'anéantir la petitesse et la médiocrité qui m'entourent :

Vous me dégoûtez tous avec votre bonheur ! Avec votre vie qu'il faut aimer coûte que coûte. On dirait des chiens qui lèchent tout ce qu'ils trouvent. Et cette petite chance pour tous les jours, si on n'est pas trop exigeant. Moi, je veux tout, tout de suite – et que ce soit entier – ou alors je refuse ! Je ne veux pas être modeste, moi, et me contenter d'un petit morceau si j'ai été bien sage. Je veux être sûre de tout aujourd'hui et que cela soit aussi beau que quand j'étais petite – ou mourir [1].

Oui, tout – ou mourir ! Après Antigone, je découvre la Phèdre de Racine, celle qui défie le soleil, et je trouve son geste tellement fort, tellement romantique aussi, qu'à mon tour je brave le soleil. Je n'ai peur de rien, ni des astres ni de la vengeance divine, je plierai le monde à ma volonté ou je disparaîtrai sans regret...

Je ne disparais pas, non, mais à fixer le soleil je perds seulement la vue pendant deux ou trois jours.

Que valent, à côté de tant de grandeur, les aventures torrides d'Anne-Marie ? Car ça y est, ma belle Anne-Marie a découvert l'homme de sa vie : un de nos professeurs du Conservatoire ! Comme il est déjà marié, et

1. Editions de La Table Ronde, 1946.

père de famille, ce ne sont que rendez-vous clandestins, embrasements, fuites, retrouvailles entre deux portes, suffocations haletantes, chuchotements... Pourquoi Anne-Marie éprouve-t-elle le besoin de me tenir informée de chaque détail ? Y repensant, des années plus tard, j'y verrai une explication à sa mystérieuse amitié pour moi : je devais être à ses yeux la confidente idéale. Sachant que je ne vivais rien de sensuel, elle s'imaginait sans doute que ses aventures me comblaient d'aise.

Mais c'est le contraire qui se passe. Tout ce que me dit Anne-Marie me plonge dans un violent effroi et m'éloigne un peu plus de la sexualité. Quand elle commence à me mêler à ses histoires, je n'en suis qu'à découvrir timidement mes propres désirs. Il m'est arrivé d'aller dans des *boums*, loin de mon quartier (de peur d'être vue par mes copines), et de me laisser vaguement embrasser. Mais dès que le garçon a voulu aller plus loin je me suis enfuie. Pourquoi ? Parce que je n'éprouve pas de désir pour un inconnu. Je sens confusément qu'il m'en faudrait un peu plus pour que mon cœur s'ouvre, qu'il me parle par exemple des yeux de Phèdre, ou de la rage d'Antigone... Mais comme ça, juste nos corps qui se frôlent, non... Suis-je différente des autres filles ? Cela me trouble et, comme je n'ai pas les mots pour m'expliquer, je préfère prendre la fuite. C'est dire si les récits d'Anne-Marie arrivent au mauvais moment. Tout ce qu'elle me raconte me glace le sang. C'est animal, violent, sans tendresse, et chaque image accroît mon angoisse. Si c'est ça, l'amour, alors je ne suis pas prête.

Désormais, je suis à plein temps au Conservatoire. J'ai abandonné le lycée, je ne veux plus entendre parler que de théâtre. Je lis Montherlant, Cocteau, Genet, je découvre les premières œuvres de Tennessee Williams, le travail de Peter Brook sur Shakespeare. Je m'assois au premier rang le jour où deux comédiens descendent tout exprès de Paris pour nous parler de notre futur métier. Ce sont Bernard Blier et François Périer. Deux ans plus tôt, leurs noms ne m'auraient rien dit, mais à présent je les regarde comme des astres vivants. J'ai découvert Blier dans *Quai des Orfèvres*, de Henri-Georges Clouzot, et Périer dans *Le silence est d'or*, de René Clair, deux films que je suis allée voir avec Anne-Marie. Mais c'est évidemment de théâtre qu'ils viennent nous entretenir. Bernard Blier provoque notre hilarité en nous racontant qu'il s'est fait recaler à trois reprises au Conservatoire avant d'être *repêché* par Louis Jouvet. François Périer nous fait le récit de ses débuts dans *Bobosse*, la pièce d'André Roussin. Quelques années plus tard, quand je tournerai avec l'un et l'autre, et que je leur rappellerai cette rencontre, ils manifesteront le même étonnement : *Et ça ne t'a pas dégoûtée !* Non, bien au contraire, car sous l'humour j'avais senti cette force, cette indépendance d'esprit et cette liberté qui me paraissaient être les conditions pour réussir sa vie. Et puis cet extraordinaire talent de conteur qu'ils avaient l'un et l'autre m'avait enthousiasmée. Je n'avais qu'un désir : les égaler !

Armand Lizzani, mon professeur, qui me suit depuis mes débuts, donne des cours particuliers de haut niveau dans une salle privée. Je n'ai pas les moyens d'y assister, mais je cherche malgré tout comment y aller. S'en aperçoit-il ? Me voit-il traîner dans les couloirs ? En tout cas, il s'arrange pour m'y faire entrer discrètement.

— Mireille, tu n'aurais pas un peu de temps pour moi ?

— Mais si, bien sûr !

— Est-ce que ça te dirait de donner la réplique de temps en temps ? J'ai besoin de quelqu'un.

— Dans votre cours privé ?

— Oui. Il me manque une voix féminine.

— Vraiment ? Mais avec plaisir ! Oh, merci ! Merci ! Je suis tellement contente !

— Alors on t'attend demain, ma grande.

Les fenêtres de la salle donnent sur la place des Trois-Dauphins, la plus pittoresque du vieux Toulon avec sa fontaine et ses maisons de travers. Pour moi, c'est encore une porte qui s'ouvre. Ici se retrouvent les meilleurs élèves du Conservatoire, ceux dont on dit qu'ils seront un jour connus. Henri Tisot y vient, et l'on parle déjà de son prochain départ pour Paris. Avant les cours, nous nous retrouvons parfois au Chantilly, le joli café qui fait l'angle. C'est là qu'un matin M. Lizzani chasse d'un mot les derniers nuages qui m'obscurcissent encore l'horizon.

— Mais dis-moi, Mireille, tu n'envisages pas de monter à Paris ?

Que puis-je répondre ? Que j'y pense nuit et jour ? Que je ne pense qu'à ça ? Non, c'est impossible, ça serait me mettre à nu d'un seul coup, avouer que toute ma vie tient à ce fil unique.

Alors je fais la gourde.

— Je ne sais pas. Vous croyez qu'à Paris...

— Si tu as une chance de démarrer, c'est là-bas.

— Mais je ne connais personne.

— Mistral non plus ne connaissait personne quand il est monté à Paris.

— Ah oui ? Je ne savais pas...

Pourtant Frédéric Mistral, dont j'ai lu *Mirèio* l'année précédente, a fini prix Nobel de littérature ! Je ne me compare pas à Mistral, mais tout de même... Ce jour-là, j'ai bien du mal à dissimuler mon excitation. Si Armand Lizzani évoque pour moi Paris, c'est qu'il me considère déjà comme une comédienne...

Et je dois l'être, en effet, puisque c'est peu de temps après que je suis approchée par un groupe de cinéastes amateurs. Ce sont des professeurs, de philosophie, de littérature, qui cherchent une jeune actrice pour tourner un film sur Toulon. Qui leur a donné mon nom ? Jamais je ne le saurai.

J'accroche tout de suite avec le réalisateur, Michel Flacon, dont je retrouverai la signature des années plus tard dans les colonnes de l'hebdomadaire *Le Point*. Il vient spontanément me chercher à la maison dans sa petite voiture et, curieusement, ça ne me gêne pas. C'est que je n'ai plus honte de mes origines, je suis une Antigone tendue et révoltée, et je crois que ma colère plaît à Flacon.

Mais elle séduit surtout le musicien du film, Jean-Michel, qui au fil du tournage se rapproche plus étroitement de moi. Jean-Michel est le contraire du bouillant amant d'Anne-Marie, il est sensible, délicat, patient, attentionné, de sorte que je ne le vois pas venir. Un jour, je m'aperçois qu'il a passé son bras autour de mes épaules et que nous nous promenons comme des amoureux. Quoi ? Mais depuis quand est-ce que ça dure ? Je tombe des nues, et après quelques détours j'en parle à Anne-Marie.

— Tu crois que Jean-Michel... Enfin, je veux dire, tu crois qu'il s'intéresse à moi ?

— S'il s'intéresse à toi ? Mais, Mireille, où as-tu les yeux ? Tu ne vois pas comment il te regarde, ce garçon ?

— Justement non... Je ne sais pas... J'ai un peu l'impression...

— Si tu veux savoir, moi je pensais que c'était déjà fait.

— Que quoi était déjà fait ?

— Eh bien toi et lui ! Tu fais exprès ou quoi ?

— Moi et lui ! Mais t'es complètement folle ! Y'a rien du tout... Y' a jamais rien eu...

Ce que je comprends, soudain, c'est que nous étions déjà fiancés dans l'esprit d'Anne-Marie (et probablement dans celui de toute l'équipe), et en me remémorant certaines phrases de Jean-Michel, je prends brusquement conscience de ce que j'ai laissé faire. *Quand tu reviendras de Paris*, m'a-t-il dit quelques jours plus tôt, *je te présenterai mes parents*. Et moi : *Si tu veux, Jean-Michel. Si tu veux...*

Alors que je ne reviendrai JAMAIS de Paris ! JAMAIS ! Comment peut-on imaginer que je vais un jour regagner Toulon ? Et me fiancer ! Et me marier ! Comme mes trois copines de l'avenue des Moulins... Comment leur expliquer, à tous, que pour moi c'est Paris ou mourir ?

Je ne trouverai pas les mots pour le lui dire, et je disparaîtrai sans plus jamais lui donner signe de vie. Aujourd'hui, je devine qu'il a dû souffrir en silence, et me prendre pour une fille détestable.

Il reste néanmoins de notre rencontre une jolie photo, publiée en page deux du *Provençal* un dimanche de printemps. La veille, notre film, *Lettre de Toulon*, a reçu le premier prix du concours du cinéma amateur. *Mlle Aigroz*, peut-on lire en légende de la photo, *entourée de MM. Flacon, Lion, Riolacci et Omnès.*

La carrière de *Mlle Aigroz*, si bien commencée, va pourtant s'arrêter là. Elle ne survivra pas à la découverte de Paris. Quand on reparlera de moi dans les journaux, je serai devenue... Mireille Darc !

6.

Ce départ pour Paris ! Plus la date approche, plus je m'élève sur un petit nuage de félicité. Mon ivresse a dû balayer les quelques réserves de maman, car dans mon souvenir elle est avec moi, solidaire, courageuse. Je retrouve cette petite photo d'identité que je lui dédicace peu avant de partir : *Pour celle qui m'est tout et pour qui je veux réussir. Mireille.*

À présent, c'est l'été. En juillet, j'ai travaillé à la cueillette, dans les vergers et, au début du mois d'août, je me suis occupée d'enfants. Au total, j'ai économisé trois cents francs et je n'aurai que ça pour démarrer. Maman me laisse entendre qu'elle ne pourra pas beaucoup m'aider et je me promets secrètement de ne rien lui demander.

De toute manière, je ne serai pas seule : Anne-Marie doit me rejoindre. Depuis des mois, c'est à deux que nous préparons l'aventure. Je ne sais rien de Paris, mais je connais le culot d'Anne-Marie et combien il est difficile de lui résister...

Je débarque à Paris le matin du 21 août 1959. La veille, je suis partie seule pour la gare, à cette heure terrible où le ciel se fane, où l'on se sent soudain le cœur lourd. Maman n'a pas proposé de m'accompagner, et je n'ai pas osé le lui demander. Je l'ai suffisamment bassinée avec ce départ, elle a sans doute préféré me laisser seule avec ma colère. Mais tout est oublié quand le jour se lève et qu'apparaissent les premières banlieues. Mon Dieu, Paris ! Je ne sais pas pourquoi, je m'attendais à une bousculade en arrivant à la gare de Lyon, mais il flotte au contraire sur la ville de tous mes rêves une sérénité virginale, à peine troublée par le ballet de quelques taxis. Les rues sont vides, où sont donc passés les Parisiens ? Ils doivent dormir, ou profiter des vacances... Moi, je n'ai qu'une idée en tête, voir la place de la Concorde et les Champs-Élysées. On m'indique l'arrêt du bus et je m'y plante avec ma valise. J'ai le cœur à cent à l'heure, je n'en reviens pas d'être là, d'avoir réussi ! Ce premier voyage à travers la capitale, je le fais debout sur la plate-forme arrière d'un autobus, stupéfaite, les cheveux dans le vent, me retenant d'une main au garde-corps et fermant de l'autre main l'encolure de mon duffle-coat. Je ne connais Paris qu'à travers mes souvenirs du Monopoly (nos parties de Monopoly chez Monique ou Angèle...) et par la lecture de *Cinémonde,* ces derniers mois – les grandes premières sur les Champs-Élysées, la vie des vedettes montant les marches de l'Opéra en tenue de soirée... Depuis ma plateforme, j'attrape le nom d'une rue, d'une avenue, et je ne peux pas retenir un petit cri d'extase lorsque nous coupons la rue de la Paix, si chère, pour emprunter la rue de Rivoli.

Je descends à l'angle Rivoli-Concorde, et lorsque le bus a disparu, me laissant seule avec ce spectacle – la place de la Concorde dans le jeune matin d'août irisé d'or –, je crois que je pleure. D'émotion, de fierté. Est-ce que je dis *Paris, à nous deux !* comme le héros de Balzac ? Je crois bien que oui.

Ensuite, je contourne la place, toujours flanquée de ma valise et de ce duffle-coat qui me tient maintenant beaucoup trop chaud. Je pourrais l'enlever, je porte dessous ma tenue la plus élégante, une jupe de tweed et un chandail jaune, mais où le mettre ? Ma valise est pleine, et puis je ne me vois pas l'ouvrant sur le trottoir... Alors c'est en duffle-coat, et chargée comme ces réfugiés que l'on croise parfois dans le périmètre des gares, que je remonte les Champs-Élysées. Sans doute les gens me regardent-ils avec surprise depuis les terrasses des cafés, mais ça m'est égal, je suis bien trop éblouie par ce que je suis en train de vivre pour leur prêter attention.

De l'Étoile, je m'engouffre dans le métro et je cherche comment gagner Aubervilliers. Ah, il y a une Porte d'Aubervilliers sur le plan, eh bien de là j'irai à pied... J'ai l'adresse d'un jeune couple qui a loué l'un des studios de maman, autrefois, et qui me prête pour quelques jours son petit appartement. C'est là que je passe ma première semaine, seule, me nourrissant de leurs conserves pour ne pas entamer mes économies. Toute la journée, je marche dans Paris. Je repère les adresses qui m'intéressent, celle du Conservatoire dont je dois préparer l'examen d'entrée, celle du cours de Maurice Escande qui doit m'aider à présenter le Conservatoire. J'ai une lettre de recommandation d'Armand Lizzani, et surtout mon prix d'excellence du

Conservatoire de Toulon. Pourvu qu'Escande veuille bien de moi ! C'est un grand comédien qui a beaucoup tourné dans l'entre-deux-guerres (*La Garçonne*, *Sept hommes... une femme*, etc.), avant de se dire déçu par le cinéma et de se consacrer au théâtre dont il est alors l'un des maîtres.

Je me promène aussi autour de la Comédie-Française en pensant très fort à Henri. Henri Tisot, qui est parti pour Paris une année avant moi, et qui dès son arrivée a été engagé dans ce temple du théâtre classique. Puis-je espérer y entrer, moi aussi ? Imaginer que je pourrais marcher sur ses traces me donne le tournis.

Enfin, Anne-Marie débarque à son tour. Pour elle, les choses sont plus faciles, puisque son amant lui a loué un petit studio à Montmartre, rue Girardon. Elle est resplendissante quand je la retrouve à la gare, et tout de suite nous allons visiter sa garçonnière. C'est un bel immeuble de briques rouges, mais le studio est si petit qu'on se demande comment deux adultes peuvent y tenir. Un lit double au fond d'une alcôve, à peine de quoi mettre une table et deux chaises sous la fenêtre, une cuisine dans un placard et une salle d'eau.

— C'est formidable ! s'écrie-t-elle. On n'a plus qu'à s'installer.

— Tu crois ? Et comment on va faire quand ton copain sera là ?

— Ben tu sortiras faire un tour, je ne vois pas où est le problème...

— Et s'il reste pour la nuit ?

— On dormira toutes les deux dans le lit, et lui se mettra par terre !

Anne-Marie éclate de rire, moi je suis gênée, mais comme je n'ai pas d'autre endroit où loger, je vais reprendre mes affaires à Aubervilliers et emménage avec elle.

Puis, très vite, l'année scolaire s'engage et je n'ai plus trop le temps de me poser de questions. Maurice Escande m'admet dans son cours et aussitôt je me retrouve plongée dans Racine, Montherlant, Brecht. Quand je ne suis pas sur les planches, je répète toute seule. Je passe mes journées à déclamer, comme autrefois sous les amandiers, sauf que cette fois j'ai conscience de jouer ma vie. Je ne sais pas très bien quel est le programme pour se présenter au Conservatoire, mais il me semble que je n'aurai pas assez de mes journées pour rattraper tout ce qu'on ne m'a pas donné enfant, toute cette insaisissable *culture*. Je découvre enfin les bibliothèques, la lecture assise au fond des librairies parce qu'on n'a pas les moyens d'acheter le livre, les queues devant les théâtres pour les places les moins chères...

Cependant, les cours sont payants, et bientôt je n'ai plus du tout d'argent. Alors je pose pour le propriétaire de notre studio qui est artiste peintre. Je garde des enfants, je promène les chiens d'une dame fortunée, un jour je remplace une serveuse, un autre jour je fais les courses pour une vieille dame du quartier... Et, une fois payés les cours, il ne me reste même plus de quoi manger. Maman devine-t-elle dans quelle situation je me trouve ? En tout cas, je reçois des colis de conserves et de saucissons, ce délicieux saucisson dont elle me coupait une tranche pour le goûter quand j'étais petite et que je partage maintenant avec Anne-Marie.

Celle-ci est moins assidue que moi aux cours. Elle disparaît dans la journée pour vivre sa vie et, souvent, en rentrant le soir, je la retrouve au lit avec un garçon. Tromper son amant de Toulon, notre bienfaiteur, n'a pas trop l'air de la déranger... Elle sourit, me fait signe de repasser plus tard, et je retourne arpenter le trottoir en ressassant *La Reine morte*. Parfois, le garçon est profondément endormi quand je remonte et, plutôt que de le réveiller, Anne-Marie le pousse contre le mur et nous passons la nuit tous les trois dans le même lit.

Deux ou trois mois se sont écoulés et nous avons fini par nous lier d'amitié avec nos voisines du dessus, deux prostituées qui exercent dans les beaux quartiers. Elles sont jeunes, vivantes, joyeuses, toujours prêtes à rigoler, et comme elles ne tardent pas à comprendre que nous n'avons rien à manger, elles nous invitent à l'occasion à partager leur dîner.

— Jolies comme vous l'êtes, remarquent-elles un soir, comment vous vous débrouillez pour être aussi fauchées ?

— On fait des études, dis-je timidement, on veut devenir comédiennes, ce qui fait qu'on n'a pas trop de temps pour travailler.

— Toi, d'accord, mais ta copine, je crois qu'elle préfère les garçons aux études... C'est pas vrai que tu préfères les garçons ?

Alors Anne-Marie, pas plus gênée :

— C'est vrai qu'en ce moment ils prennent plus de place que le théâtre.

— Ah, tu vois ! Alors on va te dire un truc, si t'en faisais payer quelques-uns, je ne sais pas, moi, peut-être même qu'un sur deux, eh bien vous ne seriez pas dans cette misère, les filles...

Je ne me souviens plus de ce qu'a répondu Anne-Marie, ce soir-là, mais elle a sûrement éclaté de rire car il en fallait plus pour la choquer, si bien que nos deux amies ont dû se sentir encouragées à nous venir en aide.

En tout cas, c'est à partir de ce dîner que va s'engager l'histoire que je vais raconter maintenant. Une histoire rocambolesque qui n'en a pas moins eu une influence considérable sur ma vie, puisqu'elle va aboutir, de fil en aiguille, à ce que j'abandonne l'idée d'entrer au Conservatoire pour me tourner rapidement vers le cinéma...

Un soir, l'une de nos amies du dessus sonne à notre porte. Elle a une proposition pour Anne-Marie :

— Demain, lui dit-elle, je reçois un client qui aime qu'on le regarde pendant... Enfin pendant qu'il est au lit avec moi, tu vois un peu le truc, quoi. Il paye très bien, j'ai pensé que ça pouvait t'intéresser...

Anne-Marie n'est pas contre, surtout qu'en effet il y a beaucoup d'argent à se faire. Je les entends discuter un moment, et c'est oui, d'accord, elle viendra. Ça se passera dans le XVIIe arrondissement, et je la vois noter l'adresse.

Mais, cette nuit-là, une fée maligne redistribue les cartes. Anne-Marie est soudain prise de coliques néphrétiques et nous partons d'urgence pour l'hôpital. Larmes, affolement... Quand je la laisse dans sa chambre d'hôpital, enfin apaisée et endormie, je ne me doute pas que je la vois pour la dernière fois. Anne-Marie repartira le lendemain pour Toulon, rapatriée par sa famille, ou par son amant, et elle ne me donnera plus jamais signe de vie. Pourquoi ? Qu'est-ce qui a fait qu'elle a choisi de disparaître, de ne plus répondre à aucun de mes appels ? Près d'un demi-siècle plus tard, je continue de m'interroger.

Cependant, je ne sais encore rien de tout ça quand, le lendemain, notre amie du dessus vient aux nouvelles. Eh bien oui, malheureusement Anne-Marie est à l'hôpital, et il n'y a donc plus personne pour courir dans le XVIIe arrondissement assister aux ébats du fameux client.

— Tu ne veux pas venir, toi ?

— Tu es folle ! Alors là, sûrement pas.

— J'ai promis qu'il y aurait quelqu'un, le type va être furieux...

— Trouve une autre fille.

— C'est trop tard. Viens, c'est très bien payé, il ne te touchera pas, tu ne risques rien du tout...

— Non !

— Il ne te touchera pas, Mireille, je te le jure ! Regarde-moi dans les yeux : je te le jure !

— Non, non et non !

— Alors fais-le pour me rendre service, je suis vraiment dans la merde, là.

— Tu te rends compte de ce que tu me demandes ?

— Tu regarderas ailleurs, il aura autre chose à faire qu'à te surveiller, de toute façon. S'il te plaît !

— Je ne peux pas...

— Fais-le pour moi, je t'en supplie...

— Bon, alors juste pour cette fois... et parce que c'est Anne-Marie qui te l'avait promis.

On nous ouvre le portail. C'est un petit hôtel particulier au fond d'un jardin. Un bordel de luxe, en somme. Je ne savais pas qu'à Paris il existait de tels endroits, à la fois champêtres, luxueux et réservés à ce commerce. Mais je suis trop angoissée pour m'y arrêter. Je remonte l'allée derrière mon amie qui a l'air de bien connaître les lieux. J'ai sous le bras *Mirèio* (*Mireille*), l'œuvre de Mistral, que je retravaille à ce moment-là dans la perspective d'un festival à Saint-Rémy-de-Provence.

On nous fait entrer – une soubrette à la Feydeau, petit tablier blanc et col rond – et nous nous retrouvons toutes les deux dans une chambre. Pendant que mon amie se parfume pour accueillir son client, moi je me tiens interdite dans un coin, la gorge sèche. Enfin, on frappe, et l'homme se présente.

Je suis physiquement là, mais en même temps je n'y suis pas. C'est un tel choc, cet étranger au milieu de cette chambre, que mon esprit se focalise aussitôt sur le premier chant de Mistral. Je me le répète en boucle, comme si j'allais entrer en scène dans la prochaine seconde et, de fait, je ne sais plus si l'angoisse qui me fait cogner le cœur est due à l'appréhension du lever de rideau ou aux gestes de l'homme qui maintenant se déshabille. Il aurait pu être odieux, me dire *Assieds-toi à côté de nous, et regarde*, mais il ne me demande rien du tout et je m'absorbe fiévreusement dans mon texte, en provençal.

Cante uno chato de Provènço (Je chante une jeune fille de Provence).

Dins lis amour de sa jouvènço (Dans les amours de sa jeunesse),

À travès de la Crau, vers la mar, dins li blad (À travers la Crau, vers la mer, dans les blés),

*Umble escoulan dou grand Oumèro (*Humble écolier du grand Homère*),*

*Léu la vole segui. Coume èro (*Je veux la suivre. Comme c'était*)*

*Rèn qu'uno chato de la terro (*Seulement une fille de la glèbe*),*

*En foro de la Crau se n'es gaire parla (*En dehors de la Crau il s'en est peu parlé*).*

*Emai soun front noun lusiguèsse (*Bien que son front ne resplendît*)*

*Que de jouinesso ; emai n'aguèsse (*Que de jeunesse ; bien qu'elle n'eût*)*

*Ni diadèmo d'or ni mantèu de Damas (*Ni diadème d'or ni manteau de Damas*),*

*Vole qu'en glori fugue aussado (*Je veux qu'en gloire elle soit élevée*)*

*Coume uno rèino, e caressado (*Comme une reine, et caressée*)*

*Pèr nosto lengo mespresado (*Par notre langue méprisée*),*

*Car cantan que pèr vautre, o pastre e gènt di mas ! (*Car nous ne chantons que pour vous, ô pâtres et habitants des mas !*)*

Etc. [1]

Que font-ils pendant ce temps-là ? Que disent-ils ? Je ne peux pas prétendre que je ne sens pas leur présence, non, je sais qu'ils sont ensemble, sur le lit, et cependant

1. Frédéric Mistral, *Mirèio (Mireille)*, Les Cahiers Rouges, Grasset, 1968.

je ne les vois pas. Sans doute est-ce un spectacle impossible pour la jeune fille que je suis, qui n'a encore pas connu d'homme, et que l'amour physique effraie confusément. Et sans doute aussi suis-je consciente que je dois à tout prix m'évader, ne rien voir, si je ne veux pas sortir de cet endroit complètement détruite. Durant tout le temps que se prolongent leurs ébats, je déclame donc fébrilement *Mirèio*, comme si ma survie dépendait de mon talent.

Quand l'homme me salue discrètement avant de s'éclipser, il me semble que je suis encore abasourdie d'avoir réussi. Je ne pense qu'à Maurice Escande avec qui j'ai rendez-vous maintenant. Quel dommage qu'il ne m'ait pas entendue. Jamais je n'ai si bien dit le texte de Mistral...

— Ça va ? C'était pas trop long ?

Mon amie se rhabille, et moi je suis déjà à la porte.

— Non, très bien... Je peux m'en aller maintenant ?

— Tu ne veux pas ton argent ?

— Si, excuse-moi, je ne sais pas où j'ai la tête...

Je viens de gagner quatre cents francs, plus que la somme que j'avais en poche en débarquant à Paris...

Alors quelqu'un frappe de nouveau et, comme je suis sur le point de sortir, c'est moi qui ouvre.

L'homme qui me fait face a peut-être la quarantaine, il est très élégant, souriant.

— Vous êtes libre ? demande-t-il.

Pour moi, il ne fait aucun doute qu'il s'adresse à mon amie, et je le bouscule donc imperceptiblement pour me faufiler et sortir.

Je suis déjà dehors, dans l'allée qui traverse le jardin, quand il me rattrape.

— Mais où allez-vous ?

— À un cours d'art dramatique.

— Pardon ?

— Lâchez-moi, s'il vous plaît, je suis pressée.

Il m'avait pris machinalement le poignet mais desserre aussitôt son étreinte.

Entre-temps, nous sommes arrivés au portail, que j'ouvre précipitamment, comme si je manquais d'air soudain.

Ouf ! Ça y est, je suis dehors. Je marche depuis un instant sur le trottoir, en direction d'une bouche de métro, quand une longue voiture noire s'arrête à ma hauteur. Une Jaguar. Et c'est encore lui, à la portière.

— Montez, je vais vous déposer.

— Merci, je préfère aller en métro.

— Ne faites pas l'idiote, voyons, montez ! Avec moi, vous ne risquez rien.

Pourquoi est-ce que je cède ? C'est comme si, brusquement j'avais envie de me laisser aller, d'être un peu prise en charge après l'épreuve que je viens de traverser. Et puis je crois que je reconnais quelque chose de vrai dans son regard, ou peut-être dans son intonation, quelque chose de sincère qui fait que j'ouvre la portière et me retrouve assise à côté de cet homme dont je ne sais strictement rien.

Il s'appelle Michel, il dit être journaliste, et apparemment ne me veut en effet aucun mal puisqu'il me conduit très gentiment jusqu'au cours de Maurice Escande.

Deux heures plus tard, lorsque j'en ressors, il fait nuit. À ce moment-là, j'ai complètement oublié l'homme de la Jaguar. Je pense à Anne-Marie, et je n'ai qu'un désir, être près d'elle, lui raconter ma journée, me saouler de son enthousiasme, de ses fous rires...

Mais la Jaguar est encore là, stationnée devant le porche.

— Montez, nous allons prendre un verre et je vous ramènerai chez vous.

— Non, je dois passer à l'hôpital.

— Alors je vous conduis à l'hôpital.

— Je ne comprends pas... Pourquoi faites-vous ça ? Que vous voulez-vous ?

— Juste bavarder un moment avec vous. Montez, je vous dis, je vous conduis à l'hôpital.

Il veut savoir qui je suis, d'où je viens et, comme il ne m'inspire aucune méfiance, je lui parle sincèrement. Alors il veut savoir ce que je fichais dans ce... dans cet hôtel particulier, très *particulier*, du XVIIe arrondissement. Là, j'ai plus de mal à m'expliquer. Nos deux amies prostituées, la dèche, les coliques néphrétiques d'Anne-Marie... Oui, je vois qu'il s'y perd un peu, mais comme décidément je me sens en confiance, je soupire en m'enfonçant dans le cuir parfumé du siège :

— Laissez tomber, ça n'a aucune importance.

Pour la première fois, je me détends, et lui a la délicatesse de ne pas insister.

À l'hôpital, on nous annonce qu'Anne-Marie est déjà repartie, et nous filons aussitôt rue Girardon. Mais Anne-Marie n'y est pas, elle a vidé le studio de toutes ses affaires et ne m'a pas laissé un mot d'explication. Rien. Comment a-t-elle pu partir comme ça ? Je me sens brusquement perdue, très seule.

— Je vous emmène dîner, et puis je vous raccompagnerai.

— Merci, je n'ai pas faim.

— Ne vous mettez pas dans cet état, votre amie vous appellera sûrement demain.

— Oui... Je ne sais pas... Je ne comprends pas...

— Venez, c'est inutile de rester là.

Je me laisse conduire. Dehors, il s'est mis à pleuvoir, ce doit être novembre, ou peut-être décembre. Paris me paraît soudain glacial, cruel, et j'éprouve du réconfort à suivre le ballet mouillé des phares, à contempler la cohorte triste des parapluies sur les trottoirs, depuis cet habitacle capitonné de cuir et fleurant le tabac anglais, à côté de cet homme qui pourrait être mon père et que rien ne semble démonter. Où m'emmène-t-il, finalement ? Il se tait. Je vois que par instants il me regarde avec bienveillance, et puis il sourit, comme pour lui-même, et au fond j'aimerais que ce moment se prolonge toute la nuit. Après cette drôle de journée, je n'ai plus envie de réfléchir, de décider.

— Voilà, c'est ici.

Qu'est-ce qui est ici ? Je ne sais pas, je ne reconnais pas le quartier.

— Où allons-nous ?

— Chez Lasserre.

— Chez qui ?

— Un restaurant. Arrangez un peu vos cheveux, vous avez l'air d'une écolière en cavale.

— Si je vous fais honte, je peux rentrer chez moi, je ne vous ai rien demandé.

— Vous ne me faites pas honte, vous êtes très jolie. Tenez, entrez...

J'entre, et alors je comprends combien je suis déplacée, pour ne pas dire carrément indécente, avec mon duffle-coat râpé, mes cheveux retenus par un élastique, mes bottines sans talons, dans cet endroit où les serveurs eux-mêmes ont l'air d'être des académiciens... Mais Michel est très à l'aise, lui, et d'ailleurs on le connaît, on prend de ses nouvelles, on nous débarrasse de nos manteaux, et bientôt nous nous retrouvons assis en tête à tête.

Par quel miracle suis-je passée en vingt-quatre heures d'un dîner de conserves chez nos deux amies prostituées aux couverts d'argent de chez Lasserre ? Je n'ai pas bien compris, mais j'ai le sentiment que cet homme, qui choisit maintenant le vin en face moi, arrive au bon moment, comme si quelqu'un, là-haut, peut-être la Vierge Marie, mais plus vraisemblablement Marie-Madeleine, avait soudain pris conscience que ma vie pouvait basculer dans une direction tout à fait improbable. D'ailleurs, n'est-il pas venu, comme la Providence, me tendre la main au pire endroit imaginable, cette maison de passe où je n'aurais jamais dû me trouver ?

Je ne me demande pas ce qui l'attire chez moi. Pourtant, il y aurait de quoi se poser la question. Il est marié, père de famille, effectivement journaliste (à *Paris Match*, ou *Jours de France*, peu importe), quel besoin éprouve-t-il de trimbaler une gamine de vingt ans dans l'un des plus grands restaurants de Paris ? Et là, de l'interroger ? Je lui parle surtout de mes ambitions – le Conservatoire, ma passion pour le théâtre, *Mirèio*, que je traîne avec moi depuis le matin. Et je vois qu'il se passe quelque chose dans son esprit à l'instant où j'entonne le premier chant en provençal, juste comme ça, pour lui montrer...

— Mais c'est magnifique !

— Oui, c'est très beau, Mistral, vous ne connaissiez pas ?

— C'est vous qui le dites bien, avec beaucoup de force, de poésie... Et cette langue tellement musicale... Je suis sûr que vous allez réussir !

Je ne sais pas s'il le croit vraiment, mais il me regarde maintenant avec plus de curiosité, et une chaleur particulière qui me touche.

Quand il revient m'attendre à la sortie de mon cours, deux ou trois jours plus tard, je suis sincèrement heureuse de le revoir et je ne le lui cache pas. Je devine à un petit pincement au cœur que je n'avais jamais ressenti jusqu'à présent qu'il est en train de prendre une place dans ma vie.

Il m'emmène dîner. Non, je n'ai toujours aucune nouvelle d'Anne-Marie. Et oui, il va falloir que je déménage parce que je ne suis pas chez moi dans ce petit studio. Je vois qu'il me regarde curieusement.

— Tu n'as rien d'autre à te mettre que ce duffle-coat ?

— Comment ça ?

— Tu n'as pas un manteau un peu plus... Enfin, je veux dire, un peu moins...

C'est drôle, parce que je n'imaginais pas qu'on pouvait avoir *deux* manteaux, mais quelque chose me retient de lui exprimer ma surprise.

J'aime la façon dont il parle, avec une élégance discrète qui m'était étrangère jusqu'ici. Les petites difficultés du quotidien demeurent mais, en sa présence, je devine que la vie peut être différente. C'est amusant, insolite, comme de regarder le tourbillon de la rue depuis sa Jaguar.

Peu de temps après, il m'emmène avenue Montaigne. Une de ses amies, une dame d'un certain âge, loue une grande chambre chez elle, paraît-il. Nous allons ensemble la visiter. La pièce est belle, lumineuse, elle donne sur une jolie cour, son loyer est raisonnable et la dame est charmante. Tout de suite nous nous plaisons.

Michel est satisfait, il m'a sortie de Montmartre, de mes fréquentations douteuses et, au fond, je lui suis reconnaissante de ce qu'il a fait pour moi. Et puis je ressens à son égard une attirance amicale et tendre qui me surprend au début. Est-ce cela qu'on appelle l'amour ? Je ne sais pas, je n'ai aucune expérience, mais pour une fois je n'ai pas trop envie de réfléchir ni de m'enfuir.

D'ailleurs, au fil des jours, j'aime de plus en plus la façon dont cet homme me regarde. Il pourrait être tenté de faire de moi sa chose, puisqu'il a tout, et moi rien, mais non, il se garde bien de m'habiller, de me payer mon loyer, de m'emmener chez le coiffeur, et il supporte vaillamment mon vieux duffle-coat et mes bottines. Il se contente de m'inviter au restaurant. Du coup, je me sens capable d'exister à côté de lui, en dépit des vingt années qui nous séparent et de ces gens illustres – artistes, écrivains, éditeurs –, que nous croisons dans les meilleurs restaurants et qu'il met chaque fois un point d'honneur à me présenter.

— Tenez, voici Mireille Aigroz, c'est une jeune comédienne qui débute...

C'est comme cela qu'un soir nous tombons par hasard sur Gilbert Bécaud.

7.

Bécaud veut en savoir plus. Comédienne, ça ne lui suffit pas. *Et qu'est-ce que vous avez joué jusqu'ici ? Vous préférez donc le théâtre au cinéma ? La tragédie ? La comédie ? Ah, vous tentez le Conservatoire... Et comment mangez-vous en attendant ?*

— Je pose pour un peintre, je garde des enfants...

— Pourquoi vous n'essayez pas plutôt de décrocher des petits rôles ?

— Je ne sais pas, je ne connais personne à Paris...

— Vous n'avez pas d'agent ?

— Heu... non... non...

— Allez voir de ma part Isabelle Kloukowski chez les frères Marouani, c'est elle qui s'occupe du théâtre et du cinéma, elle pourra peut-être vous aider.

Le lendemain matin, j'entre dans le bureau de cette mademoiselle Kloukowski. Venant de la part de Gilbert Bécaud, elle a tout de suite accepté de me recevoir. Elle est au téléphone, me sourit, me fait signe de m'asseoir. Et soudain, je l'entends dire, tout en me fusillant du regard : *Écoutez, il y a justement une jeune comédienne qui vient d'entrer dans mon bureau, voulez-vous que je vous l'amène ?* Et puis elle raccroche, et me lance en attrapant son manteau :

— Venez, on nous attend au théâtre Gramont, vers les Grands Boulevards, ils ont une jeune fille malade, c'est un remplacement pour demain soir, un rôle de soubrette dans une pièce de George Bernard Shaw, ça ira ?

— Ça ira, oui, merci beaucoup.

Je connais vaguement Shaw pour avoir lu son *Pygmalion*, mais je ne l'ai jamais travaillé. En chemin, comme Mlle Kloukowski s'enquiert de ma *carrière*, je réalise que je n'ai même pas eu la présence d'esprit de lui demander le nom de la pièce... Mon Dieu, et c'est pour demain !

Je suis affolée en arrivant au théâtre, mais tout de suite on me met à l'aise : ce n'est en effet qu'un rôle de soubrette, les deux comédiens principaux sont très expérimentés, ils m'aideront. Et puis j'ai toute la nuit pour apprendre mes répliques. Quant à la pièce, j'ai vu l'affiche en entrant, son titre est *Le Héros et le Soldat*, je ne sais même pas de quoi ça parle...

Je passe ces vingt-quatre heures en transe. Découvrir le texte, y entrer, m'a pris l'essentiel de mon temps. Maintenant il me reste à me réincarner en soubrette – les répliques, la voix, les déplacements... Je n'ai droit qu'à une répétition partielle et hâtive quelques heures avant le lever de rideau.

Enfin, ça y est, et tout de suite je me sens à l'aise, libre, conquérante. C'est drôle comme de jouer la comédie me remplit immédiatement de confiance, comme s'il suffisait de respirer sous l'habit d'une autre pour oublier aussitôt ses vieilles blessures. Pourtant, c'est la première fois que je foule une scène parisienne et, dans le secret de mon âme, j'ai la certitude que tout Paris me contemple. Tout Paris, serré dans cette petite salle.

Puis mon remplacement se prolonge, et c'est irréel, quasi miraculeux, mais voilà qu'on parle de moi ! Un photographe, Marcel Litran, me propose de me tirer quelques portraits, et bientôt deux ou trois articles paraissent. Le plus élogieux est évidemment celui de Michel dans *Jours de France*. Michel, qui est à toutes les représentations, qui m'emmène dîner, qui me répète que je suis *formidable ! formidable !* et qui continue ainsi à jouer l'homme providentiel.

J'ai à peine quitté le théâtre Gramont qu'on me propose de refaire la soubrette. Mais cette fois pour la télévision. C'est Isabelle Kloukowski, mon agent désormais, qui me parle du projet. Le réalisateur, Claude Barma, s'apprête à tourner une comédie dont le titre est *La Grande Bretèche*. Il y a le mari, la femme, l'amant de la femme... et la soubrette. Seulement, cette fois, on ne m'attend pas comme le Messie. Si je veux le rôle, je dois passer une audition comme n'importe quelle autre débutante.

— Eh bien oui, je vais la passer ! dis-je, pleine d'énergie.

J'imagine une compétition entre trois ou quatre jeunes filles et, comme je suis encore très enflammée par mon petit succès au théâtre, je ne doute pas vraiment de l'emporter.

La sélection se déroule dans les vastes studios des Buttes-Chaumont où je me présente par un beau matin d'hiver, abandonnant à regret la lumière cristalline au-dessus de Paris pour m'engouffrer dans un dédale de couloirs sales. Je n'ai qu'à suivre le parcours fléché et, brusquement, je crois vivre un cauchemar : ce ne sont pas trois ou quatre débutantes qui patientent, mais au moins deux cents !

Une grossière file d'attente s'est formée pour que chacune puisse donner son nom et son adresse à un jeune homme assis derrière une table de camping, et dont je découvrirai bientôt qu'il est l'assistant de Barma. C'est le genre de scène qui vous rend immédiatement modeste : *En somme, je ne vaux pas plus que cela*, vous dites-vous aussitôt, *un vague matricule en queue de peloton.* Je peux déjà me figurer le dialogue : *Mireille comment ? – Aigroz, Monsieur. – Comment vous écrivez ça ? – A-I-G-R-O-Z. – Pas d'E à la fin ? – Non, non, pas d'E. – Egrozzz... c'est comme ça qu'on prononce ? – Voilà, oui. – Ben mon vieux... Bon, suivante !* Et tout ça pour que le lendemain ils se disent entre eux : *La grande bringue au duffle-coat, là, pourquoi on ne la ferait pas revenir ? C'était comment déjà son nom ?*

C'est dans cette bousculade que me vient l'idée de m'inventer une autre identité. Il ne faut pas qu'ils aient à me chercher, me dis-je, il faut que mon nom leur vienne spontanément à l'esprit, à la seconde où ils se rappelleront ma silhouette. Un joli nom, à la fois élégant et bref... Je songe à Montand et Signoret dont les patronymes claquent à l'oreille. Par quels détours est-ce que j'en arrive à Darc ? Je ne sais pas, ce sont les mystères mêlés de la musique des mots, de la mémoire et du rêve. Mais à l'instant où ce nom me traverse l'esprit, tranchant et lumineux comme le fil d'une épée, je suis folle d'excitation. Darc ! Mais bien sûr, Darc ! C'est enflammé, conquérant, magnifique ! Darc, on l'entend une fois et on ne peut pas l'oublier. Alors aussitôt dix raisons me confortent dans mon choix. Ne suis-je pas née le 15 mai tandis que l'on fête Jeanne d'Arc chaque deuxième dimanche de mai ? Et puis Jeanne d'Arc n'est-elle pas à sa façon une Antigone moderne, révoltée et conquérante ? Enfin coule près de Toulon une rivière nommée l'Arc, comment ne pas y voir un autre signe ?

Oui, oui, et puis ce nom ennoblit Mireille. Mireille, c'est la Provence, la poésie, Mistral et Pagnol... Mireille Darc, c'est le départ, l'envolée au clairon, la chevauchée vers *l'autre monde*. Je m'en persuade, car j'envisage un instant de jeter Mireille aux orties avec Aigroz, quand une petite voix me remonte sévèrement les bretelles : *Aigroz, d'accord, c'est imprononçable, et puis c'est le nom de ton père, tu as le droit de le larguer, il te traitait bien de bâtarde, lui, mais Mireille c'est ton enfance... Tu es faite de ce prénom, pense à ta mère et à tes frères, à tous ceux qui t'aiment, ce serait presque les renier que de changer de prénom. On ne balance pas son enfance, Mireille. – D'accord, d'accord. Alors ce sera Mireille Darc !*

Le lendemain, j'irai tout exprès me recueillir devant la statue de Jeanne d'Arc, rue de Rivoli. Je lui demanderai solennellement la permission d'emprunter son nom et la prierai de ne pas en prendre ombrage. Mais quand on me posera la question, quelques années plus tard, *Qu'est-ce que c'est pour vous, la célébrité ?* j'aurai le culot de faire cette réponse, qui dut réveiller la

Pucelle dans sa tombe : *Quand les enfants dans les écoles écriront Jeanne d'Arc sans apostrophe !*

Pendant ce temps-là, la file d'attente s'écoule. Quand arrive enfin mon tour, on me fait entrer dans une salle vide. Claude Barma est assis à l'autre bout, derrière une planche posée sur deux tréteaux. Je dois traverser la pièce, m'immobiliser à deux ou trois mètres de lui. Là, un assistant me lancera, et il faudra alors que j'improvise. Comment être différente des autres dans les trois petites minutes qui me sont données ? C'est la question que je me pose en dévisageant Barma. Et soudain, il me sourit, comme s'il voulait détendre l'atmosphère. Ou peut-être est-ce tout simplement que je l'amuse ? Je ne sais pas. Mais ce sourire me met en confiance, j'éclate de rire en songeant à ce qui me passe par la tête, une scène assez farfelue que je joue aussitôt, à demi couchée sur un sofa imaginaire (deux chaises, en réalité, que je place côte à côte). Barma rigole, me félicite, et puis il me demande de me déplacer dans l'espace le plus naturellement du monde et je vois que ma dégaine l'intrigue. En tout cas, j'ai suscité son intérêt puisque nous ne sommes plus qu'une vingtaine à être convoquées pour le lendemain.

Et de nouveau la file d'attente. Et de nouveau cette rage qu'il faut aller chercher au fond de soi pour se persuader qu'on peut être meilleure que les dix-neuf autres, qui doivent avoir pourtant du talent puisqu'elles ont été sélectionnées... Toutes sont apprêtées, coiffées, habillées à la mode, je remarque que je suis la seule à sembler sortir d'un patronage avec mes cheveux sombres grossièrement bouclés sur le front et mes vêtements sans style. Mais j'ai toujours cette colère au fond du ventre, sûrement aiguisée par l'idée que je dois réussir à tout prix si je ne veux pas être condamnée à retourner d'où je viens. Et me voilà parmi les cinq encore en lice !

Enfin nous ne sommes plus que deux... et puis c'est moi ! Moi ! Claude Barma me choisit ! Ce jour-là, d'un seul coup, je me sens grandir. J'ai encore en mémoire la honte de mon propre corps sur la jolie plage des Sablettes, trop long, trop maigre, trop osseux, et voilà qu'un réalisateur réputé m'élit parmi deux cents filles de mon âge...

Ironie du ciel, ce premier tournage... me ramène en Provence ! L'histoire se déroule du côté des Baux-de-Provence, et c'est là que nous nous installons pour quelques semaines, dans un de ces mas au sol de tomettes fraîches, au toit de grosses tuiles, qui me rappelle ma mère, mon enfance... C'est l'automne, la plus belle saison, et comme si Claude Barma voulait me réconcilier avec mes racines, il organise chaque soir des repas en commun, de grandes tablées au milieu des oliviers, où je me sens soudain comme en famille... Certains soirs, nous filons tous ensemble dîner chez Baumanière et je découvre petit à petit, presque malgré moi, combien la vie peut être joyeuse pourvu qu'on se sente à sa place, en confiance.

Je fais une autre découverte au fil de ce tournage. Pour la première fois, je me devine jolie dans le regard des hommes. Enfin, jolie, je ne sais pas, mais étonnante, attirante, oui, peut-être... Cette étincelle que je croise parfois dans le regard de Michel, je la surprends subitement dans d'autres yeux. On dirait soudain que les hommes sont plus sensibles à ma présence. Entre les prises, je suis très entourée, gentiment fêtée, courtisée, et moi qui n'aurais jamais pensé susciter la jalousie, eh bien, j'en fais l'expérience. Des femmes me regardent de travers, comme si je représentais pour elles une menace...

La Grande Bretèche m'apporte enfin un autre bouleversement, plus secret, plus enfoui. Avec ce téléfilm, j'ai découvert la caméra et, insensiblement, je me mets à considérer différemment le théâtre. La caméra, c'est l'immédiateté de la vie saisie dans le premier élan, tandis que le théâtre me semble en comparaison très apprêté, un peu lourd et, pour tout avouer, comment dire... un peu *faux*. Oser critiquer le théâtre, qui a nourri tous mes rêves depuis l'âge de quatorze ans, me plonge alors dans une véritable crise existentielle. Ne suis-je pas en train, avec le cinéma, de privilégier la *facilité* sur la *profondeur* ? Je n'ai personne à qui demander conseil, mais j'ai conscience de me détourner insensiblement du théâtre, oui, comme on se détournerait d'un vieux compagnon de voyage un peu poussiéreux pour sauter dans le joyeux train des étoiles montantes.

Quand Jean Prat me propose de tourner dans *Hauteclaire*, un téléfilm noir inspiré d'une œuvre célèbre de Barbey d'Aurevilly, *Le Bonheur dans le crime*, je crois que, sans me l'avouer, j'ai déjà renoncé au théâtre. En quelques semaines (qui m'ont paru trop courtes), le tournage de *La Grande Bretèche* a complètement chamboulé ma vie. Je ne vais plus aux cours de Maurice Escande, et le Conservatoire, pour lequel je serais venue à genoux depuis Toulon, m'est quasiment sorti de la tête.

Je suis très fière d'avoir été choisie par Jean Prat, considéré alors comme l'intellectuel de la télévision, et de donner bientôt la réplique à un jeune comédien dont on parle de plus en plus, Michel Piccoli. C'est que sous l'influence de Michel, qui continue à me présenter ses relations autour des meilleures tables de Paris, je commence doucement à comprendre comment fonctionne le monde, et en particulier celui des artistes et des intellectuels.

Après Gilbert Bécaud, j'ai ainsi fait la connaissance des frères Schoeller, Jacques et Guy. Jacques a été le patron de *France-Soir*, il a longtemps vécu à Tahiti et connaît le monde entier. Guy est éditeur, il a été le mari de Françoise Sagan, et c'est à lui seul une encyclopédie. Pourquoi ces deux hommes me prennent-ils sous leurs grandes ailes ? Je ne sais pas. Ils doivent sans doute me sentir un peu paumée, et prête à saisir toutes les perches qu'on voudra bien me tendre, y compris les pires. Ils sont ouverts, généreux, et moi je suis en pleine découverte, en quête d'*éclaireurs* pour me montrer le chemin, m'éviter les écueils que je ne pressens pas forcément, m'ouvrir les bonnes portes, me pousser vers la lumière.

Ils tiennent table ouverte dans deux ou trois restaurants où je suis toujours certaine de les trouver, le Bar des Théâtres de l'avenue Montaigne, le Balzar, ou encore Lipp, boulevard Saint-Germain, et quand par hasard ils changent leurs habitudes, ils me laissent un petit message : *On sera ce soir chez un tel (ou chez une telle), si tu n'as rien de mieux à faire, rejoins-nous.* J'ai peut-être plus d'affinités avec Guy parce que, à ce moment-là de ma vie, les livres m'attirent plus que ce qui se passe dans le monde. Et les livres, c'est Guy. Il faut voir son beau sourire quand il me voit débarquer... Je lui parle des deux ou trois auteurs qu'il m'a conseillés la fois précédente, et aussitôt il m'entraîne vers tel ou tel dont je n'avais jamais entendu le nom : *Céline, Morand, Loti, ça suffit. Maintenant, Mireille, il faut que tu lises Moravia, Malraux, Steinbeck... et Faulkner ! Ah, Faulkner !... Tiens, la prochaine fois, je t'apporterai* Sanctuaire. *Tu verras, tu m'en diras des nouvelles...*

Un jour, Guy m'offre le *Cléopâtre* de Jacques Benoist-Méchin et, comme je m'étais identifiée à Antigone, je m'identifie à la reine d'Égypte. J'admire cette femme, sa force dans la défaite, son ambition, la fascination qu'elle exerce sur les autres, et son personnage me pousse secrètement à être plus exigeante avec moi-même. Je crois qu'à travers Cléopâtre je commence à comprendre qu'une vie se façonne, se *travaille*, et qu'un destin, si modeste soit-il, n'est jamais le fruit du hasard.

Avec Guy, nous parlons aussi musique, cinéma, théâtre, et petit à petit mon jugement se forme à son contact. À présent, je vois bien que toutes les œuvres ne se valent pas, que dans le cinéma, le théâtre ou la littérature, coexistent gravité et légèreté, mais qu'il est stupide d'exclure l'une au profit de l'autre, qu'on peut parfaitement prendre du plaisir aux deux selon son humeur du jour. Mon univers était étriqué et frileux, et Guy Schoeller en repousse sans cesse les limites. Bientôt, je constate qu'il y a de plus en plus d'espace et de liberté autour de moi. Tous ces gens qui créent et réfléchissent, me dis-je, tricotent pour nous d'immenses cartes routières grâce auxquelles nous nous aventurons très loin de nous-même, avant d'y revenir, plus riches de tout ce qu'ils nous ont fait découvrir.

Le tournage de *Hauteclaire*, avec Michel Piccoli, est de cette nature. J'incarne Hauteclaire, personnage complexe et pervers, soubrette au château le jour, maître d'escrime (et maîtresse du châtelain) la nuit. Sans que rien soit jamais dit, le châtelain (Piccoli) et sa complice, Hauteclaire, empoisonnent à petit feu la jeune et jolie châtelaine, payant ainsi leur bonheur futur d'un crime épouvantable.

On est loin de *Tartuffe* et de *Mirèio*, et cependant j'adore mon personnage. Sa richesse, sa noirceur... Hauteclaire est sans doute à l'opposé de celle que je suis dans la vraie vie, mais j'ai maintenant suffisamment de maturité, ou de *culture*, pour prendre plaisir à faire vivre cette femme qui me fait pourtant horreur.

Piccoli instaure une jolie relation entre nous. Lui qui a déjà beaucoup tourné, et avec les plus grands (il vient alors de terminer *Le Bal des espions*, de René Clément), m'apprend l'élégance, la dérision. Il ne ressemble en rien aux jeunes comédiens que je commence à croiser, tellement préoccupés d'eux-mêmes, et de leur carrière, qu'ils n'ont plus aucun recul. Nous prenons deux ou trois mois de cours d'escrime ensemble, et Michel est à la fois bienveillant, chaleureux, et toujours prêt à se moquer de lui-même, avec cet humour distant et décalé qui donnerait presque envie de le réconforter. Il met de l'intelligence en tout, et cependant il n'est jamais lourd ni prétentieux.

Quant à Jean Prat, il m'apprend la rigueur. Au contraire de Claude Barma qui me voulait naturelle et me laissait une liberté totale, il me dirige au regard près. Je deviens sa créature et c'est pour moi un retour au travail sur scène tel que me l'enseignait Armand Lizzani.

Ça y est, je suis sortie de la misère et, avec l'argent que me rapportent coup sur coup mes deux tournages, je peux envisager de prendre un véritable appartement. Je quitte donc ma chambre de l'avenue Montaigne pour un studio avenue Paul-Doumer, dans le XVIe arrondissement. Et je m'offre dans la foulée ma première voiture, une Vespa 400 verte d'occasion, pour cinq cents francs – certainement ce qu'on trouve de moins cher équipé de deux portes et de quatre roues... (Aujourd'hui, près d'un demi-siècle plus tard, je suis toujours affiliée au Club des amis des Vespa 400, c'est dire si cette voiture m'a marquée !)

Maman peut désormais cesser de m'envoyer ses précieux colis de conserves et de saucissons, et je suis fière de le lui écrire dans une lettre où je lui parle longuement de mes deux films, et surtout de l'argent qu'ils m'ont rapporté. Je sais que pour elle la réussite ne se mesure qu'en francs, mais j'ai déjà au fond de moi l'angoisse qu'elle ne voie pas mes films. Il me semble que je ne les ai faits qu'en songeant à elle, à son regard, à sa fierté en me découvrant. Et cependant, j'ai l'intuition qu'elle pourrait s'en moquer, ne même pas chercher à les regarder quand ils passeront à la télévision. C'est un sentiment terrible, que j'essaie aussitôt de chasser, d'effacer, parce que je sais que son indifférence pourrait me briser. À qui ai-je envie de prouver que j'ai réussi, non pas seulement financièrement, mais artistiquement, si ce n'est à ma mère ? Je le dis ici, très tôt, car cette question de savoir si maman voit mes films, et ce qu'elle pense de moi, ne va plus cesser de me tourmenter. C'est si douloureux, si lourd, que jamais je n'oserai le lui demander franchement, de peur de n'être pas assez forte pour supporter sa réponse. Et elle mourra en 1993 en me laissant avec cette interrogation sur le cœur.

Très vite, le cinéma s'intéresse à moi. Quand Jean Girault me contacte pour jouer dans un long métrage au côté de Jacqueline Maillan, qui est déjà une vedette, et d'un homme qui est sur le point de le devenir, Louis de Funès, il est manifeste que je vole enfin de mes propres ailes.

C'est plus ou moins à ce moment-là que Michel sort de ma vie. Sans drame ni souffrance, puisque notre relation pouvait être joyeuse et tendre mais qu'elle n'était pas fondée sur l'amour. Michel tient une place particulière dans mon cœur, je lui suis reconnaissante de m'avoir mis le pied à l'étrier en m'ouvrant toutes les portes possibles, et j'ai conscience qu'il m'a peut-être sauvée du naufrage. Pendant quelques années, nous nous revoyons avec plaisir, et pour moi avec une tendresse intacte : il demeure celui qui a fait de la petite provinciale fauchée que j'étais une comédienne décomplexée et libre. C'est un joli rôle, plein de noblesse et de générosité.

Mais je reviens à Jean Girault et au cinéma. Me voici donc la fille de Jacqueline Maillan et de Louis de Funès dans une comédie au titre insortable : *Pouic-Pouic* ! Papa veut absolument que j'épouse notre voisin, le riche châtelain, parce qu'il nourrit le projet malhonnête de lui revendre une concession de pétrole qui ne vaut pas un clou. Ladite concession, sise chez les Indiens d'Amérique latine, vient de lui être offerte par maman (qui n'a pas vraiment le sens des affaires, on l'aura compris). Au milieu de cet imbroglio caquette un poulet répondant au nom de Pouic-Pouic, d'où le titre du film.

Le tournage est un plaisir de chaque instant. De Funès est déchaîné – je crois que c'est l'époque où il prend conscience que son humour peut lui apporter le succès. La plupart du temps, il improvise, de sorte que tout à coup, au milieu d'une scène, il décolle véritablement. Alors c'est un feu roulant d'invectives, de grimaces, et pour nous qui jouons avec lui, c'est ébouriffant, vertigineux, car non seulement il est interdit de rire, mais en plus il faut dénicher la réplique improbable qui lui fera écho. Je me souviens d'explosions de rire aussitôt la caméra coupée, de Jean Girault plié en deux, de toute l'équipe en larmes se tenant les côtes, et de Louis de Funès nous refaisant son numéro hors caméra, comme s'il n'y croyait pas lui-même...

Dans cette hilarité générale, Jacqueline Maillan m'épate. Elle vient de perdre sa mère et je la surprends à plusieurs reprises en train de pleurer silencieusement entre deux scènes. Pourtant, à peine reprend-on qu'elle réapparaît sur le plateau, virevoltante, lumineuse, et tellement drôle ! Sur le moment, je ne sais pas trouver les mots pour lui exprimer mon amitié, mon estime – je me sens trop jeune, peut-être un peu maladroite –, mais des années plus tard je lui dirai combien je l'ai admirée pendant ce tournage.

Le seul problème, c'est ce titre, *Pouic-Pouic*. Je sors de *Hauteclaire*, je suis dans ma phase de reconquête culturelle, je lis Proust, Sartre, Camus, je voudrais bien passer pour une intellectuelle aux yeux des amis des frères Schoeller, mais quand on me demande ce que je tourne, je suis bien obligée de répondre :

— *Pouic-Pouic* !

— Ah bon ! C'est quoi ?

— Le prénom d'un poulet.

Alors mes interlocuteurs éclatent de rire, et moi je suis un peu déconfite.

Par bonheur, *Pouic-Pouic* n'est pas encore sur les écrans que Jean-Paul Le Chanois me sollicite pour donner la réplique au dieu vivant du cinéma, Jean Gabin, dans *Monsieur*. La perspective de tourner avec Gabin me laisse un moment muette de stupeur, et naturellement j'accepte tout en sachant que je vais en perdre le sommeil... Le Chanois me remet le scénario. Je suis de nouveau une soubrette, mais une soubrette au cœur tendre. Voici l'histoire, brièvement résumée : mon ancien patron, le banquier René Duchesne (Gabin), vient de perdre sa femme et il envisage de se suicider. Découvrant son projet, je lui révèle, pour l'en dissuader, que sa femme le trompait. Duchesne me sait gré de cet aveu, en dépit du choc qu'il en éprouve, et comme je me prostitue pour survivre, il me propose un marché qui nous sauvera tous les deux du naufrage : il va se faire embaucher comme maître d'hôtel dans une famille bourgeoise chez qui il me présentera comme sa fille. Ainsi, je retrouverai travail et honneur sous sa protection...

Le regard de Gabin, surtout, m'impressionne. Un regard d'homme, profond et sévère, sous lequel il me semble que je rapetisse. J'apprends qu'à ce niveau les comédiens ont un staff. Jean a son chauffeur, son habilleuse, et cette dame qui lui est toute dévouée lui apporte son bol de café au lait dès son arrivée. Tant qu'il ne l'a pas, il n'ouvre pas la bouche.

Et cependant, Gabin est d'une grande tendresse. Je le découvre une nuit de tournage, sur les quais de la Seine. Je suis tellement intimidée par sa présence, qu'à l'instant où j'entends *moteur !* je ne suis plus capable d'articuler un mot. Le trou de mémoire, honteux, affolant...

— Je vous prie de m'excuser, monsieur.

Il acquiesce, sans un mot. Évidemment, le texte me revient dans la seconde, et nous reprenons aussitôt.

Mais la scène suivante, c'est lui qui a un trou. Alors il me prend dans ses bras et je l'entends bougonner :

— Ben tu vois, la môme, on est ex aequo !

Quand je vivrai avec Alain, j'apprendrai à mieux connaître Jean Gabin. Alain l'aimait infiniment, il le considérait comme son maître dans le cinéma, et je l'accompagnerai parfois lui rendre visite. Mais Gabin ne cessera jamais de m'intimider en dépit de ses manières tendres et bourrues :

— Ça va, la môme ?

— Et vous, Jean ?

Nous nous rendrons à son chevet, après sa mort, le 15 novembre 1976. Alain restera pour le veiller, et je me souviens de sa colère lorsqu'il découvrira qu'en dépit de sa présence un paparazzi est parvenu à prendre une photo de la dépouille de son ami...

Le tournage de *Monsieur*, le succès de *Pouic-Pouic* (aujourd'hui un incontournable pour les fans de Louis de Funès) contribuent à me faire connaître, si bien qu'on m'annonce que Georges Lautner souhaiterait me rencontrer. Il songerait à moi pour un film adapté d'un roman de Clarence Weff, *Des pissenlits par la racine*. Lautner est un jeune réalisateur, mais il a déjà tourné trois ou quatre films, dont *L'Œil du Monocle*, avec Paul Meurisse, qui a été ovationné par le public. Il est alors en train de monter l'un de ses films-cultes, *Les Tontons flingueurs*, qui lui apportera bientôt un très large public.

Et c'est précisément dans sa salle de montage que nous nous rencontrons pour la première fois. *Quand j'ai vu entrer Mireille Darc*, dira-t-il plus tard, *j'ai eu immédiatement envie de partir en vacances avec elle.* De fait, tout de suite nous nous plaisons. J'aime sa simplicité, sa capacité d'écoute, et il me semble que nous avons le même langage, le même regard un peu décalé sur la vie. C'est sans doute qu'il a du mal à se prendre au sérieux, comme moi qui me regarde aller et venir dans ce monde du cinéma avec parfois le sentiment d'avoir piqué la place d'une autre.

Il n'est plus question d'auditions-marathons, comme dans les studios des Buttes-Chaumont avant *La Grande Bretèche*. Mais, tout de même, Lautner souhaite me faire passer un bout d'essai pour convaincre son producteur que je suis bien la fille qu'il cherche. Il me présente donc son chef opérateur, Maurice Fellous, et nous tournons rapidement une scène improvisée. Consternation du producteur : Fellous m'a filmée d'en dessous, comme s'il voulait mettre en relief tous les défauts de mon visage, et Lautner lui-même a du mal à reconnaître la comédienne qu'il voulait emmener à la plage... Il faudra tourner la scène une seconde fois, à sa demande, pour emporter l'accord du producteur. En bon professionnel, Fellous avait voulu traquer les failles de mon visage, mais il était allé un peu trop loin... Par la suite, avant chaque prise, je lui rappellerai cette histoire : *Maurice, s'il te plaît, pas comme aux essais !*

Cette première saynette confirme néanmoins que Lautner et moi sommes faits pour travailler ensemble. Je vois que mon personnage l'inspire, et aussitôt il me lance : *Vas-y, lâche-toi !* Et cette liberté qu'il m'accorde, soutenue par la jubilation manifeste qu'il éprouve à me regarder, à m'écouter, démultiplie le plaisir que j'ai à jouer.

Il est vrai aussi que je me sens enfin bien dans ma peau. Alors que j'étais encore brune dans *Hauteclaire*, je suis désormais blonde. C'est l'accomplissement d'un rêve d'enfant, celui de m'identifier à la Vierge Marie, puis un peu plus tard aux actrices américaines que je me figure invariablement blondes. Comme si la grâce, la beauté, le rayonnement, allaient de pair avec la couleur du soleil, quand la noirceur de nos cheveux nous condamnerait aux ténèbres... C'est idiot, bien sûr, mais pourtant, à la seconde où j'ai fait mes premiers pas dans la rue en blonde, je me suis sentie tellement mieux !

Idiot aussi, la fixation que je fais sur mon nez. À quinze ans, je suis tombée à vélo dans les rails du tramway et la chute m'a laissé un petit cal sur l'arête du nez qui se voit nettement à l'image (toujours dans *Hauteclaire* !). Quand je rencontre Lautner, je ne me suis pas encore fait refaire le nez. Je crois me souvenir que je lui en parle, et qu'il ne me décourage pas, de sorte que je me lance dans cette opération. J'en sors le visage complètement tuméfié, et pendant quelques jours je circule dissimulée sous une voilette, ce qui inspirera plus tard à Michel Audiard de très jolis personnages de veuves... Bon, mais tout ça pour quoi ? Pour un nez qui a d'autres imperfections et qui ne me satisfait pas non plus. Je crois qu'il faut se méfier des fixettes qu'on entretient jour après jour devant la glace de sa salle de bains...

Le tournage des *Pissenlits par la racine* est une révolution dans ma carrière. Avec ce film, j'entre triomphalement dans *la bande à Lautner* et, pendant des années, je ne vais plus la quitter. Je vais multiplier les comédies au côté d'hommes qui vont très vite devenir comme des grands frères pour moi, Lino Ventura, Bernard Blier, Francis Blanche, Maurice Biraud, Jean Lefebvre, André Pousse, et naturellement Michel Audiard et Georges Lautner. Je me suis découvert une famille, et cette famille, en m'apprenant à rire, va petit à petit dédramatiser le regard que je porte sur la vie. Comme si chacun de ces hommes, à travers sa sensibilité et son humour, me soufflait gentiment à l'oreille *Tu prends les choses trop au sérieux, ma grande, tout ça n'est pas si grave finalement. Prends le temps de respirer, pose-toi là tranquillement avec nous au lieu de courir sans cesse derrière tes rêves de petite fille, et tu vas voir que d'un seul coup tu vas te sentir beaucoup mieux dans ta peau...*

Dans les *Pissenlits*, j'incarne déjà la grande bringue décalée qu'on croisera dans la plupart des films suivants, sans doute vénale, oui, mais plus princesse que putain, ne se séparant jamais de ses talons hauts, même dans les sables du Ténéré, et parlant couramment l'Audiard, c'est-à-dire une espèce d'argot pour caïds intellos revenus de tout, sauf des impérieuses nécessités du quotidien. (Extrait de *Fleur d'oseille* : *– J'ai choisi le caviar. – Malheureusement, le caviar n'est pas une solution. – La merde non plus*. Ou encore, morceau choisi des *Barbouzes* : tout le monde s'entretue autour de la table du dîner, alors moi : *Bon, puisque personne ne prend de dessert, je vais me coucher.*)

Je retrouve Louis de Funès sur le plateau des *Pissenlits*, et je découvre Michel Serrault, Maurice Biraud, Francis Blanche... autant de petits escrocs qui se disputent un gros gain du PMU dont le ticket serait dans la poche d'un certain Pommes chips. J'écoute ce que me suggère mon cœur, d'aller vers celui qui ramassera l'oseille. Je suis une putain qui s'ignore, bouleversante de loyauté.

En fait, je me sens si bien dans la peau de cette créature improbable du couple Audiard-Lautner qu'ils vont ensuite m'écrire des rôles sur mesure, comme dans *Les Barbouzes*, *Ne nous fâchons pas*, *Fleur d'oseille*, ou encore *La Grande Sauterelle*.

Avec le succès des *Pissenlits*, la presse commence à s'intéresser à moi. *La petite sœur de Marilyn est née*, écrit Paul Giannoli, et qu'on puisse me comparer à la plus mythique des stars américaines me donne des ailes. Mais je n'en brouille pas moins les cartes pour éviter d'avoir à raconter d'où je viens, qui je suis.

J'ai une sœur jumelle qui habite soi-disant Toulon, dis-je en plaisanterie à Philippe Bouvard. *De temps en temps, elle vient à Paris. Je m'habille différemment et je lui fais raconter des histoires de province. Ça intrigue beaucoup les gens, d'autant qu'on ne nous a jamais vues ensemble, et pour cause. Je possède aussi un pseudo-chien, un boxer. Il s'appelle « Vous Ici ». Il m'empoisonne l'existence, et accessoirement celle des autres. Tenez, à l'heure où je vous parle, il doit être en train de grignoter mon canapé. Ah ! et puis j'allais oublier, j'ai également trois enfants. Vous m'excuserez, mais je ne me souviens jamais de leurs prénoms ni de l'année de leur naissance, ce qui fait que si je n'y prends pas garde ils ne changent pas d'âge d'une année sur l'autre* [1]...

1. *Le Figaro*, 17 mars 1965.

8.

En réalité, je n'ai évidemment ni enfants ni futur papa à mettre dans mon lit. J'ai déménagé de mon studio pour un appartement plus grand à Boulogne-Billancourt, dans lequel je vis seule. Mais j'aime les hommes, ça oui, au point même de les *consommer* comme certains hommes *consomment* les femmes.

L'apprentissage du plaisir a dû venir lentement, au fil de mes premières rencontres, je n'en ai pas gardé une mémoire précise, mais je me rappelle mon éblouissement le jour où j'ai découvert combien le corps masculin pouvait être sensuel ! Ce jour-là, je me suis dit que l'homme était véritablement une invention fabuleuse, que son corps avait été sculpté pour notre bien-être et notre volupté, et qu'il méritait décidément de figurer tout en haut du palmarès des merveilleuses révélations de la vie, à égalité pour moi avec la découverte de la lecture.

D'ailleurs, à partir de ce moment-là, il me semble que j'ai choisi mes amants comme on choisit un bon roman, en tâchant d'estimer à l'avance le plaisir qu'on pourra en retirer, en l'effeuillant l'air de rien, en le reposant, en tournant autour, en le convoitant de loin pour finalement y revenir, s'en emparer plus sérieusement, cette fois, et décider si oui ou non on va se l'offrir, prendre le risque de quelques heures en sa compagnie... ou l'oublier, pour en ouvrir un autre.

Au milieu de ces années 1960, dans la France corsetée d'avant 68 et du général de Gaulle vieillissant, je suis donc une fille qui *consomme* plutôt que de songer au mariage. Ça n'est pas courant, surtout arrivant de province et sortant d'un milieu où l'on ne plaisante pas avec le mariage. Mes deux frères y sont passés, mes amies d'enfance ont épousé des marins et sont déjà, à mon âge, d'honorables mères de famille. Alors pourquoi est-ce qu'avec moi les choses ne se déroulent pas comme prévu ?

D'abord, certains gestes simples me font honte. Je suis incapable, par exemple, d'enlacer un homme dans la rue, de lui murmurer des mots tendres. Cela me viendra naturellement quand je rencontrerai Alain, à l'instant où je tomberai amoureuse. Mais pas avant. Les manifestations de douceur qu'on attend habituellement d'une femme me sont étrangères. Quand je m'en ferai la réflexion, un peu étonnée malgré tout, je me dirai que ma mère ne m'en a pas donné l'exemple, elle que je n'ai jamais vue se presser furtivement contre mon père, ni même lui caresser la main.

Et puis mon père non plus ne m'a pas fait rêver. Je pourrais même dire qu'il est à mes yeux un antimodèle, l'opposé du prince charmant et conquérant qui illumine les songes des petites filles. Mon père s'est d'emblée posé en victime, en homme castré, et je pense que j'ai longtemps vécu dans l'effroi de revoir un tel homme entrer dans ma vie.

Aussi je me conduis comme un garçon – c'est moi qui mène les opérations, c'est moi qui décide. J'ai du désir mais pas de tendresse. Je raccompagne l'homme que je me suis choisi, je fais l'amour avec mon corps, pas avec mon cœur, et puis je rentre chez moi me coucher, repue et ravie. S'il veut que je reste, j'invente n'importe quel prétexte pour me tirer – que je me lève tôt le lendemain, que je suis débordée de boulot, que mon chien m'attend (je n'ai pas encore de chien). Je n'ai aucune envie de me réveiller à côté d'un homme. Jamais je n'amène un garçon chez moi, j'ai bien trop peur qu'il ne s'incruste. Et je suis tellement bien toute seule ! Oui, tellement bien, entre mon salon tapissé de livres, mon lit de deux mètres de large pour moi toute seule, et ma baignoire dernier cri qui me venge des bassines en zinc de mon enfance...

Je fais l'amour avec les garçons de mon âge, mais ils ne m'intéressent pas. Les entendre parler de leurs problèmes de carrière, de leurs angoisses du lendemain, m'ennuie profondément. Je ne me sens pas le cœur à les rassurer, à les câliner. J'aurais plutôt envie qu'on me câline, moi, qu'on m'écoute, mais les hommes semblent surtout soucieux d'eux-mêmes.

Je n'appartiens à personne, ce qui ne m'empêche pas de revoir le même homme durant quelques semaines, voire quelques mois. Mais si je sens qu'il commence à s'accrocher, à murmurer des mots tendres, alors tout de suite j'éclate de rire :

— Oh là là, mais qu'est-ce qui t'arrive ? C'est à moi que tu parles ? Parce que moi, tu sais, j'ai pas le temps pour ces machins-là...

Et, s'il ne comprend pas, si je vois que je ne peux plus lui échapper, alors je me mets aux abonnés absents.

Bien sûr, je me rends compte que je ne construis rien, que je vis toutes ces relations superficiellement, et par moments cela m'inquiète vaguement. Suis-je incapable d'éprouver des sentiments forts et profonds ? Est-ce que je me l'interdis par dégoût du mariage ? Ou cela vient-il des garçons que je rencontre, tous curieusement incapables de m'enflammer le cœur ? J'ai tout de même vingt-cinq ans, vingt-six ans. Jusqu'à quel âge peut-on mener une vie de garçon quand on est une fille ?

Et puis je me laisse reprendre par le bonheur de tourner et je n'y pense plus.

Je suis dans cet état d'esprit quand je croise par hasard l'écrivain Vahé Katcha. Il veut me faire lire un scénario qu'il a écrit, me dit-il, pour Brigitte Bardot, mais dont celle-ci n'a pas voulu. J'ouvre le texte le soir même... et je ne le lâche plus de la nuit. C'est mon histoire ! Exactement mon histoire ! Celle d'une petite provinciale prénommée Galia, devenue étalagiste à Paris, dans les beaux quartiers, et qui drague librement les hommes qui lui font envie, sans s'encombrer de morale ou du jugement des autres. Un soir de printemps, se promenant sur les quais de la Seine, elle voit une femme qui se noie et saute à l'eau pour la sauver. Elle ramène la malheureuse chez elle et découvre alors qu'elle voulait mourir pour ne plus souffrir des infidélités de son mari. Et d'ailleurs, elle a laissé une lettre d'adieu sur la table de nuit.

— Eh bien, vous allez rester chez moi, propose en substance Galia. Votre mari va trouver la lettre, il va vous croire morte, et c'est lui qu'on va faire crever de chagrin !

La désespérée hésite à causer tant de peine à l'homme de sa vie, mais la jolie petite provinciale finit par la convaincre et, bientôt, toutes les deux s'apprêtent à suivre à la loupe le calvaire du sale type.

Et il ne se passe rien. Rien dans le journal, rien dans les avis de décès. On dirait bien que l'époux n'a même pas signalé la disparition de sa femme. Les remords l'auraient-ils tué plus vite que prévu ? Galia décide de mener l'enquête. À bord de son élégante Triumph Herald, elle se met en planque devant la bijouterie de la place Vendôme que tenait, ou que tient encore, l'époux, s'il est vivant. Et soudain, le voici enfin... au bras d'une adorable créature !

Écœurée, scandalisée, et cherchant comment venger son amie, Galia va entrer petit à petit dans la vie de cet homme, jusqu'à en tomber... éperdument amoureuse.

Décidément brouillé avec toutes les conventions, le scénario m'enthousiasme, et je ne vois personne d'autre que Georges Lautner, avec qui je suis en train de terminer *Les Barbouzes*, pour le tourner. Je le lui apporte, et lui aussi est très troublé par la ressemblance entre Galia et moi. A-t-il pour autant envie de faire le film ? En tout cas, il dit oui immédiatement, peut-être pour me faire plaisir, car d'emblée les choses ne s'annoncent pas faciles. Vahé Katcha n'est pas une vedette, et on ne monte pas encore un film sur mon seul nom...

— Est-ce qu'on a vraiment envie de le faire, ce truc ? me lance Georges.

— Oui ! Terriblement envie !

— Alors écoute-moi bien, Mimi, on va se faire plaisir, on va le faire. Parfaitement. Peu importe si ça ne marche pas, pour une fois, on ne va penser qu'à nous.

— Formidable !

Et nous voilà partis. Vahé et Georges reprennent le scénario pour l'adapter mieux encore à ma personnalité. J'en écris même certaines scènes. Françoise Prévost accepte de jouer la femme trompée, et Venantino Venantini l'irrésistible mari.

Georges trouve le film trop intimiste pour le proposer à la Gaumont, et c'est Michel Safra qui le produit. Safra est ravi de s'engager avec Lautner, il n'attendait que ça depuis les *Pissenlits*.

On tourne à l'économie, en noir et blanc, avec en tout et pour tout deux décors. On s'amuse, on invente, on bricole, et je retrouve parfois l'ambiance de mon premier film, *Lettre de Toulon*. À ceci près que je suis extraordinairement bien dans ma peau et que Georges et son chef opérateur, Maurice Fellous, sont de grands professionnels.

En complicité avec le décorateur, ils ont l'intelligence de me laisser organiser moi-même l'appartement de Galia, si bien que j'y installe le même fouillis que dans mon appartement de Boulogne. Comme moi, Galia dort sur un matelas à même le sol. Comme moi, elle prend le soleil à moitié nue sur sa terrasse. Comme moi, elle aime les bains moussants, les romans de Françoise Sagan, les grosses lampes champignon en plastique rouge posées sur la moquette, les produits de beauté anglais (tout ce qui arrive de Londres est alors à la mode) en veux-tu en voilà. Même ses petits déjeuners sont identiques aux miens ! Ça n'est donc pas un hasard si les critiques voient immédiatement dans Galia une jeune femme de son temps, plus vraie que nature.

Pourtant, modestement distribué, le film ne sort que dans cinq ou six salles parisiennes. Mais, en quelques semaines seulement, il devient un événement.

En ce mois de mars, c'est assurément le fait cinématographique dont on parle et dont on n'a pas fini de parler, écrit par exemple *Le Journal du Dimanche. Rien qu'à Paris, plus de 250 000 spectateurs ont déjà vu* Galia, *le dernier film de Georges Lautner. Plus de 250 000 spectateurs ont donc déjà reçu comme un coup de poing, non seulement l'image d'une Mireille Darc très déshabillée, mais aussi les répliques les plus audacieuses jamais entendues dans un cinéma. Jugez plutôt :*

Galia, vingt-cinq ans, jeune étalagiste libre de mœurs autant que de langage, interroge Nicole, trente-cinq ans, une femme mariée qu'elle ne connaissait pas une heure auparavant.

Galia : Vous êtes frigide ?

Nicole : Hum !...

Galia : Et votre mari, il vous saute de temps en temps ?

Un peu plus tard, et alors que le tutoiement a remplacé le vouvoiement, Galia pose la question :

Nicole, tu n'as jamais couché avec une fille, même pour faire plaisir à ton mari ?

De telles répliques, poursuit *Le Journal du Dimanche, ne manquent pas de provoquer dans la salle une réaction qui va du frémissement léger aux mouvements divers : exclamations étouffées, gloussements de joie, toussotements gênés* [1]*...*

1. *Le Journal du Dimanche*, 20 mars 1966.

Oui, le succès du film s'explique par l'effet coup de poing. En ce début d'année 1966, le féminisme est encore un phénomène confidentiel en France, et la découverte d'une femme libérée à l'écran fait soudain trembler les fondements de l'ordre moral.

D'ailleurs, Henry Chapier ne s'y trompe pas. *Les minutes d'antenne accordées à Georges Lautner, et surtout à Mireille Darc,* écrit-il dans *Combat, m'ont appris que j'allais voir un film sociologique :* Galia, *ou le portrait de la jeune femme émancipée, une sorte de garçonne version 1966*[1] *!*

Me voici du jour au lendemain propulsée porte-drapeau des femmes affranchies, ou en voie de l'être, deux ans avant l'explosion de Mai 68. Et comme on sent bien que Galia et moi ne faisons qu'une, on me regarde d'un seul coup comme un phénomène, une sorte d'extraterrestre venue annoncer le monde de demain. Jusqu'ici j'avais fait rire, dans *Pouic-Pouic*, *Des pissenlits par la racine,* ou *Les Barbouzes*, désormais je suis l'objet de controverses échevelées. Je scandalise les uns et réjouis les autres. On m'invite sur toutes les radios, à la télévision, à des projections suivies de débats. Je me retrouve à parler de la place des femmes dans notre société et, comme toujours dans ce type de médiatisation à outrance, on en vient à m'interroger sur tout et n'importe quoi, moi qui six ans plus tôt vivais encore recluse entre le potager de papa et l'épicerie de maman : qu'est-ce que je pense de la situation des rapatriés d'Algérie ? du mariage de Sylvie et Johnny ? du prix des cigarettes ? de la présence des troupes américaines au Vietnam ? de l'allocution de

1. *Combat*, 1er février 1966.

Ma tante Marie-Louise m'a conduite chez le photographe. Pour cet événement exceptionnel, on a fait de la sauvageonne une poupée de porcelaine. Marie-Louise m'a tricoté cette robe de laine et m'a mis un joli nœud dans les cheveux.

Mon père était d'origine suisse, du canton de Vaud. Il terminait son apprentissage pour devenir horticulteur lorsqu'il a rencontré ma mère à Toulon.

La beauté de maman me bouleverse. On dirait une Gitane avec sa taille étroite et ses cheveux sombres ramassés sur la nuque.

Mes parents approchaient de la quarantaine quand ils m'ont eue, et je crois qu'ils avaient tout juste de quoi élever mes deux frères. Maman tenait une petite épicerie sur les hauteurs de Toulon, et papa cultivait le potager juste derrière.

Nous habitions les faubourgs de Toulon, sur les premières pentes du mont Faron. Le port, je ne le découvrirai qu'à l'âge de quatorze ans.

Avec mon père, dans les rues de Toulon, en 1943. Toute mon enfance j'ai eu peur de croiser son regard, cette colère sournoise qui me glace encore le cœur.

Peu avant notre départ pour la Suisse, au milieu de la guerre, maman a fait prendre cette photo de ses trois enfants. De gauche à droite : Roger, moi, Maurice. Nous n'allions plus revoir nos parents durant deux ans.

L'hôtel Les Martinets, en Suisse, où je vais passer deux années pendant la guerre, loin de mes parents. Il était tenu par mon oncle Alfred que l'on voit ci-dessous entre mes deux frères.

Sortie de l'école. C'est moi à gauche. Je redescends à skis jusqu'à l'hôtel.

Ma classe de primaire à l'école du Fort-Rouge en 1945, où l'on va enfin m'apprendre à lire et à écrire. (En haut, deuxième à gauche.)

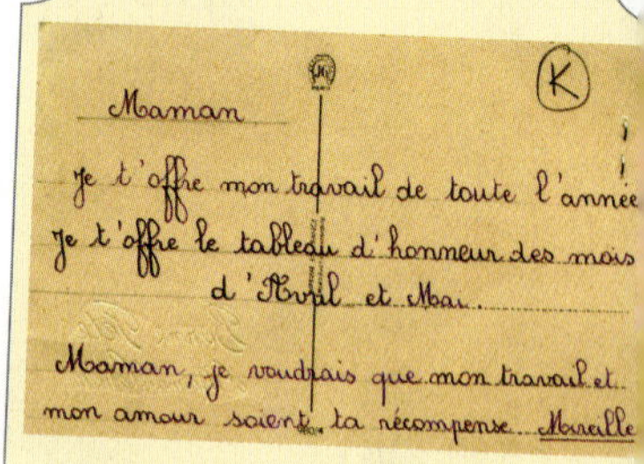

(K)

Maman

Je t'offre mon travail de toute l'année

Je t'offre le tableau d'honneur des mois d'Avril et Mai.

Maman, je voudrais que mon travail et mon amour soient ta récompense. Mireille

J'en veux à maman de donner tellement de temps à ses clientes de l'épicerie. Je voudrais qu'elle s'intéresse à mon travail et me prenne dans ses bras.

Maman recevant ses clientes dans ses vêtements grossiers, tandis qu'au grand café je viens d'apercevoir des femmes en voilette et des hommes en souliers vernis.

Notre maison sous la neige.

... Et papa que je retrouve tous les soirs agenouillé dans son potager.

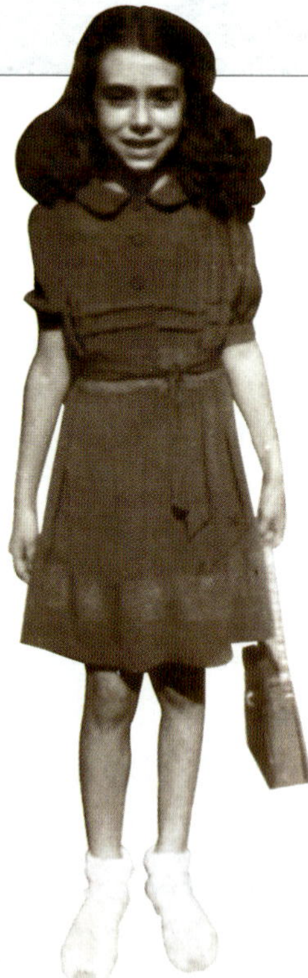

J'ai sept ans, je porte encore les jolies robes que ma tante Marie m'a confectionnées en Suisse.

Ce sont mes frères qui m'emmènent pour la première fois au bord de la mer, sur la jolie plage des Sablettes. J'ai affreusement honte de mon corps, je suis maigre et noueuse, et aussitôt sortie de l'eau je cours me cacher dans ma serviette.

Mon admission au collège est une révolution dans ma vie. (Deuxième rang, première en partant de la gauche.) Je quitte les faubourgs pour entrer dans l'autre monde. Je découvre la ville, le tourbillon, l'élégance.

Il n'est plus question que je porte au collège les pantalons troués de mes frères. Je n'ai qu'une jupe et un chemisier que j'apprends à laver à temps pour être présentable.

"LETTRES DE TOULON"
de MM. FLACON, LION et RIOLACCI
enlève le 1er Prix du Concours du Cinéma Amateur
organisé dans le cadre du Festival de la Tour Royale « D'AZUR ET D'OR », de M. RODET : 1er prix 8 mm.

Mlle Aigroz, entourée de MM. Flacon, Lion, Riolacci et Omnès.
(Photo « Le Provençal », Toulon)

DISONS-LE parce que c'est une vérité : l'élégant public convié jeudi soir à la salle de la Fédération du Patronat a vécu deux heures d'évasion d'un charme réel. Deux deux pélerins du soleil. A signaler le jeu intelligent de Mlle Bonny.

« Lettre de Toulon » est une bande remarquable, semée de tableaux qui rappellent Gau-

un même niveau d'art. Mais il fallait décider.

« D'Azur et Or », de M. P. Rodet, obtient le premier prix des 8 mm., soit 50.000 francs.

« Lettre de Toulon », de MM.

Pendant le tournage du film amateur *Lettres de Toulon*.

1960. Raymond Depardon photographie les futures étoiles du cinéma et j'ai la surprise d'en faire partie aux côtés de Catherine Deneuve, 17 ans, Geneviève Grad, 15 ans, et de Catherine Spaak, 15 ans.

Pour mes débuts au cinéma, je change de nom : Mireille Aigroz devient Mireille Darc. Quand on me demandera, plus tard, *qu'est-ce que c'est pour vous la célébrité ?*, j'aurai le culot de répondre : *quand les enfants, dans les écoles, écriront Jeanne d'Arc sans apostrophe !*

1962. Virginie. Mon second film (après *La Grande Bretèche*), je joue la naufragée entre Jean-Marc Thibault (à gauche) et Roger Pierre (à droite).

1963. Pouic-Pouic.
Jacqueline Maillan et Louis de Funès sont à hurler de rire, ils valorisent la petite débutante que je suis. En dépit de son titre le film est un succès.

1964. Dans *Monsieur* avec Jean Gabin. Le regard de Gabin m'impressionne, au point que j'en oublierai mon texte... et cependant, Jean est d'une grande tendresse avec moi. Plus tard, quand je vivrai avec Alain, nous nous verrons souvent.

1965. Les Barbouzes. Francis Blanche me fait rire. Lino Ventura est comme un grand frère. Il a toujours un mot affectueux, pudique et juste. Quant à Bernard Blier, nous nous connaissons depuis mes débuts au théâtre.

1964. Des pissenlits par la racine. J'entre triomphalement dans *la bande à Lautner*, je retrouve Louis de Funès, et je joue pour la première fois avec Michel Serrault.

1966. Galia. Ç'aurait pu être mon histoire, celle d'une petite provinciale devenue étalagiste à Paris et qui choisit librement les hommes qui lui font envie (ici Venantino Venantini). Le film me propulse porte-drapeau des femmes libérées, deux ans avant 1968, et son succès me conduit de New York à Moscou.

1966. Ne nous fâchons pas. Je me sens si bien dans la peau de cette créature improbable du couple Audiard-Lautner, qu'ils vont bientôt m'écrire des rôles sur mesure. Alors on me compare à Bardot, ou on écrit que je suis la *petite sœur de Marilyn.*

1967. La Grande Sauterelle. *Parce que c'est Mireille Darc qui incarne la sauterelle,* s'amuse le critique du Monde, *il est beaucoup question de liberté dans ce film, de vie sans entraves, sans bagages, de port en port, de plage en plage, de lit en lit...*

1968. La Blonde de Pékin marque la fin d'un cycle. Après ce film je vais m'éloigner un temps de Lautner pour travailler avec d'autres réalisateurs.

1968. Week-end. Je tourne pour la première fois avec Jean Yanne, sous la direction de Jean-Luc Godard. Nous sortirons de ce tournage comme on sort du service militaire : à la vie à la mort.

1969. Jeff. Alain est entré dans ma vie. Nous tournons ensemble pour la première fois, à l'automne 1968, en pleine affaire Markovic. Bruges et le ciel bas et triste de la Flandre s'accordent étrangement bien avec le froid de nos âmes.

© Francis Giacobetti

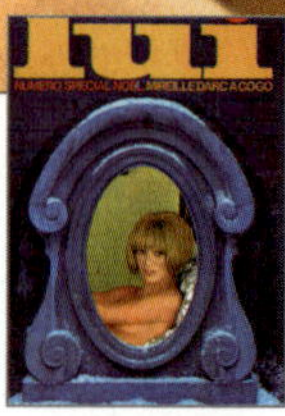

© Francis Giacobetti

Quand le photographe Francis Giacobetti me propose de poser nue pour *Lui*, tout de suite je dis oui. Est-ce que maman va encore se taire cette fois ? Continuer d'ignorer ce que je fais de ma vie ? Je rêve secrètement de la faire sortir de ses gonds.

1971. Fantasia chez les ploucs. *Quand je te vois juchée en bouchon de radiateur sur le capot d'une Rolls, tu penses si je me marre,* m'écrit Audiard. *En dépit du star-system, n'oubliez jamais, princesse lointaine, que nous sommes tous deux du même monde.*

© Collection Christophe L

© Collection Christophe L

1971. Laisse aller c'est une valse. Je retrouve Georges Lautner et... Jean Yanne ! Je crois qu'aucun homme ne m'a jamais fait rire comme Jean.

© Sunset Boulevard/Corbis Sygma

1972. Le Grand Blond avec une chaussure noire d'Yves Robert, avec Pierre Richard, Jean Rochefort et Bernard Blier, fera près d'un million d'entrées en France. Quant à ma robe, créée par Guy Laroche, elle fera le tour du monde. Un cinéma de Broadway ira jusqu'à faire tourner devant sa devanture une Mireille Darc en celluloïd grandeur nature arborant le fameux clair de fesses...

© Collection Christophe L

© Collection Christophe L

© Collection Christophe L

1973. La Valise. L'aventure épique d'un espion israélien (Jean-Pierre Marielle) traqué par un espion égyptien (Amidou) qu'un espion français (Michel Constantin) cache dans une malle pour tenter de le ramener en France.

1974. Il était une fois un flic. Je retrouve Michel Constantin dont j'adore me moquer. Quand il est sur un tournage, Michel aime bien organiser la vie de toute l'équipe, avec lui c'est en permanence le Club Med.

© Collection Christophe L

1974. Les Seins de glace de Georges Lautner avec Alain et Claude Brasseur. *Enfin elle pleure* ! s'écriera la presse.

© Collection Christophe L

© Collection Christophe L

1977. L'Homme pressé. Comment ne pas penser à Alain en lisant le livre de Paul Morand ? Son Pierre court après le bonheur comme s'il avait la mort aux trousses et, quand il découvre la belle Edwige, il l'entraîne dans sa course...

1984. Réveillon chez Bob. J'aime les ambiances sur le plateau, ces liens qui se nouent au fil de chaque tournage.

1985. Je retrouve Pierre Mondy pour jouer sous sa direction au théâtre, *Chapitre II* de Neil Simon. Dix ans plus tôt, Pierre, dont l'œil frise aussitôt qu'il me voit, avait partagé avec moi la vedette du film d'Édouard Molinaro, *Le Téléphone rose*.

(En bas) Michel Audiard est un intellectuel tourmenté et secret. Nous imaginons ensemble des personnages, et je suis secrètement très fière de l'inspirer. Comme il est également né le 15 mai, nous fêtons chaque anniversaire par un déjeuner en tête à tête.

(En haut) Georges Lautner. À la seconde où nous nous sommes vus, nous avons su que nous étions faits pour travailler ensemble. J'aime sa simplicté, sa capacité d'écoute, et il me semble que nous avons le même regard un peu décalé sur la vie.

© Richard Melloul/Sygma/Corbis

© Collection Christophe L

1988. La Barbare. Avec *La Barbare*, je travaille pour la première fois derrière la caméra. Inspirée d'un roman de Katherine Pancol, cette histoire me touche parce qu'elle est aussi la mienne.

©Tf1/Tf1-Maestracci/Sipa

1992. Les Cœurs brûlés de Jean Sagols, une histoire à la *Dallas* qui me séduit dès les premières pages du scénario. Le succès considérable de la série diffusée sur TF1 durant l'été – près de dix millions de téléspectateurs – incitera la production à lui donner une suite. Ce sera *Les Yeux d'Hélène* en 1994, avec Pierre Vaneck de nouveau, et toujours sous la direction de Jean Sagols.

Paul VI à l'ONU ? des *Paravents* de Genet ? de Iouri Gagarine ?

Quand ce n'est pas moi qui parle, c'est Lautner, qui n'est pas tellement mieux préparé à jouer les devins. En réalité, nous sommes dépassés par notre propre succès, complètement pris de court, et nous nous appliquons à théoriser à partir d'un film qui n'était qu'un cri du cœur, bricolé, sincère et drôle.

Bientôt, l'effet *Galia* franchit les frontières et on me réclame à Londres, à New York, à Moscou, en Amérique latine... Ce sont mes premiers voyages, jamais encore je ne suis sortie de France (à part pour aller en Suisse, pendant la guerre...). Découvrir coup sur coup l'Amérique et la Russie communiste est un séisme dans ma vie. Ici et là, on met à ma disposition chauffeur et interprète, et je grimpe au sommet des gratte-ciel, et je traverse la place Rouge, et tous les musées me sont ouverts, et le soir je suis en boîte où je me laisse poliment draguer par des hommes transis qui me regardent comme si j'étais la nouvelle Marilyn Monroe.

À Londres, habillée en Courrèges, je rencontre les Beatles que j'étais allée voir deux ans plus tôt à l'Olympia, spectatrice anonyme. Cette fois, nous nous embrassons, on nous photographie ensemble, ensemble nous faisons les unes des journaux. Je suis la Française dont on parle, ils sont les plus grandes vedettes de la chanson, notre réunion devant une foule de photographes semble soudain aller de soi.

Partout je donne des conférences de presse, je suis invitée aux projections, mais il est manifeste qu'au-delà du film, c'est ma personnalité prétendument sulfureuse qui intéresse. Je suis devenue sans y prendre garde le symbole de la libération sexuelle et, là encore, on me demande mon avis sur tout, comme si vivre en dehors des codes habituels vous donnait des clés particulières pour interpréter le monde...

À mon retour à Paris, on me reconnaît dans la rue, des gens m'abordent pour me féliciter, me demander un autographe, me prendre en photo. Pour la première fois, on m'associe dans les journaux aux filles que je regarde comme des étoiles, Sylvie Vartan, Françoise Hardy... La première, d'une beauté solaire, connaît alors un succès planétaire avec *La plus belle pour aller danser*. La seconde continue de faire doucement vibrer mon cœur de jeune fille solitaire avec *Tous les garçons et les filles* que je fredonne souvent. Longtemps, je les ai considérées l'une et l'autre comme les enfants gâtées d'une génération qui m'était étrangère, moi qui n'avais pas ses codes, moi qui arrivais de province... Et voilà subitement que cette génération m'adopte, cette génération qui a tous les culots, toutes les audaces...

Avant *Galia*, je pouvais faire la queue à Prisunic sans attirer l'attention. Désormais, il m'est pratiquement devenu impossible de me déplacer toute seule. Du coup, *L'Express* établit un long parallèle entre la *fabrication d'une star nommée Julie Christie*, lancée par des professionnels, et mon propre succès, *bricolé entre copains. Mireille est désormais une star à l'échelle nationale*, écrit l'hebdomadaire. *Il s'agit néanmoins du dernier exemple de carrière artisanale qu'il nous est sans doute donné d'observer. L'amitié y tient lieu de méthode. Encore inconnue, Mireille séduisit un groupe de copains qui recherchait une idole pour un certain cinéma, le leur. Ce sont Michel Audiard, Lino Ventura, Georges Lautner, Albert Simonin, Maurice Biraud et, accessoirement, Jean Gabin. Les premiers, ils répandirent les louanges de Mireille dans les maisons de production. Les premiers, ils l'aidèrent à trouver des rôles et à les bien jouer. De telles méthodes, basées sur la chance et la fantaisie, font sourire les promoteurs de l'opération Julie Christie* [1].

C'est assez bien vu, en effet, et mon faux départ pour Hollywood illustre à merveille le côté *artisanal* de ma carrière. À mon retour de New York, mon producteur, Raymond Danon, m'appelle, très excité : Hollywood me réclame ! On veut me rencontrer, me faire passer des auditions, et tout cela pourrait déboucher sur des contrats prometteurs, donc sur une internationalisation de mon image. J'en parle à ma petite bande. À cette époque, il ne se passe pas huit jours sans que nous nous retrouvions tous autour d'une table, soit chez Lautner, soit au restaurant.

— Hollywood ! Alors là t'es foutue, ma chérie, là-bas ils vont te bouffer, on ne te reverra plus jamais. Et si on te revoit, c'est toi qui ne nous reconnaîtras plus...

Je ne sais plus lequel commence, mais ensuite ils s'y mettent tous, Biraud, Lino, Georges... Audiard me fait justement remarquer que je ne parle pas un mot d'anglais.

— Et en plus t'as même pas de seins ! s'écrie-t-il.

Georges, qui adore pourtant le cinéma américain, estime que Hollywood va faire de moi *une poupée sans âme*.

---

1. *L'Express*, 14 février 1966.

— On te retrouvera à moitié nue et droguée sur les trottoirs de Sunset Boulevard, dit l'un.

— Si on te retrouve... C'est même pas sûr : là-bas, des tas de filles disparaissent, reprend l'autre.

— Ou se suicident ! Regarde ce qui est arrivé à Marilyn...

— Il faut avoir le cœur en acier trempé pour se faire une place en Amérique !

— Non mais regarde-toi ! En huit jours ils t'auront désossée.

— Ici t'as qu'à pleurnicher et on rapplique tous. Là-bas, ils ne te prendront même pas au téléphone.

— La dépression, tu connais ? Est-ce que tu sais que Hollywood est le coin du monde où on consomme le plus de médicaments ?

N'empêche, je prépare quand même ma valise. Le jour dit, Lautner et Audiard m'accompagnent à Orly. Mon producteur m'y attend. On s'embrasse, Audiard se moque gentiment de Danon, je les entends ricaner, et moi je commence doucement à paniquer. Il paraît que Los Angeles est dix fois grand comme Paris, comment vais-je faire pour m'y retrouver sans parler l'anglais ? Et puis, là-bas, je ne connais personne, et je ne risque pas de me faire des amis... Je vais passer pour une gourde, perdre toute la confiance que j'ai acquise et rentrer détruite. Ils ont raison, ces crétins, j'aurais peut-être mieux fait de les écouter...

Mais maintenant c'est trop tard, et quand le vin est tiré, n'est-ce pas... Ça y est, nos bagages sont enregistrés et nous nous disons au revoir. Cette fois, je suis toute seule avec ce producteur qui a des étoiles plein les yeux aussitôt qu'il parle de Hollywood... Enfin, nous grimpons dans l'avion, et nous voilà assis l'un à côté de l'autre, moi au hublot, lui côté couloir.

Aurais-je connu une carrière hollywoodienne si mon producteur ne s'était pas très vite levé pour aller faire pipi ? Peut-être. En tout cas il se lève, et alors sans réfléchir je bondis vers la sortie.

— Mais qu'est-ce qui vous arrive ? s'écrie l'hôtesse.

— J'ai peur de tomber, laissez-moi sortir...

Je dégringole la passerelle, et j'atterris dans le grand hall d'Orly. De là, j'assiste avec consternation, et peut-être une pointe de soulagement, au décollage de mon vol pour Los Angeles.

Alors j'appelle Lautner pour lui dire que je ne suis pas partie.

— Georges, je suis à Orly, je n'ai pas pu...

Je suis en larmes, bouleversée. J'ai agi sans réfléchir et je prends seulement conscience que je viens peut-être de gâcher l'occasion de ma vie. De fait, on ne me réinvitera pas à Hollywood.

Quant à mon producteur, il me racontera le lendemain par téléphone sa stupéfaction : *J'ai pensé qu'à ton tour tu étais partie aux toilettes, et donc je ne me suis pas inquiété. Puis ils ont fermé les portes et quand l'avion s'est mis en position de décollage, là j'ai commencé à me faire du souci. Alors j'ai sonné l'hôtesse :* – Vous n'avez pas vu ma voisine ? Elle n'est tout de même pas encore enfermée aux toilettes... – Mademoiselle Mireille Darc ? Ah, mais je pensais qu'elle vous avait prévenu, elle a quitté précipitamment l'appareil... *Et dis-moi, pour ta valise, Mireille, qu'est-ce que je fais ? – Ça ne t'ennuie pas de me la renvoyer ?*

Bon, mais l'incroyable succès de *Galia* me donne néanmoins l'envie de croquer la vie par les deux bouts. Puisque c'est si facile de décrocher la lune, pourquoi ne pas s'en mettre plein les yeux ? New York m'a fait tourner la tête et, au retour, mon trois pièces de Boulogne me semble insupportablement mesquin. Je songe à déménager. C'est comme ça qu'un matin je tombe sur l'appartement de mes rêves : avenue du Président-Kennedy, en bord de Seine, trois étages avec vue imprenable sur la tour Eiffel, terrasses à tous les étages, des chambres à ne savoir qu'en faire, au total... plus de deux cents mètres carrés de plancher !

Il est beau à mourir, cet appartement, mais à l'instant où on m'en dit le prix, je comprends qu'il n'est pas pour moi. Par jeu, j'en propose la moitié, en prévenant que même dans cette hypothèse je ne serais pas certaine d'obtenir un crédit, et chacun rentre chez soi.

Le téléphone sonne le lendemain matin, et je reconnais la voix du propriétaire :

— Pour l'appartement, c'est d'accord, votre prix sera le mien !

— Ooooh !

J'appelle aussitôt Lautner.

— Georges, l'appartement, le propriétaire me le laisse moitié moins cher...

— Formidable !

— Oui, mais même comme ça je n'ai pas de quoi le payer, tu crois que la banque...

— Mimi, la banque te prêtera ce que tu veux.

— Ah bon, tu es sûr ?

— Tu vas avoir tous les producteurs à tes pieds, je te dis. Ton appartement, c'est rien du tout.

— Si tu le dis...

Me voilà propriétaire. Mes livres, mon sommier, mes trois lampes... je n'ai rien, le déménagement est vite fait. Cette nuit-là, j'arpente pieds nus mon palais qu'illuminent les projecteurs des bateaux-mouches qui croisent sous mes fenêtres, éblouie par les jeux de lumière au plafond, fascinée par la beauté de Paris, et grisée par l'espace.

On dirait que ma vie s'accélère après *Galia*. Et moi qui jusqu'à présent étais avare de mon temps, soucieuse de me protéger, eh bien je me laisse emporter par le tourbillon. Je sors tous les soirs, au théâtre, en boîte, chez telle ou telle célébrité dont je connais à peine le nom. Je rencontre des noctambules qui deviennent des amis de la nuit, des gens que je ne croise jamais en pleine journée. Je rentre seule chez moi aux premières lueurs du jour et je me lève vers midi. Alors je rejoins ma bande pour déjeuner autour de Georges Lautner avec qui j'entretiens une tendre complicité. Je me sens en famille, en confiance. Certains jours, Francis Blanche est là, qui me fait mourir de rire. Il est dans la vie comme dans ses films, en état de délire permanent, si bien qu'on ne sait jamais où se cache la vérité. Ses démêlés avec la police, avec les douaniers... Il part pour l'Italie acheter un réfrigérateur et quand on lui demande s'il a quelque chose à déclarer, il répond :

— Oui, un réfrigérateur.

— Et où est-il ce réfrigérateur ?

— Sous les jupes de ma femme.

— Monsieur Blanche, disent les douaniers, nous ne sommes pas là pour plaisanter.

— Mais moi non plus, réplique Francis.

Alors il ouvre son coffre et il montre un petit réfrigérateur caché sous les jupes de sa femme.

Ou alors il gare sa voiture sur les Champs-Élysées et, au volant d'une autre, s'acharne à lui rentrer dedans, à la mettre en bouillie, jusqu'à ce que les gens commencent à hurler au scandale et que la police débarque...

Parfois Bernard Blier est là aussi. Avec Blier, nous nous connaissons depuis mes débuts, bien avant Lautner, bien avant *Pouic-Pouic*, du temps où je ne rêvais encore que de théâtre. Nous nous étions retrouvés sur les planches du théâtre de la Madeleine, dans une pièce de Peter Ustinov, *Photo Finish*. Je jouais entre lui et Philippe Noiret, sous la direction de l'auteur, et ces trois hommes sentaient le miel, le parfum anglais, le raffinement. En ce temps-là, je ne savais pas que les hommes se parfumaient, j'étais sous le charme... Blier avait vu que j'étais une bosseuse, et il était extraordinaire avec les débutants qui en voulaient. Notre amitié datait de ces soirées théâtrales après lesquelles il m'invitait parfois à dîner, en compagnie d'Annette, sa femme.

Lino Ventura passe généralement pour le café, cravaté, impeccable, un sourire au coin des lèvres. Avec lui, j'ai une relation très tendre. Il m'a vue angoissée et tendue dans nos premiers films, et il est venu s'asseoir près de moi comme un grand frère. Il a toujours un mot affectueux, pudique, juste. Et il m'invite à dîner chez lui, en famille, dans sa jolie maison de Saint-Cloud. Alors c'est lui qui fait la cuisine – de la cuisine italienne, bien entendu, celle que lui a apprise sa maman –, et on a intérêt à avoir bon appétit car il n'aime rien tant que nourrir les siens, les rassasier, leur faire plaisir.

Biraud et Audiard sont les plus assidus de ces déjeuners autour de Georges. Tous les deux partagent l'accent parigot, l'amour du vélo et des bistrots, et cet humour décalé qui tourne tout en dérision. Même le malheur, même la mort. Biraud est un bon vivant. Audiard est un intellectuel, plus tourmenté, plus secret. Avec lui, nous avons de longues conversations. Nous imaginons ensemble des personnages, et je suis secrètement très fière de l'inspirer. Il voudrait me faire aimer Céline, son auteur préféré, et n'y parvient qu'à moitié. On se chamaille, mais nous nous aimons beaucoup, et comme il est également né le 15 mai, nous fêtons chaque année notre anniversaire par un déjeuner en tête à tête.

En marge de ma bande, je me fais aussi de nouveaux amis comme Yves Saint Laurent, Pierre Berger, le photographe Jean-Loup Sief. Je me sens attirée par eux, leur culture, leur finesse, leur générosité. Ils ont un peu remplacé Guy Schoeller et ses amis écrivains et artistes, ils sont mes nouveaux *éclaireurs*. Grâce à eux, je découvre d'autres auteurs, d'autres talents, et je me mets à fréquenter les galeries de peinture, les expositions de photos, les lieux d'avant-garde.

La fièvre monte petit à petit dans ces deux années qui précèdent l'explosion de Mai 68, et elle est palpable. Les artistes semblent sortir d'une longue léthargie et travaillent fébrilement, dans toutes les directions, comme s'ils se donnaient soudain la permission de violer les interdits, d'ouvrir toutes les portes. On m'inclut dans ce raz de marée contestataire qui monte doucement et commence à gronder. Je suis celle qui contribue à déverrouiller la sexualité, et quand Michel Audiard lance dans *Pariscope* :

— *Toi, Mireille, t'es une sexuelle, cherche pas !*

J'ose répondre, sans rougir :
— *Pas étonnant, je ne pense qu'à ça*[1] *!*

J'ai beaucoup changé depuis Toulon. Je le mesure quand mon frère Maurice et sa femme me rendent visite dans mon nouvel appartement. Lui a gardé les valeurs de notre enfance, le sens de l'économie, la modestie, la prudence en tout. Ils vivent sans doute difficilement quand j'ai complètement perdu la valeur des choses. Enfin, perdu, non, mais je m'en fous, tout simplement. Eux sont parents, l'un et l'autre fonctionnaires dans l'armée, ils doivent certainement compter, par la force des choses. Moi, je vis toute seule à vingt-huit ans dans mon triplex, je déjeune à La Coupole à trois heures de l'après-midi, je roule en Alfa Romeo décapotable, je suis habillée par Yves Saint Laurent et je rentre me coucher à l'heure où ils se lèvent.

Bien sûr, je suis heureuse de revoir Maurice, et en même temps sa présence me replonge dans cette enfance noire, détestée. Au fond, je ne sais pas quelle place faire aux miens dans ma nouvelle vie. Ils ne peuvent pas partager mes plaisirs, ma vision du monde, et je sais trop bien ce qu'est leur existence, celle de mes parents, pour avoir envie d'en parler. Au début, voulant associer maman à ma réussite, je lui ai envoyé de l'argent pour qu'elle se fasse plaisir, s'achète de jolis vêtements, des bijoux... Et puis j'ai découvert que tout ce que j'envoyais finissait à la Caisse d'épargne, que maman continuait à *mettre de côté*, comme elle l'avait fait toute sa vie, et qu'elle s'habillait toujours de ses

1. *Pariscope*, 25 mai 1966.

robes grossières achetées trois francs six sous sur le marché du cours Lafayette. Alors je n'ai plus rien envoyé, en proie à une colère d'enfant trahi.

Mais ma colère est plus profonde encore. Elle se nourrit du soupçon que ni maman ni mes frères ne voient mes films. Je voudrais me tromper, pouvoir me raconter qu'ils les regardent et les aiment, mais jamais ils n'y font allusion, jamais ils n'ont un mot pour me féliciter. Même pas sur *Galia* alors que toute la presse parle de moi. On dirait que je leur fais honte, ou peur, tandis qu'ils devraient au contraire me complimenter pour le chemin parcouru, eux qui savent d'où je viens.

Alors, quand le photographe Francis Giacobetti me propose de poser nue pour *Lui*, tout de suite je dis oui, trois fois oui. Maman va-t-elle encore se taire, cette fois ? Continuer d'ignorer magnifiquement ce que je fais de ma vie ? Je rêve secrètement de la faire sortir de ses gonds et c'est à elle seule que je pense tout au long des prises de vues. Pour ce qui me concerne, je n'ai plus aucune réserve à me montrer dévêtue. Le cinéma m'a réconciliée avec mon corps, je suis déjà apparue nue dans *Galia*, et être un objet de convoitise m'excite plutôt.

Le numéro de *Lui* paraît, et pas un coup de fil, pas un mot dans la boîte aux lettres. Je balance entre la satisfaction d'avoir heurté ma mère et la crainte que le magazine ne soit pas arrivé jusqu'à elle (ou le soulagement, selon mon humeur du jour...). Quand, six mois plus tard, passant par Toulon l'embrasser en coup de vent, j'apercevrai un exemplaire de *Lui* dans la pile des journaux, sous la télévision, je ne pourrai pas m'empêcher finalement de l'admirer. En se taisant, en refusant ostensiblement de me juger, maman me laisse ma liberté, elle continue à m'apprendre le sens des responsabilités, comme elle le faisait à l'école primaire en ne surveillant ni mes devoirs ni mes notes. Enfin, c'est une explication... Qui marche pour *Lui*, mais pas pour mes films... Pourquoi ne me dit-elle jamais rien sur mon travail ?

Dans ce fameux numéro de *Lui*, Michel Audiard me fait un cadeau : un portrait, écrit de sa main, qui me résume sans doute mieux, en cette année 1968, que je ne saurais le faire aujourd'hui.

Dis donc, ma jolie...

Quand je vois des photos plus ou moins émeutières où tu brailles dans les rues pour la réouverture de la Cinémathèque où tu n'avais précédemment jamais foutu les pieds, tu penses si je me marre.

Quand je te vois, juchée en bouchon de radiateur sur le capot d'une Rolls, tu penses si je me marre.

Quand je lis dans la presse italo-publicitaire que tu es maintenant une vedette internationale sous prétexte que tu tournes avec des Américains, tu penses si je me marre...

J'aurai toujours beaucoup de mal, ma mignonne, à t'inscrire au martyrologue de la gauche. Tu montes de Toulon, ma chérie... Tu ne descends pas du Golgotha.

Ta voiture (dans la vie, d'ailleurs, tu ne dis pas « ma voiture », tu dis « ma tire » ou « ma caisse », jamais « ma voiture »), ta tire, c'est la petite Mini-moke blanche dans laquelle je te revois volontiers, telle qu'en toi-même...

Laisse les Rolls à Moreau : elle y a l'air d'une reine. J'ai vu un jour Cocteau descendre d'une Rolls ; il portait une cape blanche, c'était fascinant...

Moi, j'étais à vélo ! Tu comprends ? La Mini-moke, le vélo, c'est nos trucs. Itou pour la vedette internationale : tu ne le seras jamais... Tu vaux mieux.

Une vedette, comme tu dis, qu'est-ce que c'est ? C'est la mère Taylor : elle est grosse, elle parle faux, personne s'en aperçoit. Toi, si tu dis un seul mot de travers, on te tombe dessus, et on a raison. Tu dois jouer juste, tu dois parler juste, tu dois être mince, tu dois être excitante...

Parce que tu es Mireille Darc et que tu ne seras jamais une Taylor...

La première fois que je t'ai vue, ma bichette, j'ai tout de suite eu envie de fredonner une romance de je ne sais plus qui, que chantait je ne sais plus où, et je ne sais plus quand Yves Montand : « Elle avait un jupon plein de trous, elle fréquentait des tas de voyous... »

En dépit des « manifs », en dépit des autos britanniques et en dépit du « star system », n'oubliez jamais, princesse lointaine, que nous sommes tous deux du même monde.

Michel Audiard

Curieusement, le succès de *Galia* ne m'offre pas de nouvelles occasions. Aucun des réalisateurs avec lesquels je rêve secrètement de tourner ne me contacte. Chabrol ne me propose rien, Godard ne me propose rien, Truffaut ne me propose rien, Deray ne me propose rien. Et comme Lautner continue, lui, à me réclamer, je vais gaiement vers mon Lautner, avec la conscience d'aller vers la facilité puisque les rôles sont écrits pour moi. Mais comment sortir de ce boulevard si aucune autre porte ne s'ouvre ?

Quand je rencontrerai Alain, je découvrirai combien gérer une carrière exige d'intelligence et de rigueur. Alain sait s'entourer, et il travaille alors étroitement avec le plus avisé et le plus raffiné des agents, Georges Beaume. Moi, pendant ce temps-là, je me laisse porter par les événements et, puisqu'on ne vient pas me chercher, je ne prends aucune initiative, je ne demande rien.

Si, tout de même, j'embauche une secrétaire. Je ne sais pas si c'est pour faire comme les autres comédiennes que je croise dans les studios, souvent flanquées d'une assistante, ou si c'est simplement que je m'ennuie toute seule dans mon grand appartement. Mais à l'instant où j'aperçois Véronique, je sais qu'on va s'entendre toutes les deux. Véronique est chargée de l'accueil chez Carita, le célèbre coiffeur du Faubourg Saint-Honoré. Elle a dix-huit ans, parle couramment l'anglais, est à l'aise avec tout le monde, et je crois que même en présence de la reine d'Angleterre elle ne perdrait pas son humour.

Dans la seconde, elle accepte de quitter Carita pour me suivre, mais elle est mineure et il me faut l'accord de ses parents. Ils me reçoivent le soir même – ce sont des gens délicieux, ouverts, et dès le lendemain Véronique entre dans mon univers. Une des chambres de mon triplex devient son bureau, et le téléphone atterrit naturellement chez elle. Alors seulement je me rends compte combien j'ai eu raison de l'embaucher. Toute la journée, photographes et journalistes m'appellent et, jusqu'ici, je m'en suis tirée avec des bouts de papier dans tous les coins, des rendez-vous manqués, des excuses. Désormais, j'ai un agenda tenu, des journées planifiées, et Véronique sait dire non quand il le faut, ce que je n'ai pas encore appris à faire.

C'est ensemble que nous nous envolons pour le Liban tourner *La Grande Sauterelle*. Michel Audiard, Vahé Katcha et Georges Lautner ont inventé pour moi là-bas un personnage comme je les aime : une longue fille rêveuse et mystérieuse à la dégaine de beatnik (ce sera bientôt la mode), pyjama de soie rose ou jean à fleurs, dont on se demande d'où elle peut bien sortir. Est-ce une authentique aventurière ? A-t-elle suivi un homme qui l'aurait oubliée dans les ruines de Balbek ? Vend-elle ses charmes dans les boîtes de nuit de Beyrouth ? Pour l'heure, elle se retrouve prise entre trois truands, un dur, un faux dur et un tendre, qui projettent de dépouiller de ses gains un très gros joueur. Tandis que se met en place un suspense à la Lautner, une idylle s'engage entre le tendre gangster (Hardy Krüger) et la grande fille bohème...

Parce que c'est Mireille Darc qui incarne la sauterelle, il est beaucoup question de liberté dans ce film, de vie vécue sans entraves, sans bagages, de port en port, de plage en plage, de lit en lit... s'amuse *Le Monde* [1].

On salue une fois de plus les dialogues de Michel Audiard. Et Georges Lautner, spécialiste reconnu des truands, se voit féliciter par *Le Figaro* pour *son style discret et poétique*, ce qui est suffisamment exceptionnel pour mériter une mention [2].

Le tournage de *La Grande Sauterelle*, dont le titre me collera à la peau, est l'un des plus gais de mes années Lautner. Parce que Véronique m'accompagne,

1. *Le Monde*, 17 janvier 1967.
2. *Le Figaro*, 11 janvier 1967.

j'ai fait transporter par bateau jusqu'au Liban ma fameuse Mini-moke, celle qu'évoque Audiard dans son portrait, une petite Austin décapotable en forme de jeep, et toutes les deux nous avons sillonné le pays, cheveux au vent et lunettes noires sur le nez.

Jamais je n'ai été si heureuse, si insouciante, et pourtant, dès mon retour à Paris, je vais volontairement briser la magie, rompre momentanément avec ma bande, pour tourner enfin avec le réalisateur le plus insolite du cinéma français, Jean-Luc Godard.

9.

Ce n'est pas Godard qui vient me chercher, c'est moi qui fais tout le chemin jusqu'à lui. Depuis *Galia*, j'ai tourné trois Lautner, *Ne nous fâchons pas*, *Fleur d'oseille* et *La Grande Sauterelle*, tous dans la même veine. J'ai travaillé sous la direction d'un autre réalisateur, Pierre Gaspard-Huit, mais pour incarner, dans *À belles dents*, une femme qui croque fortunes et mâles, ce qui ne m'éloigne pas radicalement de mon personnage à l'écran. J'ai besoin d'une rupture, je souhaite faire des films plus ambitieux et, pour une fois, j'ose en parler à mon producteur, Raymond Danon.

— Bon, je crois que j'ai compris, Mireille. Avec qui aimerais-tu tourner ?

— Pourquoi pas Godard ?

— Pourquoi pas, en effet. Je vais l'appeler et organiser une rencontre.

Le Godard avec lequel je rêve de travailler est bien sûr celui d'*À bout de souffle* et de *Pierrot le Fou*, deux films qui m'ont laissée muette d'admiration. Mais deux films au scénario très écrit qui vont bientôt trancher avec le reste de son œuvre, réalisée souvent sans script et au fil de son inspiration.

La rencontre a lieu. Godard m'adresse à peine la parole, l'air excédé derrière ses grosses lunettes, et cependant oui, il est d'accord, nous allons tourner ensemble. Quoi ? Il ne me le dit pas. Peut-être ne le sait-il pas encore. Quand je lui demande pourquoi il consent à ce *sacrifice* (*Ne le prenez pas mal, Jean-Luc, c'est de l'humour...)* il a cette réponse qui me passe l'envie de rire : *Parce que vous m'êtes antipathique, parce que je n'aime pas le personnage que vous êtes dans vos films, comme dans la vie, et que le personnage de mon film doit être antipathique. Ah, j'oubliais : vos cheveux sont trop blonds, faites-les châtain clair. Et venez sans maquillage, juste un peu les yeux, et encore... Bon, je vous rappelle !*

Et il me rappelle, en effet. Pas un mot sur le film, sur mon rôle, mais il faut, me dit-il, que nous songions à m'habiller. Et il me fixe rendez-vous dans une boutique de la rue Tronchet. Il arrive avec sa femme, la comédienne (et futur écrivain) Anne Wiazemsky, qui me plaît immédiatement, même si nous n'avons pas trop le cœur à bavarder. Et là, je vois qu'il me choisit tout ce qu'il y a de plus ordinaire, des pulls étriqués un peu criards, des jupes moulantes, non pas vulgaires, mais *petits-bourgeois*, comme on dira bientôt. Je ne discute pas, naturellement. À la fin, quand il a trouvé ce qu'il cherchait pour moi, je repère un manteau kaki magnifique, coupe un peu militaire, très long, et je le prends.

— Mais ce n'est pas du tout le style de votre personnage ! proteste Godard.

— Je sais. Enfin, je m'en doute. C'est pour moi, pas pour le film.

— Ah, OK.

Je vois qu'Anne est elle aussi séduite par ce manteau et, quand elle viendra sur le tournage, quelques jours plus tard, je constaterai qu'elle se l'est également offert, et ce sera comme un clin d'œil entre nous.

Il démarre curieusement, ce tournage. Jean-Luc m'avertit par téléphone que nous allons commencer par une scène où je serai assise nue sur une table, devant mon amant, et que j'aurai alors à dire un texte.

— Bon, mais où est-il ce texte ? Il faut que je l'apprenne...

— Non, ne vous faites pas de souci. On verra sur le moment.

Débuter par une scène de nu, c'est une épreuve, surtout avec une équipe qu'on ne connaît pas, et je m'y prépare donc psychologiquement.

Mais le matin même, nouveau coup de fil :

— On ne va pas tourner aujourd'hui, je ne sais pas très bien comment faire la scène... Je vous rappelle.

Alors je comprends que rien n'est écrit, et j'accepte. Je me dis que tourner avec Godard vaut bien cette incertitude, cet inconfort.

Deux ou trois jours passent, et j'apprends que c'est pour le lendemain. Nouvelle préparation psychologique. Nous partons. À ce moment-là seulement, Godard m'avertit qu'il a repoussé à plus tard la scène de nu. Pour l'instant, nous nous dirigeons vers une forêt. Pour y tourner quoi ? Je ne sais pas, et je ne suis pas certaine non plus que Jean-Luc le sache. J'ai reconnu Jean Yanne, assis à côté de moi, et nous nous sommes gentiment salués.

— Votre mari dans le film, marmonne Godard en chemin.

— Ah, mon mari ! Enchantée.

Jean a l'air aussi paumé que moi et nous échangeons un sourire crispé.

Arrivés dans les sous-bois, Godard tourne un peu en rond, puis il m'appelle :

— Vous voyez la flaque d'eau, là ? Eh bien allongez-vous dedans, vos vêtements sont trop neufs.

Je les salis comme je peux, mais Godard n'est pas satisfait.

— Non, couchez-vous carrément dedans.

Je ne proteste pas, et je m'allonge dans la flaque. Alors j'entends :

— Ça serait bien de mouiller aussi les cheveux.

Les cheveux ! Avoir les cheveux sales, pour une blonde, ça c'est impossible... Enfin, à mes yeux, en tout cas, moi qui fais de la blondeur la vitrine de l'âme.

Mais là non plus je ne proteste pas. Je crois qu'à cet instant je devine plus ou moins que Godard cherche à me faire craquer, ou en tout cas à prendre le pouvoir sur moi, et au fond je trouve cela légitime. Alors je trempe dans la boue mes beaux cheveux châtain clair, shampouinés et pomponnés le matin même. Mais j'épargne ma frange, ultime rempart.

Ensuite, c'est au tour de Jean Yanne. Il n'y a pas plus élégant que Jean Yanne dans la vie, ses costumes, son parfum, ses souliers qu'on dirait vernis... Pourtant, lui aussi s'exécute.

Et puis Godard nous met à sécher au soleil (c'est le printemps, une chance), et à midi nous sommes pleins de croûtes. Mais nous n'avons toujours rien tourné. Jean-Luc ne nous dit pas ce qu'il a en tête. Jusqu'ici, mon rôle se résume à cette phrase lâchée entre un grattement de tête et un regard glacé : *Vous êtes une petite bonne femme mariée avec un type... enfin, un type banal, quoi. Vous ne l'aimez pas tellement, vous vous foutez un peu de lui...* Et soudain ça y est, on tourne ! On court sur des chemins défoncés en s'envoyant des insultes à la figure, et à la seconde où il a crié *moteur !* c'est magique. Je découvre un cinéma qui bouge, qui va chercher des choses de la vie qu'on ne sait peut-être pas mettre en mots mais que notre folie, notre hystérie, exprime sans doute malgré nous.

Le lendemain, je suis sur le balcon de l'appartement que je suis censée partager avec Jean, mon mari, dans une coquette cité de banlieue. Lui est en bas, il me parle tout en s'engueulant avec un voisin dont il vient d'emboutir la voiture, alors je prends l'ascenseur pour voler à son secours, et la caméra me récupère à l'instant où je surgis en plein pugilat, tout ça dans le même plan. C'est un cinéma que je ne connais pas et, dans ces moments-là, je suis pleine d'admiration pour Godard, j'ai une confiance aveugle en son talent, en son génie.

Il le faut, parce que jusqu'à la fin je n'aurai aucune vision du film que nous faisons. Les dialogues, Godard les écrit parfois le matin même et nous les donne dix minutes avant de tourner. Comme dans cette scène où nous venons de prendre le Christ en auto-stop.

Jean : Mais qui me prouve que vous êtes le Christ ?

À ce moment un lapin jaillit du tableau de bord.

Le Christ : Je vous donne ce que vous désirez.

Jean : Bof... Moi, vous savez... J'sais pas...

Moi : Moi je voudrais être une vraie blonde, avoir une Ferrari et passer une nuit avec James Bond.

Le Christ : Et merde !... Si c'est tout ce que vous ont apporté vingt siècles de christianisme...

Il faut aussi cette confiance pour continuer car Godard est constamment blessant, comme s'il voulait sans cesse me rappeler que c'est moi qui suis venue le chercher, et non le contraire. Un soir, après une journée de tournage dans la forêt, j'ouvre la porte de mon Alfa Romeo et je découvre dedans son chien. Il est couvert de boue et ma voiture ressemble donc à une poubelle. Je ne dis rien, je ramène le chien à Paris, je le lave et le nourris, et puis je nettoie mes sièges. Le lendemain, je laisse le chien chez moi. Godard n'y fait aucune allusion, ni ce jour-là ni les trois suivants, et moi, bien sûr, je me tais. Enfin, le soir du quatrième jour, il vient vers moi, bougon :

— Où est mon chien ?

— Quel chien ? J'en ai trouvé un dans ma voiture, il y a longtemps déjà, je ne pense pas que ça puisse être le vôtre.

— C'est le mien, vous le savez très bien. Pourquoi l'avez-vous pris ?

— Alors vous l'aviez mis exprès dans mon Alfa Romeo, dégueulasse comme il l'était ?

— Il n'était pas dégueulasse...

Jusqu'ici, je n'avais travaillé qu'avec des réalisateurs aux petits soins pour moi, courtisans, voire amoureux. Avec Godard, c'est tout le contraire, je suis sans cesse défiée, provoquée, déstabilisée.

Quand se met en place cette scène effarante où notre voiture est écrasée sous une pyramide de carcasses en feu, Jean-Luc nous demande de ne sortir de l'habitacle qu'à son signal. Je me rends compte que de l'essence ruisselle des voitures qui flambent au-dessus de nos têtes, j'avertis les machinistes, mais personne ne trouve nécessaire de me répondre. Alors je dis à Jean : *Tout va exploser, trouve quelque chose, il faut qu'on sorte très vite de ce truc avant de crever*... Mais Jean semble tétanisé, et c'est moi qui ai l'idée : *Ça y est, je sais, on compte jusqu'à trois et tu me suis, on sort en courant.*

Et à l'instant où on s'éjecte, je hurle :

— Mon sac ! Mon sac de chez Hermès !

Godard ne va pas jusqu'à reconnaître qu'il aurait aimé la trouver lui-même, celle-là, mais il en oublie de nous engueuler.

Enfin arrive la fameuse scène de nu, reportée en fin de tournage. Il est prévu de la faire chez Jean-Luc, avec une équipe réduite. Une fois de plus je m'y suis préparée et j'arrive très concentrée.

— Finalement, dit Godard, vous serez en slip et soutien-gorge, je préfère.

— Eh bien vous allez être déçu, je n'en ai pas ! Il fallait me le dire hier, quand je sais que je dois tourner nue, je n'en mets pas pour éviter les marques...

Nous voilà partis pour m'acheter un slip et un soutien-gorge.

Et puis Godard me passe le texte que je vais devoir dire, un texte à la Bataille où j'égrène mes fantasmes, assise sur une table, devant mon amant. C'est très cru, je ne suis pas très à l'aise, j'ai le sentiment que ça ne va pas passer du tout, or Godard va faire de cette scène un moment d'anthologie en rendant ma voix en partie inaudible.

Avec Jean Yanne, nous sortons de ce tournage comme on sort du service militaire : à la vie à la mort. Nous nous sommes mutuellement soutenus, nous avons tout encaissé sans jamais protester, et maintenant nous nous retrouvons pour échanger nos souvenirs de bidasses, autour d'un double scotch pour lui et d'une limonade pour moi. Ça sentait beaucoup la merde, ce tournage, on a pédalé dans les œufs pourris, charrié des poubelles, rampé dans les sous-bois verdâtres, et partout je me suis raccrochée à l'humour de Jean, à son parfum aussi, pour ne pas craquer. C'est notre fierté mutuelle, ça, de ne pas avoir craqué.

Godard disparaît, lui. J'espère vaguement qu'il me dira un mot sur mon travail, mais non, rien. Quand *Week-end* sort sur les écrans, au mois de janvier 1968, je me rends compte que Godard ne m'a même pas invitée à voir le film en privé avec lui, de sorte que je le découvre en salle comme tout le monde. Je trouve ça un peu méprisant. Aurais-je dû le rappeler, lui faire comprendre que je l'aimais bien malgré tout, lui dire que je l'avais surtout apprécié à travers la présence silencieuse de sa femme, Anne Wiazemsky, qui était souvent sur le tournage et dont la grâce me bouleversait ? Je ne sais pas.

Le film, lui, me déçoit plutôt. Je suis en même temps époustouflée par certaines scènes et déroutée par l'ensemble.

Mais avoir tourné avec Godard a changé mon image et on me propose, aussitôt après *Week-end*, d'être la partenaire de l'acteur italien Gian Maria Volonte dans un film politique qui sera réalisé par un journaliste, Giorgio Bontempi. Cela s'appellera *Summit* (et, en France, *Un corps, une nuit*). C'est une production franco-italienne, mon premier film international.

La lecture du scénario me plonge dans un univers qui m'est complètement étranger. C'est l'histoire d'un journaliste qui parcourt l'Europe en quête d'un idéal, d'un engagement, et il y est beaucoup question de Staline, de Mao, du capitalisme, du monde ouvrier, des petits et grands bourgeois... Nous franchissons *le rideau de fer*, comme on dit alors, nous passons de Saint-Germain-des-Prés à Varsovie, de Rome à Berlin-Est. Je suis l'amour impossible (toujours en décapotable et affreusement petite-bourgeoise) d'un reporter ombrageux et torturé (Gian Maria Volonte) qui passe son temps à refaire le monde.

Le tournage est d'emblée assez pénible. Nous démarrons tôt le matin dans des villes sans joie, nimbées d'une brume hivernale qui nous glace les os, et après la journée de travail, alors qu'on aimerait rire et se détendre, les discussions politiques reprennent de plus belle. Comme si le film se prolongeait dans la vraie vie, comme si la quête d'idéal du couple Bontempi-Volonte ne s'arrêtait jamais.

Je découvre en réalité ce qu'est un militant politique et, par la même occasion, combien cette espérance du *Grand Soir*, romantique et juvénile, pour ne pas dire immature, me porte sur les nerfs. Dans la vraie vie, comme dans le film, Bontempi et Volonte sont d'extrême gauche, et on dirait bien que cela leur interdit de rire, de jouir du présent. Au début, je les écoute avec perplexité nous saboter nos dîners avec des discussions interminables, où chacun donne surtout le sentiment de s'écouter parler, et où l'on finit par se demander s'ils n'ont pas dit exactement le contraire deux heures plus tôt. Puis je les laisse à leur branlette intellectuelle et je vais me balader toute seule dans les beaux quartiers.

Eux descendent dans des hôtels ordinaires par *conscience politique*, moi je dors toute seule dans des palaces quatre étoiles par amour du luxe. Quand Gian Maria Volonte m'y rejoint pour prendre un verre, je me moque gentiment de lui, de son plaisir à profiter de l'argent qu'il gagne, à jouir de ce confort délicieux qu'apporte la réussite. Et je comprends petit à petit ce qui nous sépare. Lui est un enfant de la bourgeoisie.

Summit est à peine fini qu'on me propose de tourner à Rome (encore), avec Tony Curtis, dans une production américaine, *Monte Carlo or bust* (*Gonflés à bloc*, pour les écrans français), sous la direction de Ken Annakin.

Ma complice est Marie Dubois, nous pilotons toutes les deux des bolides des années 1920 dans une évocation du rallye de Monte-Carlo. Marie est délicieuse, généreuse et joyeuse, j'aime sa loyauté, ses élans, tout cet amour de la vie qu'exprime si bien l'intensité de son regard. Comme je ne veux pas avouer que je ne comprends pas l'anglais, je lui fais faire le contraire de ce que nous demande Ken Annakin, et elle se fait engueuler par ma faute...

Les journaux français saluent ce film comme une consécration pour la jeune comédienne que je suis. Mon premier rôle de *vedette internationale*, disent-ils (c'est à ce moment que Michel Audiard écrit ce joli portrait où il se moque gentiment de ma réussite). Et moi je me prête au jeu avec une ingénuité désarmante, comme dans cet entretien retrouvé parmi d'autres :

J'aime sortir le soir, être entourée et fêtée, dis-je à l'envoyé spécial de *Paris-Presse* en Italie. *J'aime voir mon nom en grand sur les affiches, au-dessus des titres de mes films. Et j'aime savoir que c'est moi que le public vient voir au cinéma* [1].

En réalité, je commence à éprouver qu'il y a un grand vide dans ma vie. Je viens de fêter mes trente ans, et je n'ai rien construit d'autre qu'une carrière d'actrice. Maintenant que j'ai assouvi tous mes désirs secrets d'enfant des faubourgs, de la découverte de la culture à la reconnaissance des autres, il me semble que je suis prête pour donner de l'amour et fonder une famille.

Alors, comme si la fée qui m'accompagne depuis mon arrivée à Paris m'avait entendue, c'est à ce moment-là que ma destinée croise celle d'Alain Delon.

1. *Paris-Presse*, 21 septembre 1968.

10.

J'avais rencontré Alain deux ans plus tôt dans un avion qui nous ramenait de Madrid. Le hasard avait voulu qu'il occupe le siège à côté du mien. Jusque-là, nous n'avions fait que nous croiser, à deux ou trois reprises. Rien, juste un sourire et un vague salut.

Dans l'avion de Madrid, nous nous parlons pour la première fois. Nous sommes l'un comme l'autre en tournage dans la capitale espagnole, et nous regagnons Paris pour le week-end. Alain est très prévenant, très à mon écoute, et cependant je ne suis pas à l'aise. Je crois que je suis en même temps impressionnée par sa notoriété – il a déjà tourné avec les plus grands, Visconti, Clément, Verneuil – et paralysée par ce qu'il dégage. Ce côté félin, tendu, qui même au fond d'un siège d'avion transparaît. Et puis ce regard bleu trop habité, trop intense, presque électrique, qui fait qu'on se sent petit à petit dépouillé de soi-même...

S'aperçoit-il que je perds légèrement les pédales ? En tout cas, il redouble de gentillesse et, à Orly, peu avant de me quitter, il m'offre un petit bracelet en poil d'éléphant.

— À quel hôtel es-tu, à Madrid ?

— Au Victoria, près de la plaza Santa Ana.

— Bon, je t'appelle la semaine prochaine et on se retrouve pour dîner.

Et puis il disparaît, et aussitôt je m'en veux de lui avoir donné le nom de mon hôtel.

Pourquoi veut-il me revoir ? Pourquoi veut-il dîner avec moi ? Il est alors marié avec Nathalie, papa d'Anthony qui doit avoir à peine deux ans, chacun de ses films est un événement, chacun de ses gestes fait l'objet d'un article dans *Paris Match*, en quoi est-ce que je peux l'intéresser ? Il ne drague pas, ça je l'ai vu tout de suite. Et puis les dragueurs ne me font pas peur. Alain, lui, me fait peur. Il est trop connu, trop beau, trop talentueux, trop heureux, trop gâté par la vie, trop tout ! Je ne me vois pas assise en face de ce dieu vivant dans un restaurant. Qu'est-ce que je lui dirais ? En comparaison de lui, je me sens rien du tout. Je crains d'être pitoyable, de lui paraître stupide, et ça, au fond, je sais que je ne le supporterais pas.

Aussi, de retour à Madrid, le lundi matin, je change immédiatement d'hôtel.

Quand nous nous retrouverons, deux années plus tard, Alain évoquera à peine ce rendez-vous manqué :

— Je t'ai appelée, on m'a dit que tu avais quitté l'hôtel...

Et moi, plus Galia que jamais pour cacher mon émotion :

— Ah oui ? Je suis désolée, j'aurais dû t'avertir...

C'est à la fin de l'hiver 1968, cette seconde rencontre, cette seconde chance que nous donne le destin. Je termine le tournage de *Summit* tandis qu'Alain, lui, s'apprête à monter sur les planches pour jouer dans une pièce écrite par son ami Jean Cau, *Les Yeux crevés*.

— J'aimerais bien que tu viennes me voir, me dit-il. Je peux t'inviter à la première ?

Et moi :

— Bien sûr, je viendrai. Cette fois, tu n'auras pas à me courir après...

Je suis à la première, au *Gymnase*, le théâtre de Marie Bell, sur les Grands Boulevards. Alain est superbe, je le lui dis, et repars aussitôt pour l'Italie.

Quand éclatent les événements de Mai 68, je suis à Berlin, puis à Rome de nouveau. Je sors tout juste des discours enflammés de Bontempi et de Volonte, et je me dis qu'ils doivent être satisfaits de voir la France s'enfoncer dans le chaos. Autant je trouve fort, prophétique, ce que dénonce Godard dans *Week-end* – la bêtise, l'étroitesse d'esprit et l'égoïsme de notre société de nantis –, autant les diatribes de mes deux amis italiens me paraissent complètement anachroniques. Vertiges de gosses de riches en mal d'aventures, ou de reconnaissance, je ne sais pas. Mais, de fait, ils sont en train de prendre le pouvoir à Paris et, une nuit, Alain m'appelle pour me dire son désespoir d'avoir dû interrompre sa pièce. À la vingt-troisième représentation, Marie Bell, qui résistait tant bien que mal, a cédé aux étudiants et baissé définitivement le rideau.

Le désarroi d'Alain me touche et, pour la première fois, cette nuit-là, nous nous parlons sans retenue, comme si les codes étaient abolis. Lui est blessé, fatigué, et moi je parviens à mettre de côté mon émotion et ma timidité. La distance et la nuit permettent parfois cela. Et puis je sens qu'Alain a besoin de se confier, je devine qu'il traverse une période difficile et je suis sensible à sa sincérité.

Il me rappelle, et tandis que Paris vit au rythme des barricades et que la grève gagne petit à petit tout le pays, nous prenons cette habitude de bavarder la nuit. Nous nous découvrons une enfance, des souffrances communes. Lui a grandi à Bourg-la-Reine, il a été apprenti charcutier chez son beau-père et, pour fuir cette vie dont il ne voulait pas, il n'a rien trouvé de mieux que de s'engager dans la marine et de se faire expédier en Indochine. Comment ses parents ont-ils pu le laisser partir alors qu'il était mineur et qu'on égrenait à la radio les noms des morts de Diên Biên Phu ? Jamais il ne le comprendra, jamais il ne s'en remettra. *Comment peut-on faire ça, Mimi, laisser un gosse de seize ans partir à la guerre ?*

Nous parlons. Il me raconte Bourg-la-Reine, la charcuterie de son beau-père, et moi je lui raconte un peu Toulon, l'épicerie de ma mère. Et, une nuit, je comprends que ça ne va plus avec Nathalie, qu'ils sont en train de se séparer. Alain ne me dissimule pas son désespoir. Anthony n'a pas quatre ans et sans doute Alain revit-il, à travers les yeux de son fils, la séparation de ses propres parents alors qu'il avait trois ans, lui aussi...

Nos conversations nocturnes entre Paris et Rome nous ont beaucoup rapprochés, quand une nuit je l'entends soudain me dire :

— Tu sais, j'aimerais qu'on tourne ensemble.

— Moi aussi, bien sûr ! Et puisqu'on y pense tous les deux, tu vas voir, je suis sûre qu'une occasion va se présenter...

— Je l'ai sous les yeux, l'occasion. Elle s'appelle *Jeff*. C'est un scénario de Jean Cau et Jean Herman, et c'est moi qui produirai le film. Ça t'intéresse de le lire ?

— Évidemment !

— Alors écoute, je te l'envoie, et puis je viens à Rome et on en parle.

Alain à Rome, au milieu du bel été 1968... Je tourne alors *Monte Carlo or bust*, sous la direction de Ken Annakin. J'ai un appartement sur deux étages, à deux pas de la piazza Navona, dans une maison du XIVe siècle qu'a occupée le peintre Raphaël. La France n'est pas devenue maoïste, de Gaulle s'est réinstallé à l'Élysée, et grâce à tout ce chambardement le pays s'est libéré de quelques vieilles nippes morales. On se sent bien mieux dans sa peau, merci tout de même aux étudiants. Pour moi, c'est un été de grâce, tout me réussit, jamais je n'ai été si confiante en la vie, ce qui me donne sans doute l'envie de partager, de donner, d'aimer.

Et Alain est en position d'être aimé. Il est en même temps en pleine détresse après le départ de Nathalie, et heureux d'être là, à Rome, sous le soleil d'Italie. Le pays de Visconti, celui de *Rocco et ses frères*, du *Guépard*... Alain parle couramment l'italien, il connaît bien Rome, aucune ville au monde n'aurait pu mieux nous servir cet été-là. Il prend le volant, et nous roulons dans le vent chaud du soir vers une trattoria qu'il veut me faire connaître. Je suis dans la plus belle ville du monde, assise à côté du plus bel homme du monde, nous allons dîner ensemble et je n'ai plus peur. Je suis impressionnée, oui, Alain ne cessera jamais de m'impressionner, mais je n'ai plus cette angoisse de n'être pas à la hauteur.

Quand il part pour Saint-Tropez tourner *La Piscine*, de Jacques Deray, il emporte déjà une partie de mon cœur. Comme si je craignais qu'il m'oublie, je lui propose d'emprunter ma Mini-moke – *Tu verras, pour Saint-Tropez, c'est une voiture formidable, prends-la!* Et j'ai la délicieuse surprise de l'entendre me répondre *Oui*. Nous ne sommes dupes ni l'un ni l'autre, je sais bien qu'il n'a aucun besoin de ma Mini-moke puisqu'il a sa Ferrari, mais je suis contente qu'il parte avec une chose à moi, et lui est touché que j'aie eu cette attention.

Il est à Saint-Tropez, moi à Rome, et nos conversations nocturnes reprennent. Mais le ton est un peu différent. Alain me demande ce que j'ai fait dans la journée, il est attentif et curieux, attentionné aussi. *Si tu as un problème quelconque, appelle-moi*. Je n'ai pas l'habitude qu'un homme me demande de raconter ma journée, je n'ai jamais cherché l'aide ou la protection d'aucun d'entre eux et, venant d'un autre, j'aurais sans doute pris la mouche, ou ricané, pour finalement l'envoyer gentiment balader. Mais venant d'Alain, ces mots-là me bouleversent. Ils me réveillent la nuit et je me les répète, comme autrefois les plus beaux vers de Mistral ou de Racine. Qu'est-ce qui m'arrive? Je n'ai jamais éprouvé pour personne cette espèce de vertige empreint de respect, presque de dévotion. Je sens que ce qui se construit là, conversation après conversation, nuit après nuit, est radicalement différent de tout ce que j'ai connu jusqu'à présent. C'est une relation exigeante, faite d'attention et de loyauté. Pour une fois, ça n'est pas moi qui en aurai la maîtrise, je le vois bien, et au fond cela m'angoisse. Serai-je à la hauteur ? Suis-je *déjà* à la hauteur ? J'ai peur de tout casser, de me raccrocher à mon personnage de garçonne indépendante et gentiment voyou, simplement par crainte de décevoir cet homme exceptionnel.

Et puis il me propose de venir passer un week-end à Saint-Tropez pour reparler de *Jeff*, dont le projet se précise, et je le rejoins dans la maison qu'on a mise à sa disposition, à Ramatuelle. Je retrouve l'homme curieux et délicat que j'ai connu à Rome, mais cette fois chez lui, entouré de son staff. Et c'est très impressionnant ! Moi qui suis fière d'avoir Véronique à mes côtés, je découvre que, lorsqu'on s'appelle Alain Delon, c'est un état-major qu'on a en permanence autour de soi. Il a sa secrétaire, Bernadette, son photographe, sa maquilleuse, sa coiffeuse, son chauffeur, et quelques amis, ou collaborateurs, qui vont et viennent dans cette villa somptueuse. Je rencontre là, pour la première fois, René Moatti, son avocat, qui deviendra son père spirituel. Sa femme, Yvonne, comptera beaucoup pour moi, et comme le couple n'a pas d'enfant, Alain et moi les adopterons plus tard comme *parents* au cours d'une jolie fête...

Je serai la partenaire d'Alain dans *Jeff*. C'est le rôle féminin principal et je suis secrètement fière qu'il me l'offre. Pour moi, c'est un témoignage d'estime et de confiance qui compte beaucoup, à ce moment-là de notre histoire balbutiante, et alors qu'il retrouve chaque jour l'éblouissante Romy Schneider, son premier grand amour, sur le tournage de *La Piscine*. Le personnage d'Alain n'en finit pas de me toucher. Je suis habitée par certaines de ses répliques dans *Rocco*, dans *Le Guépard*, j'entends encore sa voix, je ne peux pas oublier certains de ses regards, et songer que cette voix et ce regard s'adressent à moi désormais me fait cogner le cœur... C'est si fort que l'émotion me tire du sommeil au milieu de la nuit, et que je me retrouve muette et transie, penchée au-dessus du visage de cet homme qui dort à côté de moi maintenant. L'écouter respirer, le regarder dormir... Existe-t-il au monde un visage aussi beau ? Presque un visage de femme avec ces cils qui n'en finissent plus, cette douceur, cette perfection des traits... Il est beau à mourir, à pleurer et, si j'osais, j'écrirais qu'il y a du sacré dans cette beauté. Oui, quelque chose qui nous dépasse.

Il finit *La Piscine*, moi mon film américain, et nous prévoyons de remonter ensemble à Paris. J'arriverai de Rome au volant de ma Porsche, je le prendrai à Saint-Tropez, et de cette façon nous voyagerons ensemble. C'est drôle cette Porsche, si *garçonne*, si adaptée à mon personnage, la voilà dépareillée depuis que j'ai rencontré Alain. Je n'en ai plus envie. J'ai envie d'être une femme, d'avoir une voiture de femme, et d'ailleurs je lui laisse le volant, ce que je n'ai fait avec aucun homme.

Jamais je ne l'oublierai, ce retour... Nous prenons la route juste après le déjeuner, Alain conduit vite, et soudain il s'arrête dans une station-service pour téléphoner. Quand il reprend le volant, il est tendu et silencieux. Un moment plus tard, il s'arrête de nouveau. Encore pour téléphoner. Et puis ensuite, toutes les demi-heures, il cherche une cabine téléphonique et se gare devant nerveusement, comme dans un film d'espionnage. Il ne me dit rien, ne m'explique rien, si bien que je m'imagine que lorsqu'on est une vedette de sa dimension il est indispensable de téléphoner sans arrêt. Et alors moi aussi je veux téléphoner ! Pour lui montrer que je ne compte pas pour du beurre... et le faire un peu chier aussi.

— Tu peux m'arrêter ? J'ai un coup de fil à passer, j'attends une réponse...

Il acquiesce, en profite pour téléphoner, lui aussi, et comme je n'attends rien du tout, aucune réponse de qui que ce soit, j'appelle mon répondeur et y dépose un message.

On arrive à Paris à la nuit tombée et, en m'embrassant, Alain me souffle doucement à l'oreille :

— Tu es gentille, demain en te levant tu n'écoutes pas la radio, tu ne lis pas les journaux, tu ne regardes pas la télévision, et tu attends que je t'appelle.

Le lendemain, j'écoute évidemment la radio, c'est même la première chose que je fais en ouvrant les yeux. Alors j'entends qu'on a découvert la veille dans une décharge publique le cadavre d'un proche d'Alain, Stefan Markovic.

L'affaire Markovic commence. Elle va douloureusement plomber nos premières années, mais aussi nous souder pour l'éternité.

Comme prévu, Alain me téléphone.

— Mimi, est-ce que tu te sens capable de m'accompagner à l'Opéra ce soir ? Je te préviens, ça risque d'être très dur. Mais j'aimerais bien que tu sois là, près de moi.

— J'y serai, Alain.

— Alors sois très belle, exceptionnellement belle.

— Compte sur moi.

Je vais chez Yves Saint Laurent, où Pierre Berger m'accueille à bras ouverts, comme d'habitude.

— Pierre, ce soir j'ai besoin d'être très élégante, qu'est-ce que tu pourrais me prêter ?

— Tu as l'embarras du choix, ma chérie.

Je m'arrête sur un ensemble de velours noir somptueux, et bien sûr nous bavardons.

— Alors, maintenant, dis-moi où tu vas ?

— À l'Opéra !

— Eh bien, on va s'y retrouver, j'y serai avec Yves. Ça va être une soirée magnifique ! Avec qui y vas-tu ?

— Avec Alain Delon.

Alors Pierre Berger reste une seconde interdit, et puis il se reprend.

— Ah bon... bon... avec Alain... Mais tu es au courant, tout de même ?

— Je suis au courant, oui.

Au courant de quoi ? Je sais que Stefan Markovic, collaborateur d'Alain, a été retrouvé tué d'une balle dans la tête ce 1er octobre 1968 du côté d'Élancourt. Et je devine qu'on soupçonne Alain d'être impliqué dans ce drame. Vu l'insistance des radios à répéter son nom en boucle, il faudrait être sourd ou stupide pour ne pas comprendre. Ça me suffit, je n'ai pas besoin d'en entendre plus. Je sais qu'Alain est innocent, comme on sait que la Terre tourne et qu'après l'hiver vient le printemps. Je n'ai aucun doute, ni sur son innocence ni sur ma place dans le procès public que je sens venir.

Quand Alain passe me prendre, ce soir-là, il ne me dit pas qu'il sort des locaux de la police. J'apprendrai seulement le lendemain que la rumeur de son arrestation a couru depuis le matin à travers toutes les salles de rédaction, et mis en transe le Tout-Paris. Je le sens fatigué et tendu, mais il trouve la force de sourire, de me complimenter sur ma tenue. Il est courageux, il fait front.

L'Opéra Garnier ruisselle de lumière quand nous y pénétrons. Nous ne sommes pas en avance, quelques personnes courent encore ici ou là, et déjà la sonnerie se fait entendre. Au fait, qu'allons-nous voir ? Je n'ai même pas pris la peine de me renseigner : *La Traviata* ? *Madame Butterfly* ? Les *Contes d'Hoffmann* ?

— Noureïev ! me souffle vivement Alain.

En entrant dans la salle, j'ai le temps d'enregistrer cette fièvre délicieuse qui précède les grandes premières. Et puis, d'un seul coup, tous les regards convergent vers nous et le silence se fait. Nous atteignons nos places à l'instant précis où la sonnerie se tait, alors par bonheur l'obscurité vient à notre secours...

Alain ne bouge pas immédiatement à l'entracte, comme s'il rassemblait ses forces, et puis il me prend par la main et nous remontons ensemble les gradins maintenant presque vides. Une foule impressionnante se presse entre les colonnes de marbre. Une foule élégante, en robes du soir et smokings, qui s'extasie fébrilement. Il est vrai que Noureïev a été époustouflant ! On s'interpelle, on s'embrasse, on se congratule, et soudain le brouhaha s'essouffle à notre vue, jusqu'à se muer progressivement en un silence glacial, comme stupéfait. Nous nous tenons toujours par la main,

Alain très droit dans son smoking, moi dans mon ensemble noir, et on dirait tout à coup que nous figurons deux oiseaux de mauvais augure. Je me souviens à cet instant de l'imperceptible crispation des doigts d'Alain entre les miens, et du désir qui m'a aussitôt saisie de lui transmettre ma force et ma chaleur.

Nous avions le choix entre nous enfuir, ou oser l'impossible, fendre cette foule hostile, et tout naturellement aller prendre une coupe de champagne. Et, bien sûr, c'est ce que nous avons fait. Alors les gens se sont écartés, ces gens qu'Alain connaissait pour la plupart, et nous avons atteint le bar sans qu'aucun d'entre eux nous salue, et même en supportant sans frémir que beaucoup se détournent, comme si nous avions trahi, ou commis je ne sais quoi d'indigne qui nous aurait mis à jamais au ban de la société.

Seuls Jean Cau et Pierre Berger ont bravé l'interdit en venant ostensiblement nous embrasser, partager une coupe avec nous, et former ainsi autour d'Alain comme un rempart.

Fidèle Jean Cau qui, dès le lendemain, sera de nouveau auprès d'Alain, pendant que de tous mes amis et faux amis me parviendront des messages affolés : *Mireille, tout le monde t'a vue hier soir à l'Opéra, je t'en supplie, ne t'affiche pas au bras d'Alain en ce moment. À quoi penses-tu ? Tu n'as donc pas lu les journaux ? Tu es complètement folle, tu vas ruiner ta carrière !*

Avec le recul, il me semble que cette soirée à l'Opéra nous fait gagner des mois, peut-être des années. Non pas sur le plan amoureux, bien sûr, mais sur celui de la confiance qui est si précieuse pour construire un amour. Désormais, nous pouvons nous dispenser de mots et de promesses, certains que, quelle que soit la situation, nous saurons faire front. Ensemble. Et seuls contre tous, s'il le faut.

Notre amour, lui, n'en est qu'aux balbutiements. Alain est séparé de Nathalie, mais quand il me fait entrer dans sa vie il a une jolie relation avec une femme qui va devenir très vite mon amie, Madly. Il ne vit pas avec elle, mais elle est parfois là, près de lui. Et il ne vit pas non plus avec moi. J'ai naturellement conservé mon appartement, nous apprenons à nous connaître sans précipiter les choses. J'aime l'élégance discrète de Madly que je croise de temps en temps, la loyauté d'Alain qui ne cache rien, qui n'entretient aucune ambiguïté, et il ne me traverse pas l'esprit de m'élever contre cette histoire. Je ne suis pas jalouse, l'amour qu'éprouve Alain pour Madly ne me fait pas souffrir. Non, je suis même heureuse quand je les imagine ensemble et j'ai plutôt envie de m'enrichir de cette relation, et d'inscrire la nôtre à côté. Alain est profondément malheureux de sa rupture avec Nathalie, profondément atteint par l'affaire Markovic, et j'ai le sentiment qu'avec Madly, comme avec moi, il se reconstruit petit à petit et prend des forces pour tenir. L'une et l'autre nous lui donnons de l'amour, de la tendresse, et, sans doute parce que j'aime Alain, j'aime aussi la présence de Madly et cette harmonie que nous parvenons à créer autour de lui.

Y repensant aujourd'hui, tant d'années après, et me demandant comment j'ai pu ne pas être jalouse, ne pas souffrir, je me dis que j'étais *amoureuse* d'Alain, oui, mais que je n'étais pas encore *en état d'amour*, je veux dire par là dans cette construction du couple qui se confond déjà avec le désir d'un enfant, avec le souhait d'une maison commune et le rêve d'une famille. Je pouvais encore partager Alain sans que cela nuise à mon bonheur, et durant un an nous avons vécu comme cela, à certains moments très proches, à d'autres moins, mais sans jamais nous lâcher. De cette relation ambivalente et complexe entre Madly et moi autour d'Alain, je tirerai bientôt l'idée d'un film, *Madly*, que produira Alain et que tournera Roger Kahane. Quant à moi, j'y jouerai mon propre rôle.

Parfois, nous sortons le soir, et nous allons pour quelques heures dans un night-club. Alain y retrouve des copains, et moi je danse seule car j'adore ça. On me confond souvent, dans la pénombre, avec Lova Moor, déesse du Crazy Horse, même couleur de cheveux et même frange sur le nez, j'en suis flattée, j'aime la gentillesse de Lova et sa façon très personnelle de bouger.

Le tournage de *Jeff* démarre à l'automne 1968, en pleine affaire Markovic. Bruges et le ciel bas et triste de la Flandre en sont le cadre qui s'accorde étrangement bien avec le froid de nos âmes. Entre les prises, Alain est souvent au téléphone. Il doit répondre à la police, aux journalistes, à ses avocats, faire chercher tel ou tel document, justifier de son emploi du temps tel ou tel jour... Je le sens traqué, prisonnier d'une histoire dramatique et sordide dont il n'a pas les clés. Et c'est curieux comme la dramaturgie du film fait écho à ce que nous vivons dans la vraie vie, à tel point que, visionnant *Jeff* des années plus tard, j'aurai le sentiment de retrouver intact l'Alain fier, tendu et malheureux de l'affaire Markovic.

Jeff est l'histoire d'une amitié entre hommes, une histoire comme les aiment Jean Cau et Alain, tricotée d'idéaux, de défis, et hantée par le spectre de la trahison qui leur fait horreur à l'un comme à l'autre. Jeff, patron redouté d'un gang, s'est enfui avec le butin d'un hold-up. Il est recherché par ses anciens complices qui retrouvent la trace de sa femme (que j'interprète) et menacent sa vie. Jusqu'au bout, le second de Jeff (qu'interprète Alain) refuse de croire à sa trahison. Il prend sous sa protection la femme de son ami, et tous les deux partent sur ses traces. Quand il aura la certitude que Jeff les a en effet tous trahis, il le tuera de ses propres mains.

Dans le film, comme dans la vie, nous sommes ce couple à bout de souffle, en quête d'une vérité qui lui échappe, et traqué par des ombres menaçantes. C'est sans doute pourquoi le personnage d'Alain est si juste, et moi si sincèrement angoissée... Seule la belle et délicate Suzanne Flon trouve le moyen de nous réconforter. Elle a accepté le rôle que lui a proposé Alain et, comme si elle avait parfaitement perçu notre désarroi, elle s'applique à nous associer, à faire de nous un couple. *Ah!* s'exclame-t-elle, *ça me fait plaisir de vous voir là, tous les deux*. Ou encore *J'ai beaucoup de plaisir à tourner cette scène avec vous*. Et cette attention constante à nous réunir, cette tendresse presque maternelle pour notre amour naissant agissent sur moi comme un rayon de soleil dans cette ambiance hivernale.

Bientôt, Alain se sent menacé et ne sort plus sans gardes du corps. La voiture de Nathalie a été sabotée, puis la sienne. La police française le protège. Pendant des mois, nous vivons entourés de policiers en civil, nous demandant parfois s'ils ne sont pas là également pour nous surveiller, pour noter tous nos faits et gestes. Je ne sais pas exactement qui en veut à la vie d'Alain, et il est exclu d'ajouter mon nom à la longue liste des gens qui le harcèlent. Non, moi je ne poserai pas de questions. Jamais.

Un soir, nous sommes à Paris, Alain doit recevoir plusieurs personnes à dîner, et il me demande si je peux prendre en charge l'organisation. Ça ne signifie pas préparer le dîner, il y a pour cela beaucoup de personnel chez lui, mais simplement avoir l'œil sur tout, et jouer le rôle de maîtresse de maison.

J'ouvre, j'accueille les invités, je fais les présentations. Tout se passe très bien au début. Et puis, alors que nous n'attendons plus personne et que les gens commencent à se détendre, à bavarder, nouveau coup de sonnette. Je bondis vers la porte. C'est un homme seul, jeune, plutôt beau, à première vue un de ces *Yougoslaves* que l'on croise souvent, et même un peu trop, depuis la mort de Stefan Markovic. Il entre, me salue poliment, va droit sur Alain qui bavarde debout au milieu de la pièce. Je les vois échanger quelques mots, et puis l'homme repart, aussi soudainement qu'il était entré. Je devine qu'il est simplement venu se montrer. Représente-t-il un réconfort ? une menace supplémentaire ? Je ne sais pas.

Voilà quelle est notre vie, entre Bruges et Paris. Nous sommes sans cesse sur le qui-vive. Et même quand on ne tourne pas, les scènes de notre quotidien sont parfois si irréelles qu'instinctivement on cherche des yeux la caméra.

Quelques mois se sont écoulés quand la police me convoque Quai des Orfèvres. Je croise quotidiennement des policiers dans l'entourage d'Alain, et je me demande donc pourquoi ils me font venir chez eux quand ils pourraient parfaitement m'interroger chez Alain, autour d'une tasse de café. Mais, naturellement, je me rends à leur convocation.

Et je crois perdre la tête ! Je me suis à peine présentée qu'on me conduit dans un bureau et qu'on m'ordonne sèchement de retirer ma ceinture et mes lacets.

— Vous plaisantez ?

Ils ne plaisantent pas, non, et je me retrouve un instant plus tard dans la défroque des grands délinquants. On m'a pris mon sac à main et, quand je demande à aller aux toilettes, on m'enjoint de laisser la porte entrouverte. C'est si violent que je mets un long moment à réagir. J'imagine que les choses vont se résoudre d'elles-mêmes, qu'ils vont me rapporter mes affaires, s'excuser... Enfin, bien sûr, puisque je suis innocente ! Dans les premiers moments, je cherche même avec quelle femme ils ont pu me confondre. Est-ce qu'il n'y a pas dans l'actualité un fait divers impliquant une autre Mireille, ou une grande blonde dans mon genre ?

Mais non, c'est bien moi qui les intéresse, Mireille Aigroz, dite Mireille Darc, née le 15 mai 1938 à Toulon, je le comprends quand démarre mon interrogatoire. Et, plus nous avançons, plus j'ai le sentiment de m'enfoncer dans un cauchemar. Car voilà que les deux hommes en face de moi, l'un assis, l'autre debout, prétendent que je travaille chez Mme Claude...

— Enfin, c'est ridicule, je n'ai jamais rencontré cette femme !

— Réfléchissez bien.

— Je n'ai pas besoin de réfléchir pour savoir que je ne connais pas cette femme.

— Nous avons la preuve que vous avez travaillé chez elle.

— Ah oui ? Eh bien, montrez-moi cette preuve, je voudrais bien la voir !

— La voici.

Et ils me glissent sous les yeux la photo d'une femme dont le profil évoque le mien, en effet, en pleine relation sexuelle avec un homme dont on ne voit pas le visage.

J'en reste un instant sans voix, abasourdie.

— Je peux comprendre que vous me confondiez avec cette femme, finis-je par articuler, mais ça n'est pas moi. Je vous le répète, je n'ai jamais travaillé chez Mme Claude.

Sans doute s'attendaient-ils à ce que cette photo me bouleverse, à ce que je m'effondre, parce que je les sens brusquement à bout d'arguments. Dans leur esprit, je n'étais depuis le début qu'un pion à jouer contre Alain. Ils n'avaient rien contre moi, rien à me reprocher, mais ils comptaient sur cette photo pour me déstabiliser et me faire trahir d'éventuels secrets que m'aurait confiés Alain sur son rôle dans l'affaire Markovic.

Je continue à nier, bien évidemment, et finalement ce sont eux qui se trahissent.

— Et qu'est-ce que vous penseriez si on allait montrer cette photo à M. Delon ?

Alors j'entrevois qu'ils cherchent à me faire chanter. Je devine qu'ils attendent que je les supplie de laisser Alain en dehors de cette histoire, et qu'en échange ils vont me demander autre chose. Mais je ne les supplie pas, parce que je me contrefiche de leur photo.

— Allez la lui montrer tout de suite si ça vous fait tellement plaisir, moi ça ne me pose aucun problème.

L'interrogatoire s'arrête là, mais la journée n'est pas finie. Certainement déçus et mécontents de ne m'avoir soutiré aucun secret (mais ils auraient pu me torturer qu'ils n'en auraient pas recueilli plus), les deux hommes obtiennent du juge la permission de perquisitionner mon appartement.

On me rend mes lacets, ma ceinture et mon sac à main, et nous voilà en route pour le quai Kennedy. La fouille dure près de trois heures, le bureau de Véronique est sens dessus dessous, ma chambre, mes armoires, ma salle de bains, la cuisine... Et tout ça pour rien, naturellement.

Quand ils s'en vont, j'éclate en sanglots. Et puis je me calme, et j'appelle Alain. Il étouffe de colère, passe la soirée à me réconforter. De tels événements pourraient nous éloigner l'un de l'autre, mais on dirait, au contraire, que plus les coups pleuvent, plus nous nous sentons forts.

Exaspéré par ces provocations, à l'égard de son entourage comme au sien, Alain finira par demander sa protection au président de la République, à l'époque Georges Pompidou, dans une lettre ouverte qu'il rédigera avec le concours de son avocat et ami, René Moatti, et que publiera *France-Soir*.

Il n'y a pas que les *Yougoslaves*, la police et les paparazzis qui nous traquent, il y a aussi les anonymes, les gens de la rue, avec lesquels Alain n'est pourtant pas en conflit et qui cependant lui cherchent souvent des ennuis.

C'est une énigme, une chose que j'ignorais complètement avant de connaître Alain. Avec lui, je découvre que sa beauté, sa seule *présence*, peuvent susciter l'envie, la colère, et parfois même la violence.

Je ne parle pas de la notoriété. Moi qui me sentais flattée qu'on me reconnaisse dans la rue après le tournage de *Galia*, je mesure rapidement avec Alain combien la notoriété peut être lourde à porter. On ne peut pas entrer dans un restaurant sans qu'aussitôt toutes les têtes se tournent. On ne peut pas traverser une salle de spectacle sans qu'aussitôt les conversations s'interrompent. On ne peut pas se promener sur les Champs-Élysées sans provoquer une émeute.

Bon, c'est la rançon du succès, et Alain n'est pas le seul dans cette situation. Mais ce que suscitent sa beauté, sa *présence*, c'est autre chose. C'est l'hystérie de certaines filles et garçons qui se jettent à son cou. C'est une forme d'adoration qui peut très vite se transformer en fureur, basculer dans la haine et l'agression, si, sans le vouloir, Alain déçoit cette attente. Et comment ne pas la décevoir ?

Il se mêle à tout cela des sentiments irrationnels qui flirtent parfois avec la folie. C'est cette jeune fille jalouse de ma place auprès d'Alain qui tous les matins me guette en bas de notre immeuble pour me menacer et m'insulter en hurlant. Si je ne suis pas escortée par quelqu'un qui me protège, elle peut me courir après et tenter de me frapper. Un jour, ça devient véritablement insupportable et nous prévenons le commissariat voisin. La jeune fille est interpellée, et comme la police découvre un flacon de vitriol dans son sac à main, elle avoue qu'elle comptait me le jeter au visage...

Voilà pourquoi nous sortons peu, avec la plupart du temps du monde autour de nous. Alain a embauché Zina, l'ancien catcheur, *l'Ange blanc*, qui fait office de chauffeur. Le bon Zina, qui nous accompagne partout, au restaurant, au théâtre, et suit Alain comme son ombre. Et quand ce n'est pas Zina qui est là, ce sont quelques amis fidèles.

11.

Et soudain, après une année de vie amoureuse en pointillé, Alain me demande si je veux bien me charger d'aménager notre future maison d'Aix-en-Provence. Tout de suite, je pressens combien cette maison va compter pour nous, pour Alain, pour Anthony. Notre première *maison commune*. Celle de la reconstruction après le chaos.

L'affaire Markovic s'est éloignée. Alain a été totalement blanchi, de même que son ami François Marcantoni, un temps inquiété. Madly a rencontré un homme et s'en est allée sous d'autres cieux suivre sa belle étoile. Alain se remet lentement de son divorce et notre amour trouve petit à petit l'espace pour s'épanouir. Cette maison d'Aix, nous savons l'un comme l'autre tout ce qu'elle porte d'espoirs secrets.

Mais pourquoi Aix-en-Provence ? En fait, nous avons découvert cette ville quelques mois plus tôt, grâce à Georges Beaume, l'agent et ami d'Alain, qui y habite. Alain joue alors à Marseille, dans un film qu'il produit, *Borsalino*, de Jacques Deray. À ce moment-là, j'organise un peu sa vie, déjà, et pour qu'il puisse partager certains moments avec Anthony, j'ai loué une maison à Cadenet, dans l'arrière-pays, où il retrouve son fils. Le tournage de *Borsalino*, pour moi, ça n'est pas Marseille au temps de ses fameux gangs, non, c'est Anthony qui fait ses premières brasses dans la piscine de cette villa de location et qui hurle *Ça y est papa ! Ça y est, je sais nager !*

Le week-end, nous montons jusqu'à Aix embrasser Georges, avec Anthony dont il est le parrain. Et puis nous nous promenons en famille dans les vieux quartiers de la ville, à travers ces ruelles pavées ponctuées de petites places où l'on découvre une fontaine, un banc de pierre, un oratoire, et nous nous laissons doucement séduire par les lumières roses de la Provence. Georges habite alors l'un des plus beaux hôtels particuliers d'Aix, l'hôtel de Boisgelin, place des Quatre-Dauphins. C'est à l'occasion d'une de nos visites dominicales qu'Alain découvre notre future maison : le rez-de-chaussée de l'hôtel de Boisgelin ! Georges occupe les trois cents mètres carrés du premier étage, or le rez-de-chaussée vient de se libérer, et Georges, qui veille sur Alain comme s'il était son propre fils, le pousse à le prendre.

C'est un lieu dont la beauté laisse interdit, sans doute parce qu'il est tout habité des grandes âmes qui y sont passées avant nous. Toutes les pièces ouvrent sur un jardin clos de murs. De hauts murs, élevés dans cette pierre dorée de Provence qui accroche le soleil. On peut supposer que le cardinal de Boisgelin, archevêque d'Aix avant la Révolution française, lut saint Augustin sous ces platanes, à l'abri des regards indiscrets. Nous ne ferons rien contre sa mémoire, et même je lui rendrai souvent hommage pour ce domaine inspiré, en parlant aux arbres qu'il a peut-être connus, aux scarabées et aux oiseaux, comme je le faisais dans mon jardin quand j'étais petite fille.

— Tu te sens capable de conduire les travaux ?

À la seconde où il me pose la question, j'entends qu'Alain me demande si je me sens capable de *lui construire un foyer*, et je réponds oui !

— Oui, Alain, je me sens capable de conduire les travaux.

Après avoir si longtemps, et si soigneusement, évité l'amour, comme si je risquais de m'y brûler les ailes, cette fois je n'ai plus envie de fuir.

Et je me récite avec ravissement la jolie tirade d'Adolphe, dans le roman enflammé de Benjamin Constant. À seize ans, je rougissais en déclamant ces lignes au Conservatoire, je pressentais que ça devait être ça, l'amour, et en même temps ça me paraissait irréel, bien trop beau pour être vrai. À présent, mon amour pour Alain fait écho à celui d'Adolphe pour Ellénore. À chaque mot, à chaque image, je m'écrie tout bas *Oui, c'est exactement ça ! Mais comment sait-il ? Comment a-t-il deviné ?*

Charme de l'amour, qui pourrait vous peindre !

Cette persuasion que nous avons trouvé l'être que la nature avait destiné pour nous,

Ce jour subit répandu sur la vie, et qui nous semble en expliquer le mystère,

Cette valeur inconnue attachée aux moindres circonstances,

Ces heures rapides, dont tous les détails échappent au souvenir par leur douceur même, et qui ne laissent dans notre âme qu'une longue trace de bonheur,

Cette gaieté folâtre qui se mêle quelquefois sans cause à un attendrissement habituel,

Tant de plaisir dans la présence,

Et dans l'absence tant d'espoir,

Ce détachement de tous les soins vulgaires, cette supériorité sur tout ce qui nous entoure,

Cette certitude que désormais le monde ne peut nous atteindre où nous vivons,

Cette intelligence mutuelle qui devine chaque pensée et qui répond à chaque émotion,

Charme de l'amour, qui vous éprouva ne saurait vous décrire[1] *!*

Je ne veux pas d'architecte, je veux décider de tout. Alors je passe mes nuits dans les bouquins, et mes journées à me faire expliquer des trucs par des ébénistes, des conservateurs de musée, des collectionneurs, des antiquaires... Avec le concours de Georges Beaume, j'apprends les époques, les styles, les matériaux, les couleurs. Je pars du côté de Dijon chercher des cheminées, j'achète des boiseries du XVIIIe, des parquets comme on n'en fait plus, des tomettes de récupération, des baignoires et de la robinetterie à faire pâlir d'envie le cardinal de Boisgelin. Je fais moi-même les plans pour l'électricité, et je découvre nos lampes chez les brocanteurs.

Anthony aura sa chambre au-dessus de celle de son père (les plafonds sont si hauts qu'on peut créer un

1. *Adolphe*, Benjamin Constant, Gallimard, 1957.

étage intermédiaire). Je sais qu'Alain a besoin d'entendre vivre son fils et qu'il ne dort pas bien s'il se sent trop loin de lui pour accourir en cas de cauchemar. Anthony souffre constamment de la séparation de ses parents, il passe son temps à me dessiner son papa, sa maman, lui, et leur chienne Lola, dans leur ancienne maison.

Un jour, Alain s'en va en lançant à son fils :

— Anthony, je te confie la maison, tu es un petit homme maintenant, tu t'occupes de tout.

Alors Anthony, du haut de ses cinq ans :

— Toi, Mimi, dehors !

J'éclate de rire, je comprends, ça ne me blesse pas, je ne cherche pas à devenir une maman de substitution. J'aimerais juste qu'il se sente un peu plus heureux quand il est avec moi, loin de sa mère. Et donc nous regardons ensemble des photos de Nathalie, et nous parlons beaucoup d'elle.

Alain et moi aurons chacun notre chambre. Quand Anthony est là, Alain ne veut pas que nous partagions le même lit, il souhaite que son fils conserve aussi longtemps que possible l'image de ses parents réunis. Je mets la chambre d'Alain tout au fond de la maison, je sais que, quel que soit l'endroit où il se trouve, Alain aime se tenir au fond du terrier, comme un animal. Jamais au milieu. Dans un restaurant, il ne se met jamais de dos à la porte, mais s'adosse au mur du fond pour pouvoir surveiller les personnes qui entrent. Tout cela, il n'a pas besoin de me l'expliquer. J'aime comme il est, j'aime tout ce qu'il pense, je le porte jour et nuit dans mon cœur, et c'est avec ses yeux que je décide et choisis pour nous.

À côté de la chambre d'Anthony, j'aménage encore deux autres chambres dont je dis qu'elles seront pour des amis, mais dont je pense secrètement qu'elles pourraient être pour nos enfants. *Nos enfants !* Il est encore un peu trop tôt pour évoquer avec Alain ce rêve d'une famille, mais l'idée est là, bien sûr, tout à côté de lui dans mon cœur.

Je vois Alain traverser vivement les trois salons somptueux que la lumière d'un soir d'été baigne d'un rose un peu fané. Je le vois découvrir nos chambres, la salle de bains recouverte de boiseries anciennes, la chambre d'Anthony, les chambres d'*amis*, et il n'a besoin ni de parler ni de s'extasier, je sais que j'ai réussi, qu'il est étonné et heureux.

Enfin, heureux, je ne sais pas. Alain souffre, Alain est perpétuellement en état de souffrance, et cette souffrance vient de très loin, de bien avant qu'il soit un homme. Dès nos premières rencontres, j'ai compris cela, et j'ai eu ce désir de lui transmettre ma joie de vivre, ma foi, mon optimisme. Chaque matin, je constate qu'il doit prendre sur lui pour affronter la journée qui vient, s'affronter à lui-même, peut-être, et chaque matin je lui parle du soleil, de la lumière si belle certains jours : *Dédramatise, profite du moment, mon amour, oublie un peu le reste, ce n'est pas grave, tu es là, je suis là, Anthony est un trésor, la vie est belle, tout le monde t'aime, tout te réussit, tu es beau, sensible, intelligent, courageux*... Et en moi-même, je pense : Les fées se sont penchées sur son berceau, elles lui ont tout donné, tout, et puis au dernier moment une petite fée amère et méchante s'est ravisée et elle a murmuré tout bas : *Il n'aura pas le goût du bonheur !* Et Alain n'a pas le goût du bonheur. Même s'il est heureux dans la minute, comme à cet instant où il découvre notre maison d'Aix-en-Provence, il pense déjà avec effroi à la minute qui suit, et cette angoisse le mine.

Sachant que je travaille à ce livre, Alain a cherché pour moi, et retrouvé, une de mes lettres de l'époque qui exprime en quelques mots, et peut-être mieux que je n'arrive à le faire aujourd'hui, mon chagrin profond de le voir constamment tourmenté :

Mon amour,

Il est trois heures, et je n'arrive pas à dormir. Je pense à toi qui as tellement de mal à vivre. J'ai l'impression que partout où tu es, tu te sens mal, je voudrais te donner un peu de ma philosophie. Tu sais, on n'est rien. Si tu penses à ce que tu représentes dans l'immensité, peut-être alors vivras-tu un peu plus pour toi. Pourquoi s'attacher à des détails de la vie, si petits, en comparaison des problèmes plus importants de l'existence elle-même. Je te vois t'acharner sur des broutilles. Essaie de passer outre, rigole de tes réactions premières. Tu n'es pas là pour toujours, et une fois parti, la vie continue. Je te dis tout ça parce que j'ai l'impression que je pourrais mourir presque en paix. J'ai essayé de rendre autour de moi les gens heureux. Je t'ai donné, donné, tout, et j'ai simplement besoin d'un peu de calme et de tendresse, et d'un sourire le matin parce que la vie est là et qu'il faut remercier le ciel d'être l'un en face de l'autre et de s'aimer.

Aix est à peine fini que nous songeons à Paris. Nous avons pris notre temps, mais maintenant nous avons décidé de vivre ensemble et je pars à la recherche d'un nouvel appartement. Un endroit dont la beauté saura tenir tête au désespoir existentiel d'Alain. Je le trouve quai Kennedy, à deux pas de mon appartement que je viens de mettre en vente. Mille deux cents mètres carrés suspendus en plein ciel, sur deux étages, au sommet d'un immeuble qui contemple le pont de Bir-Hakeim et la tour Eiffel. Il y aura un jardin et nos deux chambres s'ouvriront sur ce jardin. Je veux de la lumière, des arbres, des oiseaux. Je veux une bibliothèque aux parois de verre, des terrasses où profiter du soleil à toute heure, des salons où déambuler. Je veux éblouir Alain, l'émerveiller, et j'entreprends des travaux pharaoniques.

Lui travaille sans arrêt, comme un antidote à son angoisse. Il n'a pas de problèmes d'argent, les projets les plus fous l'amusent, mais il ne met pas les pieds sur le chantier, il n'en a ni le temps ni l'envie. Pendant que je dirige les opérations, perchée au-dessus de la Seine, il tourne coup sur coup *Soleil rouge* de Terence Young, *La Veuve Couderc* de Pierre Granier-Deferre, et *Doucement les basses* de Jacques Deray.

Quand les travaux sont enfin finis, j'organise le déménagement. Je sais combien Alain est attaché aux endroits où il a vécu, combien il souffre d'en être déraciné, alors jusqu'au dernier jour je lui laisse son lit, sa chambre, comme s'il ne se passait rien. Et puis, un soir, je l'invite à un dîner aux chandelles dans notre nouvel appartement. Tout est magnifique, il ne manque pas une fourchette, pas une taie d'oreiller. Cette nuit-là, exceptionnellement, il dort dans ma chambre qui est prête. Son lit et sa penderie arrivent entre-temps. Il ne verra rien, n'entendra rien...

Ce premier matin dans ma chambre, il se réveille avec les canards, montés des berges de la Seine jusque sur notre terrasse, le chant d'une merlette dans les branches du figuier ou du citronnier... Il ne dit pas qu'il est heureux, de peur de tout détruire, mais je devine à une certaine paix sur son visage qu'il se demande par quel miracle il a envie de sourire...

Tout ce temps que d'autres consacrent à faire un enfant à l'homme qu'elles aiment, moi je le consacre à lui faire des maisons. Je ne suis pas bête au point de ne pas m'en faire la réflexion. Plus tard, je songerai même que je l'ai ensorcelé avec toutes ces maisons (parce que ce n'est pas fini, bientôt il y aura Douchy, puis Marrakech...), que je l'ai ensorcelé, oui, pour le garder, pour lui faire oublier combien ces maisons sont vides.

Qu'est-ce que je me raconte, au fond ? Je balance entre la réalité et l'espoir d'un miracle. La réalité, ce sont mes visites chez plusieurs spécialistes qui tous me déconseillent d'avoir un enfant. Mon cœur ne le supporterait pas. Je ne suis pas forcée de les croire, mais une de mes amies, Aline, coiffeuse chez Carita, qui souffrait du même problème cardiaque que le mien, et qui a tenté malgré tout d'avoir un enfant, est morte trois jours avant la date prévue pour son accouchement. Les médecins ont sauvé le bébé, mais ils n'ont rien pu faire pour la maman.

Ces visites médicales, je n'en parle pas à Alain. À certains moments, dans un élan soudain, je lance *Oh ! Alain, je t'aime ! Je voudrais plein d'enfants de toi, je ne sais pas, cinq, six...* Je vois son visage s'illuminer, ses yeux qui sourient, et il me presse contre lui. J'entends battre nos cœurs, le sien qui est solide, le mien qui est malade. Il ne renchérit pas, il ne murmure pas *Moi aussi, Mimi jolie*, simplement il me serre un peu plus fort, et nous restons là un moment, enlacés et silencieux.

Il me laisse dire. Jamais il n'a un mot pour me mettre au pied du mur. Du genre *Tu sais bien que c'est impossible*, ou *Pourquoi ne demandes-tu pas une bonne fois pour toutes l'avis d'un médecin ?* Jamais. C'est comme s'il ne voulait pas briser le rêve. Il me laisse dire. Lui aussi, il fait comme si un miracle pouvait se produire. Comme s'il attendait patiemment ce miracle.

Maintenant que nos deux maisons sont finies, si je m'écoutais, j'arrêterais le cinéma, je quitterais à pas de loup cette jolie carrière que j'ai tant voulue, tant aimée, pour devenir mère au foyer. J'ai le rêve d'une maison pleine d'enfants et de dîners familiaux bourdonnants. J'imagine Alain en patriarche, présidant des tablées ahurissantes, et discutant sévèrement avec les aînés, pendant que je règle avec les plus petits les problèmes de soupe trop chaude et d'arêtes de poisson. Je rêve d'un Alain submergé par les soucis d'une famille, scrutant l'âme de chacun de son œil bleu intense, et ne perdant jamais son calme, tenant solidement la barre.

Souvent, même, j'ose le lui dire, quand nous sortons de table et que pendant tout le dîner je l'ai observé bavardant tranquillement avec Anthony, lui expliquant qu'il est satisfait de voir combien il devient responsable, lui parlant de son avenir, lui racontant parfois des épisodes de sa propre enfance, ou de sa guerre en Indochine. J'ose lui avouer qu'il me ferait fondre littéralement en père de famille nombreuse. Il sourit, mais n'en profite pas pour saisir la balle au bond : *Mimi, essayons de voir le problème en face, qu'est-ce que les médecins te disent exactement ?* Et moi non plus, je ne fais rien de cette balle. Je joue avec, c'est tout. Est-ce une absence de lucidité ? De courage ? Je crois que c'est surtout beaucoup d'amour de part et d'autre. Lui ne veut pas me mettre en face de mon chagrin, et moi je veux lui exprimer combien il remplit ma vie malgré ce vide.

Et puis Anthony me fait craquer. Sa beauté, bien sûr. Mais tous les enfants du monde sont beaux. Non, ce qui me bouleverse, c'est tout ce que je retrouve en lui d'Alain. Et en particulier le seul petit défaut d'Alain. Je l'ai cherché, ce défaut, et quel plaisir quand je l'ai enfin trouvé ! Alain a les cheveux implantés un peu trop haut sur la nuque, si bien qu'il doit veiller à les laisser pousser pour avoir une jolie silhouette. Anthony a la même implantation que son père, et moi je rêve secrètement d'un petit garçon qui aurait cette marque de fabrique...

12.

Ça y est, les chantiers sont derrière nous, les maisons sont aménagées, et pour la première fois de ma vie j'habite sous le même toit qu'un homme. J'ai rompu avec Galia, les diatribes des féministes me font doucement rigoler, je suis désormais la femme d'un seul homme, et je crois que, si cet homme était collectionneur de cocottes en papier, je me passionnerais pour les cocottes en papier. Je découvre tout simplement l'amour, avec quelques années de retard.

Et tout de suite je m'investis dans notre vie commune. En réalité, je prends le train en marche, celui d'Alain, qui n'est pas un convoi léger. Alain a sa cuisinière, Sonia, sa femme de chambre, Catherine, son maître d'hôtel, Sylvio, son chauffeur-garde du corps, Zina, Loulou, la nounou et marraine d'Anthony, Bernadette, sa secrétaire, qu'Alain a rencontrée parce qu'elle s'occupait du fan-club de Romy Schneider... Une véritable secrétaire, qui a un bureau en ville et qui vient rendre compte de son travail à l'appartement. Pas comme ma Véronique qui est surtout là pour que je ne sois pas seule (et qui d'ailleurs va bientôt me quitter pour créer avec Davina son célèbre duo d'aérobic, Véronique et Davina, le dimanche matin à la télévision). Tous ces gens, à part la secrétaire, vivent en permanence avec nous, et demeureront fidèles à Alain jusqu'à aujourd'hui.

J'apprends ce qu'est une maison *organisée*. Je ne peux plus, comme je le faisais jusqu'ici, m'ouvrir un tube de lait concentré sucré à l'heure du dîner et me le presser tranquillement dans le bec tout en regardant les nouvelles à la télévision. Les repas sont servis à heure fixe, et les menus arrêtés par la cuisinière, en fonction de nos goûts. Alain aime la cuisine familiale, les pot-au-feu, les blanquettes, les soufflés au fromage, et ce qu'il mange n'est souvent pas très éloigné de ce que nous préparait ma mère. Simplement, c'est mieux présenté. Beaucoup mieux.

Les choses tournaient toutes seules avant mon arrivée, et elles auraient sans doute pu continuer de la même façon si je ne m'étais pas penchée dessus. Mais elles m'intéressent, parce que tout ce qui touche Alain m'intéresse. Et après avoir conduit les travaux d'aménagement de nos maisons, je me mets tout naturellement à conduire les maisons elles-mêmes. Au début, ça n'est pas facile. La cuisinière voit tout de suite que je n'y connais rien, et une fois encore j'essaie de m'en sortir avec des bouquins (des années plus tard, je me lancerai plus sérieusement dans la cuisine). La femme de chambre, à qui je reproche de lustrer les pantalons d'Alain, me prie finement de lui montrer comment faire.

— Là, tout de suite, je n'ai pas le temps, Catherine, mais demain matin je vous expliquerai.

Et je cavale au pressing du coin pour demander au type comment on repasse un pantalon.

Je ne veux pas que les employés d'Alain se fichent de moi quand j'ai le dos tourné, et, comme je le fais depuis toujours, je cours après ce qu'on ne m'a pas appris quand j'avais l'âge pour cela.

Je tente de me couler dans le rôle de maîtresse de maison et je trouve en Jean Cau un professeur de bonnes manières. Jean est journaliste, écrivain, prix Goncourt [1], il a été le secrétaire de Jean-Paul Sartre, il va très vite devenir mon ami et mon conseiller littéraire, mais il m'explique d'abord comment doit se conduire une femme du monde.

J'ai conservé cette lettre qu'il m'adresse en décembre 1969, au lendemain d'un dîner chez Alain avec les journalistes Michel Droit et Jacques Sallebert, et où je n'ai fait, semble-t-il, que rire et m'amuser :

Ma petite Mireille,

Comme je t'aime vraiment beaucoup (et que le vraiment est vrai), il faut que je te donne des explications bien franches sur ma conduite d'hier soir que tu n'as peut-être pas comprise (...).

Tu sais (ou ne sais pas) qu'une soirée est ratée, ou réussie, selon le comportement de la maîtresse de maison, et qu'une agréable conversation à table est un des charmes d'une soirée. Je me faisais donc une joie de rencontrer S. et D. et, bien sûr, mettre en question le sort du monde, parler de choses intéressantes avec eux. Tu devrais savoir que le rôle d'une maîtresse de maison est d'être présente tout en s'effaçant afin de laisser les

1. Pour *La Pitié de Dieu*, Gallimard, 1961.

hôtes être à l'aise. Tu devrais savoir aussi que la conversation, depuis toujours, est un art, sinon on s'emmerde. Or, hier soir, tu as fini par m'exaspérer avec tes gamineries de fillette, ta nervosité sans queue ni tête, ton inconscience à casser, par ton agitation, toute possibilité d'échange un peu intéressant et un peu continu entre tes hôtes (...). Sans l'espoir et la joie d'attendre et de voir Alain je me serais tiré aussi sec parce que tu avais réussi à me dégoûter d'ouvrir la bouche.

Tu es près d'Alain, j'en suis très heureux, mais dans la mesure où tu es si près de lui, tout comportement de toi qui n'est pas digne de lui me navre.

Après une telle douche froide, je ne me laisserai plus jamais aller à l'insouciance dans un dîner.

Et je fais la connaissance de Marie-Hélène de Rothschild, qui m'enseigne bientôt l'art de la table. Marie-Hélène habite l'hôtel Lambert, le plus bel hôtel particulier de l'île Saint-Louis, à Paris. Nous allons parfois dîner chez elle avec Alain, et je suis éblouie par le raffinement de sa table. C'est inimaginable pour la petite fille d'épicière que je suis restée dans un coin de mon âme. Comme un conte de fées au temps des princes charmants et des baguettes magiques... Marie-Hélène s'amuse de mon émerveillement, et comme elle a bon cœur, et cette simplicité qu'ont souvent les gens nés dans l'opulence et le luxe, elle se prête avec plaisir à mes questions. Elle m'enseigne à reconnaître les porcelaines, à choisir les couverts d'argent en fonction des plats, à disposer les convives autour d'une table en fonction d'un protocole dont je ne soupçonnais même pas l'existence. Elle m'apprend les différents couverts, mais m'explique aussi qu'il peut y avoir du raffinement à manger sa salade avec les doigts.

Avec elle, je découvre la noblesse de l'art éphémère. Je découvre qu'on peut passer un après-midi à *faire* une table, consacrer un temps précieux à choisir les fleurs, composer de véritables tableaux dont les nuances seront à peine perceptibles à l'œil, mais qui toucheront les hôtes au plus profond, dans cet endroit reculé de l'inconscient où le bonheur de vivre se décline en émotions infimes.

Ma vie auprès d'Alain m'éloigne inévitablement des miens, et en particulier de ma mère. Comment maman, si économe, si peu portée au rêve, pourrait-elle comprendre que je consacre à acheter des fleurs plus d'argent qu'elle n'en gagne en une semaine ? J'achète des fleurs, oui, l'équivalent de champs entiers de fleurs parce que je considère que rien n'est assez beau pour Alain, qu'il mérite de vivre dans ce ravissement subtil, mais à l'instant de payer j'entends malgré moi la voix courroucée de maman *Enfin, Mireille, tu perds la tête, qu'est-ce qu'il restera de tout ça dans trois jours ? Rien ! Tu ferais bien mieux d'investir dans la pierre...* J'imagine sa tête à l'instant où je lui ouvrirais notre porte. Son regard terrible sur le maître d'hôtel, sur la femme de chambre (*Tu ne fais donc pas le ménage toi-même ?*), son regard sur tous ces bouquets merveilleux qui seront bientôt fanés, en effet, et j'ai presque honte. Non pas d'elle, malgré sa blouse informe et ses chaussures plates, mais de moi par rapport à elle.

Maintenant, j'ai parcouru trop de chemin, je me suis trop éloignée des miens pour trouver les mots, pour réussir à leur expliquer, à me faire comprendre.

Si je faisais venir maman, me dis-je, j'essaierais d'être naturelle, comme autrefois, mais alors je ne pourrais plus être naturelle avec Alain. Et ça, c'est impossible. Alors je ne vois plus ma mère, je me contente de prendre de ses nouvelles par téléphone.

Alain me parle parfois de la sienne. Je devine qu'il s'est éloigné d'elle, peut-être pour les mêmes raisons que moi. On évoque peu notre enfance, je crois qu'on en sait suffisamment l'un sur l'autre pour ne pas aller fouiller dans des souvenirs qui nous replongeraient dans la noirceur. Et puis on n'a pas besoin de se raconter mutuellement notre enfance pour nous découvrir une complicité et construire notre histoire. Nous avons scellé un pacte de confiance aveugle, ce soir d'octobre 1968 à l'Opéra, et, depuis, nous avons conscience d'être liés pour l'éternité. Indestructibles.

Il m'appelle *Mimi jolie*, *Mon cœur*, *Mon amour*. Ces mots que certains hommes avaient essayé de me dire avant lui, et qui m'avaient fait hurler de rire, me bouleversent à présent. Je sens qu'il n'y a plus aucune défense en moi, tout est ouvert, tout est à lui. Il me téléphone dans la journée pour me dire qu'il pense à moi, et je dois m'asseoir pour ne pas tomber d'émotion. Il me demande si je n'ai besoin de rien, si je ne suis pas fatiguée, ce que j'ai mangé à midi, et le sentir si attentif, si tendre et protecteur, me donne envie de pleurer.

Il est là, incroyablement présent, et cependant il n'est jamais où on l'attend. Il est vif, imprévisible, toujours en réflexion, toujours en quête d'autre chose. C'est impossible de s'ennuyer en sa présence. Pas un instant il ne cesse de me surprendre, de m'impressionner. Il m'appelle une nuit du Mexique où il tourne *L'Assassinat de Trotski*, de Joseph Losey. Il doit être minuit et je suis en train de lire au lit.

— C'est moi. Tu ne dors pas ?

— Non, je suis dans mon livre, figure-toi.

— Dis-moi ce que tu lis, j'ai besoin de savoir ?

— Gary. *Les Mangeurs d'étoiles*. Je voulais un livre qui se passe en Amérique latine, pas trop loin de toi.

— Et c'est bien ?

— Oui, formidable !

— À quelle page es-tu ?

— Attends... 340.

— Dis-moi la ligne que tu viens de lire.

— *Elle savait bien qu'Almayo allait sans doute être pris et arrosé de pétrole, et que son cadavre allait être traîné dans la rue pour la joie du peuple...* Tu veux que je continue ?

— Non, ça va. Et à quelle place tu t'es mise dans le lit ?

— À la tienne, bien sûr...

— Tu me manques !

— Toi aussi, tellement !

— Bon, dors bien, dors vite, à demain par téléphone.

Et il raccroche.

Je n'ai pas repris ma lecture que Jado se met à grogner. Jado et Manu, nos deux chiens, dorment au pied du lit. Alors j'entends des pas dans la maison. Mon Dieu !

Et soudain, je vois la porte s'ouvrir : Alain !

Mais je n'ai pas le temps de lui sauter au cou, il m'a déjà pris le livre des mains et, tout en calmant les chiens, s'est mis à lire la suite :

— ... *que son cadavre allait être traîné dans la rue pour la joie du peuple, mais c'était seulement de la politique.*

Et pour lui, juste une pirouette, avant de m'enlacer, de me murmurer qu'il n'en pouvait plus, qu'il avait envie de rentrer, d'être avec moi.

Son coup de fil du Mexique, il l'avait passé du salon !

Quand il n'est pas en tournage, ou dans ses bureaux de producteur, nous sommes ensemble. Il me fait découvrir la peinture. Au début de notre histoire, il acquiert un petit Dürer, *Scarabée*, que nous rapportons quai Kennedy. Aussitôt, nous nous investissons dans Dürer. Nous nous lions avec des passionnés de Dürer, nous fréquentons les salles des ventes, j'apprends comment acheter. Alain connaît des commissaires-priseurs, des experts. Ce sont souvent ces gens-là que nous recevons à dîner, avec Jean Cau qui s'intéresse également à l'art et fréquente lui aussi beaucoup les salles des ventes.

C'est un nouvel univers culturel qui s'ouvre à moi. Les premiers temps, j'écoute religieusement, je me procure des dizaines de livres, Jean Cau m'en offre beaucoup de son côté, et bientôt je comprends la passion d'Alain pour la peinture. Bientôt je peux suivre ce qui se dit à ces dîners d'érudits, et vibrer à mon tour quand nous repérons une œuvre exceptionnelle dans *La Gazette de Drouot*. Notre excitation le jour où nous rapportons à la maison des fusains de Millet, ou encore toute une série de dessins somptueux signés de maîtres italiens du XVIIIe !

Et les Fabergé ! Je crois que c'est Visconti et Georges Beaume qui ont initié Alain à l'œuvre de Fabergé bien avant que je le rencontre. Orfèvre et joaillier à Saint-Pétersbourg avant la révolution de 1917, Carl Fabergé a créé des collections d'objets précieux et de bijoux, en particulier pour le tsar et sa famille. Alain a une passion pour les boîtes de Fabergé, et il a découvert en outre l'une de ses plus belles œuvres, une pendule en argent soutenue par un groupe de cavaliers du Caucase et posée sur un bloc d'onyx... Nous traquons les Fabergé à travers les salles des ventes du monde entier, et chaque fois qu'un trésor de plus entre à la maison, je peux lire dans les yeux d'Alain la satisfaction. Et la partager.

Je ne suis pas collectionneuse, mais je me sens devenir femme sous le regard d'Alain, *femme*, dans l'appellation biblique la plus ancienne, la plus rétrograde. Je veux lui appartenir, lui être dévouée par le corps et l'âme et, si j'osais, j'écrirais que je veux l'aimer comme Marie-Madeleine a aimé le Christ. Oh, la sensualité de Marie-Madeleine essuyant les pieds du Christ avec ses longs cheveux ! De nouveau, l'image me hante. Oui, voilà, je veux être l'humble servante d'Alain comme le fut Marie-Madeleine pour Jésus, et je n'ai pas honte de le dire. C'est d'ailleurs à cette époque que, parlant des féministes, j'ose cette phrase qui va faire les gros titres de quelques journaux : *Ce sont des enquiquineuses et elles me barbent avec leurs histoires de libération de la femme* [1] *!*

1. *France-Soir*, 7 avril 1973.

Moi, je ne veux pas être libérée, merci ! J'ai déjà donné, au temps de *Galia* et de mon Alfa Romeo décapotable. Maintenant, au contraire, je m'applique à tisser des liens solides qui m'attacheront à jamais à l'homme de ma vie. Si je pouvais tresser des chaînes, je le ferais. Et ma nouvelle passion pour les collections, *ses* collections, est un de ces liens. J'aime tout ce qu'il aime, et je n'ai même pas besoin de me poser la question pour le savoir.

Remplirions-nous notre maison de boîtes de Fabergé, et de tableaux de maîtres, si nous pouvions la remplir d'enfants ? Je ne le pense pas. La frénésie d'Alain pour les œuvres d'art, que je partage et encourage, étanche sans doute son besoin de donner, d'engendrer (des familles d'objets, faute d'une famille tout court).

Sa passion pour les sculptures animalières de Rembrandt Bugatti, le frère cadet d'Ettore, l'inventeur des voitures, est peut-être aussi une façon de combler ce vide. Nous nous investissons tous les deux dans cette collection. Comme Alain travaille énormément, c'est moi qui le tiens au courant des passages en salles des ventes. Dès que je repère une œuvre, nous nous précipitons sur le coup. C'est un jeu, une excitation extraordinaire qui nous tient en haleine. Quai Kennedy, nous avons un *cabinet de dessins*, une pièce tendue de velours rouge où la lumière n'entre pas et dont les murs sont tapissés de dessins du XIXe. C'est là que reposent les bronzes de Rembrandt Bugatti, entreposés sur une table immense.

Un jour, Alain décidera de vendre. Il sera alors à la tête de la plus grande collection d'œuvres de Bugatti au monde. Il faut l'assurer, la protéger, et peut-être cela devient-il trop lourd dans son esprit. Se dit-il aussi que c'est un peu vain, cette accumulation ? Se fait-il la réflexion qu'il s'est donné le mal d'engranger tous ces trésors simplement pour se distraire d'une absence qui l'angoissait ? Je ne sais pas, je ne serai plus là.

J'aime notre vie, sans cesse dans le mouvement, sans cesse dans l'attente l'un de l'autre. Une partie de la semaine, je suis à Aix, souvent sans Alain qui tourne jusqu'à quatre films par an. Pourra-t-il m'y rejoindre pour une nuit ? Pour un jour ? Deux jours ? J'aime en entretenir l'espoir, penser à lui, acheter deux ou trois objets pour la maison qui lui plairont, disposer des fleurs dans toutes les pièces et un bouquet particulier dans sa chambre. Mais j'aime aussi ma solitude, avoir du temps pour lire, pour monter bavarder avec Georges et sa maman, à l'étage au-dessus (Georges, qui possède la bibliothèque la plus extraordinaire que je connaisse...), pour me promener, faire les boutiques, flâner, manger sans heures, rompre momentanément avec le train de vie de Paris.

Si Alain débarque, ce sont des heures intenses. Rattraper le retard, parler, l'écouter, le regarder, l'aimer. L'hiver, nous allumons un feu dans chaque pièce et je fais moi-même la cuisine. La maison sent délicieusement bon. Nous dînons en tête à tête dans la cuisine au milieu de la nuit, nous nous épuisons l'un de l'autre.

L'été, toutes les portes-fenêtres sont ouvertes sur le jardin, la maison est pleine des odeurs du dehors, des chants des oiseaux, et nous mangeons sur l'herbe. À la fin du repas, je dis à Alain que je n'en reviens pas d'être si heureuse, si gâtée par la vie, et il sourit, se lève, fait quelques foulées nerveuses et revient vers moi pour me parler du film qu'il projette de tourner, ou de produire.

— Au fait, Mimi, j'ai vu Melville. Il a un scénario formidable, je crois qu'on va retravailler ensemble.

— C'était bien, *Le Cercle rouge*.

— Ça sera dans la même veine, une histoire de flic...

— Avec Yves Montand encore ?

— Non, Catherine Deneuve et Jean Desailly, aux dernières nouvelles...

Pendant les vacances d'été, Anthony est beaucoup avec nous. Alain lui transmet ce qu'il aime, et en particulier son goût pour la plongée. Je les revois tous les deux s'immergeant, en combinaison, avec leurs bouteilles sur le dos. La fierté d'Anthony... Et, le soir, nous dînons tous les trois aux chandelles dans le jardin.

Et puis c'est l'automne, et je rejoins Alain à Paris. Nous passons la plupart de nos soirées à la maison plutôt qu'au restaurant. Parfois avec quelques amis.

Je vais rarement sur ses tournages. Il est tout à son travail, il n'a pas besoin de moi, et du coup je me sens inutile, déplacée. Je l'ai appris à mes dépens, dans nos débuts, quand il tournait *La Veuve Couderc*, avec Simone Signoret. Je pensais le revoir amoureux et attentif, mais non, il était dans une relation très forte avec Simone, une relation qui était née sur le tournage et se prolongeait le soir, dans la vie. Ils s'affrontaient à travers des parties de mots croisés qui n'en finissaient plus. Chacun mettait la barre un peu plus haut, et il fallait que l'autre relève le défi. C'était électrique, entre eux, et moi je n'avais rien à faire dans leur drôle de tête à tête. Simone était très gentille, mais elle n'avait rien à me dire, je n'étais pour elle qu'une jeune femme qui vient retrouver son bonhomme. Et pour Alain, j'étais devenue quasiment transparente. Je rentrais à Paris malheureuse et en colère. Contre lui, contre moi.

Et ma carrière, au fait ? Eh bien, je constate qu'aussitôt après le tournage de *Jeff* mon amour pour Alain m'éloigne des plateaux de cinéma. Je fais *Madly*, parce que c'est avec lui et que j'en suis la coscénariste avec Pascal Jardin, mais sinon je me consacre à nos maisons, à la construction de notre histoire. Être la femme d'un homme, cela me plaît. Je trouve que j'ai une jolie place à côté d'Alain, une place inhabituelle qui m'apporte tellement plus que le cinéma...

Les journaux remarquent mon silence et, quand j'accepte finalement le rôle que m'offre Michel Audiard dans *Elle boit pas, elle fume pas, elle drague pas mais... elle cause*, ils signalent ici et là que je n'ai pas tourné depuis un an.

Puis, comme je laisse une nouvelle année passer entre le film d'Audiard et *Fantasia chez les ploucs*, de Gérard Pirès, ils viennent aux nouvelles. J'accorde alors un entretien à *Elle* qui résume assez bien, sans doute, ce que j'ai dans la tête après ces premières années auprès d'Alain.

À une certaine époque, j'ai voulu prouver quelque chose, j'ai recherché l'estime, l'admiration, la confiance. Maintenant, je suis heureuse. Heureuse à en mourir. Alain m'apporte tout ce qui fait mon bonheur : l'amour, la stabilité, la force. Il m'apprend à me battre dans la vie, à me sentir responsable. Alain n'est pas un être commun. Avec lui, il faut tout donner. Depuis que nous vivons ensemble, je sais que j'ai changé. Ma vie privée est devenue essentielle. Maintenant, je ne partirais plus six mois sur un tournage. Six mois loin de lui, je ne me sens pas capable de l'assumer. Je sais qu'au bout de trois semaines je deviendrais neurasthénique [1].

Pourtant, le tournage de *Fantasia chez les ploucs* a été une fête. Métamorphosée en strip-teaseuse écervelée, j'ai retrouvé sur le plateau deux de mes vieux complices de la grande époque, Jean Yanne et Lino Ventura. Pendant quelques jours, nous avons partagé le même petit hôtel, dans les Alpes italiennes. Le temps, avec Lino, d'évoquer toutes les choses graves qui nous préoccupent alors, et en particulier les enfants... Et avec Jean Yanne, de rire ! Mais rire comme jamais ! Je crois qu'aucun homme n'avait la faculté de déclencher de tels fous rires chez Lino... Je me revois me levant la nuit, réveillée par ses hurlements, et les découvrant tous les deux encore attablés dans la salle à manger, Lino plié en deux, et Jean, imperturbable, relevant un sourcil faussement las sur mon apparition :

— Ah ben, tiens, revoilà sainte Thérèse ! J'en connais un qui va se faire engueuler...

1. *Elle*, 29 octobre 1973.

13.

Un jour, Alain rentre à la maison très excité.

— Mimi, je viens d'acheter un château ! Une forêt ! Un endroit extraordinaire !

— Tu viens d'acheter un château ! Mais dans quel coin de France ?

— Dans le Loiret ! Il faut tout de suite que tu viennes voir.

— Attends, Alain, raconte-moi ! On n'achète pas un château comme on achète un paquet de cigarettes, tout de même...

— Et pourquoi pas ? On passait en voiture avec Georges, on a vu un mur qui n'en finissait plus, un beau mur de pierres. Ça nous a intrigués. Je me suis garé et j'ai sauté par-dessus. J'ai découvert un parc pratiquement à l'abandon. Des arbres immenses, superbes. J'ai voulu voir où ça conduisait et je suis tombé sur un château. Ça m'a tout de suite plu, tu sais, j'ai imaginé ce qu'on pouvait faire et deux heures plus tard j'étais dans le bureau du notaire...

— Mais tu n'as pas une photo, quelque chose, que je puisse me rendre compte ?

— J'ai les clés ! Si on fonce, on peut être là-bas avant la nuit.

— Alors on fonce ! Laisse-moi juste le temps d'enfiler une paire de bottes...

Le château d'Alain est à Douchy, petit village du Loiret, à une vingtaine de kilomètres de Montargis. Il est en briques, il doit dater du début du XXe siècle. Ces dernières années, il a servi à l'accueil de colonies de vacances et ce ne sont que dortoirs, toilettes en batterie et cuisines de collectivité. C'est une grosse bâtisse glaciale et triste, fermée à la lumière et, à mon avis, inhabitable. *On va passer notre temps à se chercher sans se trouver*, dis-je à Alain, *on ne va pas arriver à en faire un endroit chaleureux qui nous ressemble, ça sera toujours rigide et froid, le contraire de ce qu'on aime.* Alain acquiesce.

En revanche, la forêt tout autour est fabuleuse. Cinquante-huit hectares clos de murs...

Nous terminons la visite dans la nuit, subjugués par le cadre, fiévreux, surexcités. Par où commencer ? Et pour aboutir à quoi ? Quel est le rêve secret d'Alain ? Et moi, de quelle façon est-ce que je nous vois vivre dans cet endroit que je ne connaissais pas la veille encore ?

Tandis que nous rentrons sur Paris, nous échangeons des idées dans tous les sens. Et soudain, Alain semble avoir tranché :

— Tu te sens capable de diriger les travaux ?

Cette petite phrase, je la connais bien, je l'ai déjà entendue à Aix-en-Provence et, six mois plus tard, quai Kennedy. Elle me remplit d'enthousiasme, de foi en nous deux.

— Bien sûr que je m'en sens capable ! Mais qu'est-ce que tu imagines, toi, essaie de me dire ?

— Je voudrais un lac !

— D'accord, un lac ! Un lac, c'est une bonne idée au milieu de tous ces arbres. Et tu voudrais quoi encore ?

— Pousser la grille d'entrée et sentir battre mon cœur.

— Rien que ça !

— Pour le moment, oui.

— Tu me donnes carte blanche ?

— Mimi, je te donne toutes les cartes que tu veux !

Il se tait. Il roule très vite et continue à réfléchir. Tandis que je commence à me familiariser avec cette idée d'un lac, j'attends la suite. Alain peut avoir une idée à la minute, avant de décrocher brutalement pour s'intéresser à autre chose. À son prochain film, par exemple.

— Je pense à un truc...

— Oui, dis-moi.

— Pourquoi on n'organiserait pas là le match du siècle : Bouttier contre Monzon ? Cet endroit, c'est le lieu idéal pour entraîner un boxeur...

Jean-Claude Bouttier est l'ami d'Alain. L'Argentin Carlos Monzon également. Depuis quand Alain aime-t-il la boxe ? Certainement depuis le tournage de *Rocco et ses frères*, en 1960, son premier film avec Visconti. Il y interprète un boxeur, Rocco. Mais plus sûrement encore depuis son enfance à Bourg-la-Reine, et le fameux match Marcel Cerdan contre Tony Zale, retransmis à la radio le soir du 21 septembre 1948. Alain a treize ans, et je me souviens qu'il m'a raconté un jour comment il a suivi le combat, l'oreille collée au poste...

— Tu ferais ça ? Tu monterais cette rencontre ?

— Ça serait la revanche de Bouttier, Mimi. Monzon l'a battu l'année dernière, Bouttier lui repiquerait le titre. Tu te rends compte : champion du monde des poids moyens !

— Fais gaffe, Alain, c'est pas gagné, Monzon est le plus grand.

— Je sais. Le défi est intéressant *justement* parce que Monzon est imbattable !

Moi aussi, j'aime la boxe. Et je n'ai pas attendu Alain pour la découvrir. C'est Michel Audiard qui m'y initie au début des années 1960, à l'époque des *Pissenlits par la racine* et des *Barbouzes*. Tous les lundis soir, il m'emmène au Palais des Sports, flanqué d'André Pousse dans ses inimitables petits costumes noirs, et j'apprends à aimer cette odeur de fauves autour du ring, la tension, l'angoisse, la fureur, la souffrance, des émotions si particulières à ce sport.

— Et tu veux lancer les deux chantiers en même temps ?

— Toi, tu t'occupes des travaux, moi des boxeurs. Et dès que Douchy est habitable, je t'amène Bouttier, et on démarre l'entraînement. C'est faisable, non ?

Je ne sais pas si c'est faisable, mais l'idée me plaît. Tout me plaît. La folie d'Alain, son coup de cœur subit pour Douchy, son emballement tout aussi subit pour *le match du siècle* comme il l'appelle déjà, la confiance aveugle qu'il me porte, notre complicité, notre capacité à nous enthousiasmer ensemble, à réinventer la vie dans la seconde quand on pourrait se laisser surprendre à somnoler.

J'ai à peine six mois devant moi avant la date arrêtée par Alain pour son championnat. Et une intuition chevillée au corps : il faut très vite abattre le château avant que les habitants de Douchy se mobilisent pour le conserver. Nous n'avons pas suffisamment de temps pour mener ce combat-là, les convaincre, les persuader que cette bâtisse ne vaut rien et que ce qu'on va construire embellira le village. En l'espace d'une semaine, je fais raser l'ancien centre de colonies de vacances, et un cortège de camions en dégage aussitôt les restes.

À la place, on va creuser le lac. Nous avons survolé le site en hélicoptère avec Alain, et c'est lui qui a eu cette idée : *Regarde, Mimi, ce qui serait sublime, c'est de faire le lac à l'emplacement exact du château.* Et je suis d'accord, il a raison, le plan d'eau s'inscrira merveilleusement au milieu des bois. Je suis sans cesse sur la route, entre Paris et Douchy. Un matin, je repère un chantier au bord de l'autoroute, des pelles mécaniques énormes, et aussitôt je pense à mon lac. Ce sont ces engins-là qu'il me faut pour le creuser. Je me gare, je demande leur adresse aux types. Ils sont de Montargis, c'est parfait, et le soir même l'affaire est bouclée : ils seront à l'ouvrage dès la semaine suivante.

Pendant qu'ils enlèvent chaque jour des tonnes de terre, j'attaque la suite. J'ai conservé la remise à charrettes qui était à côté du château, et j'en fais notre maison. Tout en bois et en verre, de plain-pied. Une somptueuse *cabane au Canada*, au bord d'un lac, et cernée par la forêt. Enfin, voilà un peu ce que j'imagine... Il y a par ailleurs trois maisons de gardiens, aux trois portails, que je fais complètement restaurer.

Le lac me donne du souci. Quand il est proprement creusé, je fais venir l'eau de la ville et nous entreprenons de le remplir. Chaque jour, le niveau monte, et je suis enthousiasmée par la poésie qui se dégage petit à petit de l'ensemble. Mais un matin, arrivant de Paris, je découvre la catastrophe : le lac est vide ! Les milliers de mètres cubes d'eau potable se sont envolés... Je rappelle en urgence l'homme des pelles mécaniques. Nous sondons la vase, interrogeons la mairie, et trouvons l'explication : à cet endroit précisément, des mines de craie ont été exploitées un siècle et demi plus tôt, le fond a cédé et toute l'eau est allée se perdre dans les anciennes galeries. Il faut combler le trou et entièrement retapisser d'argile l'intérieur du lac. Par bonheur, je découvre une source avec le concours d'un sourcier, et cette fois-ci c'est avec elle que nous remplissons le lac.

Peu à peu, le rêve devient réalité. Bientôt, l'herbe pousse sur les berges, le vent du soir soulève de petites vaguelettes, et les premiers oiseaux migrateurs se risquent à faire escale sous nos fenêtres...

Alors se pose la question d'Aix-en-Provence. Maintenant qu'il y a Douchy, nous n'allons plus y aller, c'est l'évidence. Pourtant, envisager de se séparer d'Aix me précipite dans une immense tristesse. Nous avons vécu là-bas des jours exceptionnels, des instants de bonheur irréels, et au fond je ne me résous pas à tourner cette page. Comme si je craignais de ne plus connaître ailleurs semblable plénitude. Oui, j'ai soudain peur de lâcher Aix, comme on se reprend au moment de quitter les siens pour un long voyage. Les reverra-t-on tous vivants et en bonne santé ? Connaîtra-t-on encore, au retour, ces instants si précieux où l'on se sentait à l'abri du malheur, honteusement gâtés par la vie, quand partout autour de nous les gens se faisaient la guerre ?

Je me souviens de ma mélancolie. Mais Véronique, qui vient alors à Aix m'aider à déménager, se rappelle une scène qui m'est complètement sortie de l'esprit. Je suis assise en tailleur sur la grande table de la salle à manger, paraît-il, et j'explique à Alain, en pleurant, que j'ai une maladie de cœur bien plus grave que je n'imaginais. Je ne lui dis pas que cette maladie m'empêchera à tout jamais d'avoir un enfant de lui, et à plus forte raison de lui donner la famille nombreuse dont j'ai follement rêvé, non, je ne prononce même pas le mot *enfant*, mais Véronique comprend ce que j'essaie de dire. Je suppose qu'Alain aussi comprend. Sans doute cherche-t-il des mots tendres pour me réconforter. Je ne sais pas, j'ai tout oublié. Mais je pense que la tristesse que j'éprouve, en partant, est liée au chagrin de quitter cette maison sans avoir vu courir à travers ces pièces si belles la petite fille, ou le petit garçon, que j'aurais tellement voulu donner à Alain.

Au début de l'été 1973, tout est prêt, et l'on peut songer à recevoir Jean-Claude Bouttier. Alors Alain fait monter un luxueux camp de toile dans le parc, et moi je prépare les chambres. En plus de Bouttier et de son entraîneur, Jean Bretonnel, il faut héberger une dizaine de *sparring-partners*, ces boxeurs qui vont lui donner la réplique durant tout l'entraînement, sans le mettre en danger.

Et c'est parti ! Très vite, je me glisse dans ma peau de super maîtresse de maison. Il faut veiller à tout, préparer des menus équilibrés et faire livrer l'intendance. Réveiller Bouttier à heure fixe chaque matin, et réveiller surtout ses partenaires qui n'ont pas la même motivation et qui resteraient bien au lit jusqu'à midi. Donner le départ pour le footing après s'être assurée que chacun a une tenue propre. Ensuite, douche pour tout le monde, petit déjeuner vitaminé, et début des entraînements. Un ring a été dressé en plein air, sous les chênes. Pour moi, c'est le meilleur moment. Je peux rester deux heures à observer Bouttier et l'un de ses adversaires dans cette étrange chorégraphie de la boxe qui m'évoque chaque fois les jeux du cirque. J'admire leur souplesse, leur fluidité, et en même temps cette *puissance de feu* qui fait que, malgré soi, on s'entend s'exclamer, et crier, et gémir.

Pendant que les boxeurs travaillent, nous prenons racine à Douchy. Notre premier été à Douchy ! Louisette, la sœur aînée de Nathalie, nous rejoint avec ses trois enfants, les cousins d'Anthony, et d'un seul coup la maison est pleine de rires et de cris. Louisette, que j'appelle Louison, est devenue mon amie. Elle est passionnée d'astrologie et commence à m'initier aux messages secrets des planètes. Nous organisons ensemble des pique-niques pour les enfants, des bains, et surtout des parties de cache-cache à la nuit tombée, dans les bois, les soirs de pleine lune. Les enfants hurlent de peur et d'excitation, nous prenons des fous rires comme nous n'en avons jamais eus. Alain est rasséréné de voir son fils heureux, entouré d'une vraie famille, et quand il est là, il préside les tablées, comme un jeune patriarche.

Bouttier et Bretonnel se joignent à nous. Les repas sont joyeux, et les entraînements assidus. Alain est très investi et il transmet sa tension à tout le camp. Quand il est à Paris, je lui rends compte chaque soir du déroulement de la journée, tant avec les enfants qu'avec les boxeurs, et des petits problèmes que nous avons dû résoudre. Un jour, c'est un blessé qu'il m'a fallu emmener chez un médecin en ville, un autre, c'est Bouttier lui-même qui s'est cassé une dent...

La rencontre a lieu le 23 septembre 1973 devant quatorze mille spectateurs. Jusqu'au dernier moment, Alain reste auprès de Bouttier. Quand le combat s'engage, il tombe une pluie fine sur le ring disposé en plein air. L'assistance, plongée dans la nuit, retient son souffle. Les premiers rounds s'enchaînent dans un relatif équilibre. Puis, au treizième, Monzon prend le dessus et, pour la seconde fois, Bouttier doit s'incliner.

Alain est-il déçu ? Oui, certainement, pour Jean-Claude. Mais le match, couvert par la presse nationale et internationale, a été d'une grande tenue, et le spectacle réussi. Bouttier vainqueur, nous aurions investi le Fouquet's et fêté l'événement avec le Tout-Paris. Au lieu de cela, nous dînons ce soir-là en tête à tête avec lui et Bretonnel et nous refaisons gravement le match, round après round, comme pour faire retomber la tension.

Six mois plus tard, Alain reviendra à la boxe en organisant cette fois une rencontre entre Carlos Monzon et le Cubain, exilé au Mexique, José Napolés.

Le cinéma devrait me bouder pendant ces années folles où je ne pense qu'à Alain. Et c'est plutôt le contraire qui se produit. Yves Robert vient un jour me proposer un rôle dans une comédie d'espionnage au titre farfelu : *Le Grand Blond avec une chaussure noire*. Le scénario, de Francis Veber, est à mourir de rire. Pierre Richard, Jean Rochefort et Bernard Blier ont déjà dit oui. Comment refuser de les rejoindre ? Alain m'y pousse. *Tu es comédienne*, me répète-t-il souvent, *ne l'oublie pas...* Je n'aurais pas plus de onze jours de tournage, tout en tenant le premier rôle féminin.

J'accepte. Et comme l'ambiance est plutôt décontractée et qu'on ne m'explique pas comment je dois m'habiller, je vais trouver mon ami Guy Laroche et, avec son assistante et amie, Monique de Valençais, on se met tous les trois à délirer. Je joue une espionne de charme, on songe donc immédiatement à une robe noire, mais comme je n'ai pas suffisamment de seins pour les mettre en évidence, Monique propose de me décolleter plutôt le dos. Nous rions, nous nous prenons au jeu, et Guy se laisse aller. Maintenant, j'ai tout le dos nu, c'est très beau.

— Qu'est-ce que tu en penses ? s'enquiert Guy.

— Je ne sais pas...

Mais Monique, elle, n'a pas l'air satisfaite. Monique est la fée de Guy, son grain de folie, celle qui le pousse traditionnellement à prendre plus de risques qu'il n'aimerait sans doute le faire.

— Attends, s'écrie-t-elle tout à coup, je crois que j'ai une idée formidable...

— Quoi ? Ça ne te convient pas, ce dos nu ?

— Si, bien sûr ! Mais pourquoi... pourquoi ne pas aller encore plus bas et découvrir la naissance des fesses ?

— Tu crois ? s'inquiète Guy.

Et moi :

— Mais je suis déjà complètement nue !

— Ne dis rien, Mimi, et regarde... Essayons, Guy.

Ce que j'aperçois alors, c'est un stupéfiant décolleté de fesses.

— Ravissant, non ? s'extasie aussitôt Monique.

— Monique, je ne sais pas si j'oserai porter ça...

— Bien sûr que si tu oseras ! s'exclame alors Guy, subitement convaincu.

Souvenir inoubliable de ma première apparition...

On m'attend sur le plateau, je n'ai prévenu personne. De face, je suis d'une élégance irréprochable, dans une robe noire fluide d'un superbe classicisme. Une vingtaine de paires d'yeux me fixent et j'entends déjà une rumeur admirative. Puis, soudain, le silence, de ces silences embarrassés qui suivent généralement les grosses boulettes. *Ça y est*, me dis-je, *ils ont vu ! Ils ont vu, et ça ne passe pas...*

Yves Robert en a perdu la voix. Les techniciens, confus, regardent ailleurs.

— Bon, eh bien... eh bien, si c'est comme ça, je vais me changer.

— Non, attends... attends...

Yves se gratte la tête, me tourne autour.

— Attends... comment t'expliquer ça... Je n'avais pas envisagé ton personnage sous cet angle, mais passé le premier choc, ça me donne une idée...

Francis Veber abonde et, un quart d'heure plus tard, la robe est adoptée.

Le *Grand Blond* enregistrera près d'un million d'entrées en France, un succès considérable. Quant à ma robe, elle fera le tour du monde. Un cinéma de

Broadway, à New York, ira jusqu'à faire tourner sur sa devanture une Mireille Darc en celluloïd, grandeur nature, arborant le fameux clair de fesses...

Cette robe, qui a tant fait rêver, je ne l'enfilerai qu'une fois dans la vraie vie, et je le regretterai...

Voici l'histoire. Le Lido organise une grande soirée dont les stars sont le thème. Évidemment sollicité, Alain dispose d'une table autour de laquelle il a invité Romy Schneider et d'autres étoiles qu'il admire.

— Quelle robe aimerais-tu que je mette, mon amour ?

— Pourquoi pas celle du *Grand Blond* ? Tu es la seule à pouvoir la porter.

— Ah oui, tu as raison, c'est la bonne idée...

Pour une soirée de stars dans un lieu tel que le Lido, difficile, en effet, d'imaginer tenue plus appropriée.

Les flashs crépitent quand nous nous présentons main dans la main. Je suis dissimulée sous une cape et nous franchissons sans encombre le barrage des photographes. Ce soir-là, chaque arrivée est saluée par un feu d'artifice.

Quand l'orchestre attaque un slow, Alain se lève, m'offre son bras, et nous ouvrons le bal. C'est un peu vertigineux, mais je me laisse conduire. Pendant quelques instants, nous sommes seuls sur la piste, suivis par une multitude de regards que je devine amusés. Le film est encore dans tous les esprits, et la subite incarnation de son héroïne, comme descendue des écrans pour ouvrir la soirée, est un joli clin d'œil.

Puis des couples nous rejoignent, et bientôt nous sommes nombreux à danser. Nombreux, au point de se frôler...

C'est alors que se produit l'incident qui va tout gâcher. Soudain, je sens un doigt se glisser furtivement entre mes fesses, et ça me fait le même effet qu'un coup de couteau dans les reins. Alain me voit sursauter, puis faire un bond de côté, et à son tour il se fige :

— Mimi ! Tu t'es fait mal ?

— Non, c'est ce type... Il m'a... Il a été très incorrect.

— Quel type ?

— Celui-ci, là, qui est maintenant de dos...

Alors Alain bondit, va le prendre vivement par le bras, et je vois qu'il fend la foule des danseurs pour l'entraîner dehors. Moi, je n'ai plus de jambes, brusquement, et je retourne m'asseoir, sous le coup d'une violente émotion.

Au retour, Alain est blême. Il s'avère que mon agresseur, médecin des girls du Lido, avait parié qu'il ferait ce geste... À présent, il en est confus, il vient me présenter ses excuses, mais pour nous la soirée est finie. Nous n'avons plus qu'une envie c'est de partir, nous retrouver ensemble, chez nous, loin de cette foule.

— C'est ma faute, dis-je à Alain dans la voiture, cette robe était faite pour susciter le rêve, exactement comme le soulier de vair de Cendrillon. Ce soir, en la décrochant de son petit nuage, je lui ai fait perdre son pouvoir magique. Je n'aurais pas dû...

Aujourd'hui, j'en ai fait don au Louvre, le temple de la magie. J'ai pensé que c'était la plus belle façon de rendre hommage au talent de Guy Laroche, et à l'audace de Monique de Valençais.

Peu après le *Grand Blond*, je tourne pour la première fois sous la direction d'André Cayatte, dans un film politique, *Il n'y a pas de fumée sans feu*, avec Annie Girardot et Bernard Fresson. L'histoire d'un couple qu'on tente de détruire parce que le mari a osé se présenter aux élections municipales contre le tout-puissant maire sortant...

Et puis je renoue avec Lautner pour tourner un film qui continue de m'amuser aujourd'hui, *La Valise*, l'aventure épique d'un espion israélien (Jean-Pierre Marielle), traqué par un espion égyptien (Amidou), qu'un espion français (Michel Constantin) cache dans une malle pour tenter de le ramener en France. Fidèle à mon personnage lautnérien, j'arpente les déserts de sable et les coursives de cargo en robe longue et talons aiguilles, séduisant l'un après l'autre les trois espions, comme pour les convaincre que tout ça n'est pas si grave et qu'il vaut mieux faire l'amour que s'entre-tuer.

Je retrouve Michel Constantin, dont j'adore me moquer. Je ne sais plus combien de films nous avons faits ensemble depuis *Ne nous fâchons pas*, en 1966, mais suffisamment pour avoir nos petites habitudes, comme frère et sœur. Ancien capitaine de l'équipe de France de volley-ball, Michel est très *collectif* comme garçon. Quand il est sur un tournage, il aime bien organiser la vie de toute l'équipe, proposer des loisirs, réunir tout le monde autour d'une même table pour un bon gueuleton, ou un jeu de société, s'assurer que chacun a bon moral... Avec lui, c'est en permanence le Club Med, et moi, à la longue, ça peut me taper sur les nerfs.

Je crois que c'est pendant le tournage d'*Il était une fois un flic*, en 1971, que je commets l'irréparable.

Cette fois, notre *Gentil Organisateur* a entrepris un puzzle géant, en marge du plateau, auquel chacun est prié de participer. Ce puzzle, c'est la goutte d'eau... Un soir, j'attends que mon Michel ait le dos tourné et, avec une bonne paire de ciseaux, je passe tout son ouvrage au hachoir...

Qui n'a pas vu Michel Constantin (un mètre quatre-vingt-dix, quatre-vingt-dix kilos de muscles) au bord des larmes, ne peut pas comprendre mon propre chagrin. Il est là, le lendemain, comme un enfant chaviré, à se demander qui peut être assez méchant sur la terre pour lui avoir fait ça, à lui, qui rêve d'un jour où tous les gars du monde se donneraient la main...

— Merde ! Mais pourquoi ? Pourquoi ? Qu'est-ce que je lui ai fait au gars pour mériter ça ? Tu ne trouves pas que c'est vraiment salaud ?

— Si Michel, si, c'est vraiment très salaud, mais c'est pas *un gars*, comme tu dis, c'est moi, moi, ta Mimi. Je ne sais pas ce qui m'a pris, je m'en veux tellement... Qu'est-ce que je dois faire pour que tu me pardonnes ?

La Valise est sur les écrans, et Douchy sous les premières neiges, quand Alain me propose de tourner avec lui. J'en ai envie, bien sûr, et en même temps cela me fait peur. Nos deux précédentes expériences n'ont pas été couronnées de succès. Tourné en pleine affaire Markovic, *Jeff* nous a laissé un souvenir glacial et le film n'a pas reçu un accueil formidable. Quant à *Madly*, on peut carrément parler d'un échec...

Mais Alain est têtu. Il pense que je me suis laissé enfermer dans une certaine forme de comique, dont ni

Godard ni Cayatte ne sont parvenus à me sortir, et qu'il faut décidément m'ouvrir d'autres horizons. Quand le producteur Raymond Danon lui propose le premier rôle dans *Les Seins de glace*, un scénario tiré d'une nouvelle dramatique de l'écrivain américain Richard Matheson, *Someone is bleeding*, il dit d'accord, mais avec Mireille. Danon, qui me produit, est ravi. Reste à persuader mon fidèle Lautner, paradoxalement pressenti pour la réalisation.

Il a hésité longtemps, confie-je au *Journal du Dimanche* après le tournage. *Il est à l'aise dans la comédie, il connaît toutes les ficelles du rire, mais le drame n'est pas son terrain préféré. Il savait pourtant que je lui en voulais de m'avoir complètement enlisée dans ces rôles d'adorables femmes fatales et que je lui en aurais voulu plus encore de ne pas prendre ce risque pour moi. Alors il s'est finalement jeté à l'eau. En trois semaines, pendant toutes les fêtes de fin d'année, il a entièrement retravaillé le texte de Matheson et fait une nouvelle adaptation car, dans le livre, l'héroïne n'a que dix-huit ans. Elle est complètement traumatisée sexuellement et déteste les hommes parce qu'on a violé sa mère sous ses yeux* [1].

L'intrigue est tricotée autour de cet inavouable secret. Je campe une femme à fleur de peau, au bord de la folie, protégée, ou peut-être séquestrée, par son avocat (Alain), dont le personnage donne la chair de poule, et gentiment poursuivie par un écrivain de feuilleton (Claude Brasseur) auquel on s'accroche mal-

1. *Le Journal du Dimanche*, 25 août 1974.

gré soi car il incarne la normalité dans ce climat à hurler.

Enfin elle pleure! s'écrie la presse. Et *Le Journal du Dimanche* résume ainsi le tournant que marquent *Les Seins de glace* dans ma carrière :

Jusqu'ici, producteurs et cinéastes misaient surtout sur son charme, son comique flegmatique et sa chute de reins spectaculaire – des valeurs sûres, ayant prouvé leur efficacité dans une bonne dizaine de films et drainé plusieurs millions de spectateurs. Mais, à partir de cette semaine, Mireille Darc ajoute un nouveau personnage à sa panoplie de comédienne, un personnage vulnérable, angoissé, qui sanglote, ne sait plus aimer comme tout le monde [1].

Pari gagné pour Alain, donc.

Quelques mois plus tard, le réalisateur Édouard Molinaro enfonce le clou en proposant de nous réunir une nouvelle fois dans *L'Homme pressé*, d'après le roman de Paul Morand.

Je viens alors de tourner avec Molinaro *Le Téléphone rose*, et comme j'ai beaucoup aimé travailler avec lui, son projet m'enthousiasme.

L'Homme pressé! Comment ne pas penser à Alain en lisant le livre de Morand? Son Pierre court après le bonheur comme s'il avait la mort aux trousses. Il croit le découvrir dans les objets de collection, dans les maisons, dans tout ce qui s'achète, et quand il découvre la belle Edwige, il l'entraîne dans sa course, jusqu'à ce qu'elle décide de lui imposer son rythme.

— Sommes-nous arrivés? demande-t-elle.

---

1. *Le Journal du Dimanche*, 25 août 1974.

— Non seulement nous sommes arrivés, mais nous repartons. J'ai tout arrangé, nous allons ailleurs.

— À quoi reconnaître qu'on est arrivé, dit alors Edwige, si on ne s'arrête jamais ?

Alain sait s'arrêter, lui, être attentif et généreux, mais il partage avec le héros de Paul Morand un désespoir existentiel qui affleure sans cesse. C'est pourquoi l'idée de lui confier le rôle est magnifique. Christopher Frank, qui signe l'adaptation et nous connaît bien, s'inspire d'ailleurs largement de notre couple et j'adore cette scène où Pierre et Edwige sortent des toilettes d'Orly dans lesquelles ils viennent de faire l'amour. Pierre part en voyage, ils courent tous les deux vers les contrôles de police. Au moment de se séparer, Pierre lance à sa femme :

— Achète l'appartement !

— Mais s'il ne te plaît pas ? rétorque Edwige.

— Carte blanche ! lui hurle Pierre en reprenant sa course vers l'avion.

Ce *carte blanche !* combien de fois me l'a lancé Alain ?

Mais ce qui nous touche plus que tout, c'est évidemment la grossesse d'Edwige. Et ce moment très beau où Pierre prend à part le médecin :

— Dites, docteur, je voulais vous demander... Edwige aura son enfant en octobre, c'est bien ça ?

— Absolument.

— Je sens que jamais je n'attendrai jusque-là ! Jamais ! Il n'y a pas un moyen...

— Un moyen de quoi ? Que voulez-vous dire ? La nature va son allure, faites comme elle.

— Je voudrais tellement gagner du temps...

Cependant, je ne suis pas tout à fait Edwige non plus, avec qui on aimerait pourtant me confondre, et je le dis à *France-Soir* à la sortie du film :

Mon personnage vit son amour dans une crise. Pas moi. C'est une cérébrale. Pas moi. Lorsque celui qu'elle aime est sur le point de la quitter, elle reste très décontractée. Moi, à sa place, je me battrais. Les rapports qui existent entre les personnages ne sont pas non plus ceux qui existent entre Alain et moi. Il y a, entre nous, une grande liberté et un grand respect. Nous vivons beaucoup tous les deux, seuls. Ce n'est pas une vie d'artiste. Ce n'est pas non plus une vie bourgeoise. C'est autre chose. Il y a entre nous une grande complicité. Nous avons trouvé un langage commun [1]...

C'est vrai, nous vivons beaucoup repliés sur notre amour, derrière les hauts murs de Douchy. C'est à Douchy que sont nos chiens, et c'est avec eux que nous nous retrouvons quand nous ne sommes pas pris par un tournage. J'ai découvert les chiens par Alain. Quand je l'ai rencontré, j'avais seulement Popy, un petit bâtard noir et blanc que j'avais ramassé dans la rue, malheureux et affamé. Alain, lui, avait déjà plusieurs chiens, et c'est en le regardant vivre avec eux que j'ai compris sur quoi reposait leur relation : une fidélité à toute épreuve. Alain croit très fort en l'amitié, et il n'y a rien qui le blesse autant que la trahison. Or un chien ne trahit pas, jamais, et Alain le sait. C'est évidemment pourquoi on le voit heureux et serein entouré de sa meute. Étonnamment serein, lui qui semble toujours sur le qui-vive dans la société des hommes.

1. *France-Soir*, 17 août 1977.

Nous avons jusqu'à vingt-cinq chiens à Douchy. Des chiens venus d'Italie, du Tibet, des Balkans... Alain rentre souvent de voyage avec un ou deux nouveaux pensionnaires. Il met à connaître ses bêtes autant de passion qu'à constituer ses collections de Bugatti ou de Fabergé. Toute une bibliothèque leur est consacrée, et nous nous amusons souvent à détailler leurs différentes façons d'apprécier la vie, de regarder le monde, et de nous aimer aussi.

Un de nos moments préférés, à Douchy, consiste à choisir trois ou quatre chiens et à partir faire le tour du mur d'enceinte tous les deux, ou avec Anthony s'il est là. C'est une promenade de plus d'une heure. Plaisir d'être loin du téléphone (les portables n'existent pas encore dans les années 1970), et plaisir de regarder les chiens courser les lapins et revenir joyeusement vers nous...

Ou, si le temps s'y prête, partir faire une randonnée à vélo. Alain a conservé une passion pour ce sport, découvert à l'âge de dix ou douze ans au Vél'd'Hiv'. À cette époque, il rêvait d'être coureur et, en attendant, il était *porteur de vélos*, c'est-à-dire qu'il descendait les bicyclettes des voitures et les trimballait jusqu'au fond du vélodrome. Je sais qu'il se battait pour être celui qui prendrait le vélo de Fausto Coppi, le même qui trône aujourd'hui, comme un trophée, au milieu du salon... J'y repense invariablement en le voyant encore porter son vélo jusqu'aux grilles de la propriété pour ne pas déchirer ses pneus sur les cailloux pointus de l'allée... Généralement, un ami cycliste nous accompagne, José Giovanni par exemple, ou encore Jean-Marc Maniatis, et nous filons sur les petites routes, entre les champs de blé.

Bien sûr, moi je ne pédale pas, avec mon cœur détraqué, alors je leur casse les oreilles avec mon Solex, tantôt devant, tantôt derrière, mais sans arrêt à les asticoter. Je leur demande s'ils ont bien vu le lapin qui vient de traverser, s'ils ont entendu le coucou et, s'ils l'ont entendu, s'ils ont de l'argent sur eux, parce que si on a du fric sur soi quand le coucou chante, on est certain d'en avoir toute l'année. Sinon, on est foutu ! Ce sont les trucs de maman, comme de plier les billets de banque dans le sens de la longueur si on veut les voir fructifier... Lautner aussi faisait ça pour mettre la chance de son côté. Moi, je récitais plutôt (et récite toujours) un *Je vous salue, Marie*.

Un jour, j'appelle Eddy Merckx, je lui dis que ça me ferait un plaisir immense d'offrir à Alain, pour son anniversaire, le vélo avec lequel il vient de remporter son cinquième Tour de France (1974). Merckx est d'accord, et son vélo vient bientôt donner la réplique à celui de Fausto Coppi.

Douchy, c'est une autre vie, qui fait plus de place aux rêves, aux nostalgies de l'enfance, au jeu. Douchy, c'est aussi les Noëls que j'organise pour les enfants et les personnes âgées du village. Je crois que je leur suis reconnaissante de nous avoir accueillis, de respecter notre paix, et naturellement j'aimerais qu'ils aiment Alain, qu'ils aient une belle image de lui, même s'il est incapable de participer à nos arbres de Noël.

Quand nous rentrons sur Paris, seuls deux chiens nous accompagnent, Jado et Manu, un malinois et un mâtin de Naples, les autres sont trop mal élevés pour partager notre vie quai Kennedy.

À Paris, c'est le soir, et la nuit bien sûr, que nous trouvons notre tempo. Le matin, il vaut mieux s'éviter, Alain est mutique, encore dans les limbes de ses cauchemars d'enfant, le cœur noué. Et comme pour lui prouver qu'il l'aime, Jado l'imite. Il va d'une pièce à l'autre, l'œil morne, silencieux et boudeur. Alors plutôt que d'essayer de réconforter Alain, je me moque gentiment de Jado, ce qui nous fait sourire tous les deux. *Pauvre Jado, il voit la vie en noir aujourd'hui. Regarde la tête qu'il fait...* Je me lève la première, je prends mon petit déjeuner toute seule, et je m'arrange pour qu'on ne dérange pas Alain, qu'on le laisse en tête à tête avec lui-même. Je peux au moins faire ça pour lui.

C'est à la tombée du jour qu'il se réconcilie avec la vie. C'est le soir qu'on s'ouvre lentement l'un à l'autre, qu'on se raconte, qu'on écoute de la musique, qu'on se lit mutuellement des textes. Et c'est la nuit qu'on s'aime et qu'on se fait des serments.

Les soirées sont joyeuses. Souvent deux ou trois amis nous rejoignent pour le repas. On ne dîne pas trop tard pour libérer rapidement la cuisinière et le maître d'hôtel. Et ensuite on regarde parfois le film d'un ami, ou l'un des nôtres, en avant-première. Dans ce cas, le réalisateur et le scénariste sont là, surtout si ce sont des proches, comme Jacques Deray, José Giovanni, Jean Cau ou Pascal Jardin qui sont de vieux amis d'Alain, et de moi maintenant. Autant Alain est exigeant durant le tournage et le montage, autant le film terminé le rend joyeux. Le temps du travail et des critiques est passé, à présent il est dans le plaisir de découvrir l'œuvre, et il ne boude pas ce plaisir, de sorte que ces projections privées sont toujours très gaies.

Qu'aurait été notre vie future si nous avions rompu avec la France pour nous installer à Los Angeles ? En 1977-1978, Alain part pour Hollywood tourner *Airport 80, Concorde*, de David Lowell-Rich. Comme c'est un tournage de plusieurs mois, Anthony et moi le retrouvons pour les vacances scolaires de Noël. Alain est heureux de nous accueillir, et au fil des jours je vois combien Los Angeles lui réussit. Ici, personne ne le traque, il peut se promener librement, et cette liberté reconquise semble lui donner une forme de légèreté. Il est moins tendu, plus apte à profiter des petits plaisirs du jour. Il est maintenant devenu l'une des plus grandes stars au monde, et il est courant, à Paris, de découvrir une ou deux filles endormies sur notre paillasson, et en bas, sur le trottoir du quai Kennedy, un attroupement. Un matin, une jeune femme est même parvenue à se menotter à son poignet, de sorte qu'il a fallu les conduire tous les deux au commissariat le plus proche pour libérer Alain. Pourtant la pression de ses fans est peu de chose, et même au fond plutôt gratifiante, comparée aux sollicitations multiples, à la gestion de sa carrière, à l'omniprésence des paparazzis... Los Angeles nous apparaît donc soudain comme un havre de paix. Nous déambulons en famille sur les plages de Santa Monica et de Venice, nous flânons sur Sunset Boulevard, et petit à petit éclot l'idée d'acheter une maison à Beverly Hills. Nous voyons-nous réellement vivre sous les luxueux palmiers de Beverly Drive ? Sous ce ciel éternellement bleu ? Dans cette ville un peu irréelle qui semble indifférente aux convulsions du monde ? En tout cas, nous jouons avec ce rêve et, pendant qu'Alain tourne, je visite plusieurs maisons.

Mais au fond, je n'accroche pas. D'abord je ne parle toujours pas l'anglais et la vie locale me reste donc étrangère. Surtout, je me sens flotter. Quelle serait ma place, ici ? Professionnellement, la langue me serait sans doute fatale. Donc, plus de films. Je demeurerais, certes, la compagne d'Alain Delon, mais alors la Galia qui sommeille toujours en moi se réveille – où serait mon indépendance, mon autonomie ? Je me dis que ça serait bien différent si j'étais la mère de ses enfants. Alors une grande famille, dans une jolie maison, sous ce merveilleux climat... oui, là je peux imaginer ma place. Mais je n'ai pas d'enfant, n'en aurai pas, et je devine confusément combien le déracinement, et ma propre mélancolie, pourraient nous être fatals.

Pourtant, je ne décide rien, ne pousse pas non plus Alain à trancher, et quand nous repartons pour la France j'emporte avec moi cette idée d'une vie différente à Los Angeles. Si Alain y tient, me dis-je secrètement, nous y retournerons, et cette fois nous trouverons une maison et j'apprendrai l'anglais. Mais à peine rentré, Alain se remet fiévreusement à tourner, et notre rêve californien s'éloigne.

14.

Le 30 décembre 1979, au début de l'après-midi, j'ai le temps de dire à Alain :

— Ça ne va pas, prends-moi vite la main, je crois que je vais mourir...

Ensuite, les propos que je lui tiens sont totalement incohérents. Je fais des efforts désespérés pour lui expliquer ce que je ressens, mais il n'y a rien à faire, les mots me viennent à l'envers, dans un désordre inextricable, et bientôt je n'arrive plus du tout à articuler...

C'est un dimanche d'hiver, nous sommes tous les deux seuls à Douchy, au coin du feu, entourés de nos chiens. Il est peut-être quinze heures et déjà le jour se fane.

Alain comprend immédiatement qu'il se produit quelque chose de grave et il bondit sur le téléphone. Le médecin du bourg le plus proche, une femme, qu'il parvient à joindre, appelle aussitôt mon cardiologue à Paris pour en savoir un peu plus, et quelques minutes plus tard elle est chez nous.

Je viens de faire une embolie cérébrale, mais l'alerte est passée. Petit à petit, je reprends mes sens, et le médecin nous laisse après quelques soins pour éviter une récidive au milieu de la nuit.

Dès le lendemain, nous regagnons Paris en hélicoptère. Mon cardiologue, le professeur Yves Grosgogeat, qui est un ami, vient aussitôt m'examiner.

— Si vous étiez ma femme, me dit-il après une auscultation approfondie, je vous ferais opérer immédiatement.

— Et si j'étais votre femme, qui prendriez-vous comme chirurgien ?

— Cabrol !

Cette fois je suis au pied du mur... ou au bord du gouffre. En tout cas au terme d'un long bras de fer avec ce cœur qui n'a pas cessé de me déposséder depuis l'adolescence. De l'interdiction des barres parallèles à celle d'enfanter... Envisage-t-il de me retirer la vie maintenant ? *Non, ça c'est impossible*, me dis-je tout bas, *j'aime trop la vie, j'aime trop Alain, et les saisons, et les arbres, et les oiseaux... et puis j'ai seulement quarante et un ans ! Quarante et un ans, c'est bien trop jeune pour mourir, n'est-ce pas ?...*

Depuis des mois, je sentais monter la fatigue, et je ne voulais pas l'entendre. Grimper seulement quelques marches me coupait le souffle, mais je préférais penser que c'était l'âge, justement, plutôt que le cœur. Grosgogeat m'avait prévenue, *Mireille, vous n'échapperez pas à l'opération, pensez-y*. Je n'y pensais pas, non. Pourquoi penserait-on à ces choses-là quand on est au coin du feu ?

Christian Cabrol me reçoit très vite. Et tout de suite, j'aime cet homme. Son sourire, son humanité, son écoute.

— Professeur, je veux que vous m'expliquiez ce que vous allez me faire.

— Vous souffrez d'un rétrécissement de la valvule mitrale qui aboutit à un ralentissement de la circulation sanguine. Faute de pouvoir courir, le sang s'accumule et stagne, ce qui épuise votre cœur et peut entraîner des embolies. Nous allons corriger cela en vous posant une valve artificielle.

— Bon, mais comment allez-vous vous y prendre ?

— C'est une opération à cœur ouvert que nous pratiquons maintenant depuis une dizaine d'années.

— Ça veut dire quoi, *à cœur ouvert* ?

— Vous voulez vraiment que j'entre dans les détails techniques ?

— Oui, je veux savoir.

Alors je comprends qu'on va *débrancher* mon cœur pour l'inciser et coudre cette valve à l'intérieur. Je comprends que pendant tout le temps de l'opération je serai cliniquement morte puisque mon sang ne circulera plus que grâce à une pompe électrique disposée à l'extérieur de mon corps. Aussitôt, j'imagine Cabrol et son équipe penchés au-dessus de mon cœur inerte, cette masse rouge si précieuse et si fragile. Si symbolique aussi de ce que nous sommes. Ne dit-on pas que le cœur et l'âme ne font qu'un ? Ne dit-on pas que les grandes douleurs nous transpercent le cœur ? *Dans la réalité, professeur, comment s'y prend-on pour transpercer un cœur ? Dites-le-moi.* Eh bien, on le refroidit avec des sacs de glace pour le rendre presque aussi dur que de la pierre, car sinon il se déliterait comme du papier mouillé...

— Vous savez tout, maintenant c'est à vous de décider, conclut Cabrol. Si c'est oui, il faut que nous avancions.

— C'est oui !

— Alors arrêtons immédiatement une date.

Nous convenons que l'opération aura lieu le 4 mars 1980. J'en parle dès le lendemain à mon *professeur* d'astrologie, mon amie Louison, la sœur de Nathalie.

— Le 4 n'est pas la meilleure date, me dit-elle, tes planètes ne sont pas bonnes...

— Qu'est-ce que je dois faire ?

— Reculer de quelques jours.

— Écoute, je vais rappeler Cabrol, reste à côté de moi...

On me passe le professeur Cabrol; je pourrais tricher, prétexter un empêchement, n'importe quoi, mais je n'en ai pas envie.

— Professeur, une amie vient de me faire mon thème astral, le 4 mars ne m'est pas favorable, j'aimerais reculer de quelques jours...

— Pardon ?

Et alors j'entends Cabrol s'étouffer de rire !

— Mireille, finit-il par lâcher, si on commence à tenir compte des planètes pour établir le calendrier des opérations...

— D'accord, mais là il s'agit tout de même de ma vie !

— C'est vrai, excusez-moi... Alors voyons ce que nous pouvons faire... Je peux vous proposer plutôt le 7, mais le seul problème, c'est que ça va tomber un vendredi et que, le week-end, il n'y aura plus grand monde pour veiller sur vous...

— Je n'ai besoin de personne pour veiller sur moi, professeur, prenons le 7 si vous voulez bien.

Je me rappelle le sourire de Jean Cau quand je lui raconterai cette anecdote, longtemps après l'opération.

— Tu crois vraiment à ça ? (Gentiment moqueur.)

— Mais toi aussi tu y crois !

— Moi ?

— Oui, toi ! Tu sais que tu vas risquer ta vie et tu choisis telle date. Alors je te fais ton thème astral et je te dis : *Non, pas ce jour-là, c'est très mauvais. En revanche, cet autre jour, c'est favorable.* Qu'est-ce que tu décides ?

— Eh bien... je ne sais pas.

— Si, tu écoutes mon avis ! Si tu sais qu'on va t'ouvrir le cœur, et que la mort, peut-être... tu écoutes mon avis, Jean ! Je t'assure !

— Oui, tu as sans doute raison... (Moins sûr de lui.) Tu crois en Dieu, Mimi ?

— Là, je crois en Dieu, oui ! Je crois en tout, je m'accroche à tout ce que je peux...

Alors commence l'attente. Alain est là, merveilleux, extraordinaire, comme dans toutes les grandes circonstances. Il m'emmène en Hollande, au Liban, sur les plages de Normandie. Il parle peu mais ne me lâche plus la main. En revanche, nous ne retournons pas à Douchy. Je ne veux plus. Je ne *peux* plus pour l'instant. Douchy est secrètement lié à notre bonheur, à tout ce que nous avons construit ensemble depuis maintenant dix ans, avec cette illusion d'éternité qui accompagne inévitablement l'amour partagé. Y aller, alors que le spectre de la mort, de notre séparation, plane désormais au-dessus de nous, reviendrait dans mon esprit à *contaminer* Douchy. Nous sommes *en sursis* durant les deux mois qui nous séparent de mon opération et je veux garder Douchy à l'écart de la tempête pour le retrouver intact, épargné par l'angoisse, si par chance je survis.

À d'autres moments, c'est moi qui lâche la main d'Alain pour courir toute seule au cinéma, au théâtre, à des réceptions en l'honneur de ceci ou de cela, simplement pour me noyer dans une foule anonyme qui ne sait rien de ce qui m'attend. Parler, rire, charmer, comme si j'avais encore toute la vie devant moi...

Nos amis, nous ne les voyons plus. Nous avons décidé de garder le secret jusqu'à l'opération. De les épargner, comme nous épargnons Douchy. De les garder pour après, s'il y a un après. Et certainement aussi nous voulons vivre cette attente dans notre silence à nous. Alain et moi, seuls au monde.

La nuit, l'angoisse me rattrape, et parfois c'est à hurler. L'image de mon cœur silencieux, saisi dans la glace... Mon cœur qui ne bat plus... Alors il m'arrive de me cacher pour pleurer, et il arrive aussi qu'Alain me découvre. Je finis la nuit dans ses bras, grelottante.

Pourtant, deux semaines avant, je m'offre un petit coup de frime dans le bureau de Cabrol au cours d'un examen préopératoire. Sa femme, qui est anesthésiste et qui m'endormira le matin de l'intervention, est présente ce jour-là.

— Professeur, il y a une chose qui me soucie dont je ne vous ai pas encore parlé. Même si je n'ai pas beaucoup de poitrine, j'aime bien les décolletés. Alors comment va-t-on faire pour la cicatrice... Est-ce que vous ne pourriez pas trouver une astuce ?

— Une astuce ?

Je vois Cabrol esquisser un sourire.

— Une astuce pour sauver votre décolleté, voulez-vous dire ?

— Oui, voilà.

— Non, mais vous plaisantez ou quoi ? bondit Mme Cabrol, qui n'est pas une tendre quand il s'agit de médecine.

— Oui, excusez-moi, je plaisantais...

Le professeur sourit, lui. Je devine ce qu'il se dit, à ce moment-là : *C'est formidable, elle n'est pas angoissée pour un sou, elle pense à sauver son décolleté quand moi je pense à lui sauver la vie...*

Mais il ne répond rien, il se contente de laisser retomber la tension, et moi je me sens confuse d'avoir provoqué cet incident.

— Excusez-moi encore, je suis désolée.

— Mais non, vous faites bien d'exprimer vos préoccupations, et je suis là pour les entendre.

Le 6 mars, au début de l'après-midi, nous partons pour l'hôpital. Cette fois, ça y est. Ne pas se retourner, ne pas céder à la pensée qu'on ne reviendra peut-être plus, qu'on se regarde peut-être pour la dernière fois dans le délicat miroir du vestibule.

Comme s'ils pressentaient un drame, Jado et Manu, qui demandent toujours bruyamment à nous accompagner partout, nous observent depuis le canapé, l'œil chaviré.

Alain me prend la main dans l'ascenseur. Et nous sommes encore main dans la main quand nous entrons à la Salpêtrière.

— *Comme deux amoureux* ? me demandera plus tard Jean Cau dans un entretien pour *Paris Match*.

Et moi, presque en colère :

— *Tu ne t'aperçois pas que c'est aussi une histoire d'amour que je te raconte* [1] ?

Alain passe la soirée avec moi. Il parle à peine. Il est là, vivant et solide, et je puise silencieusement dans ses forces pour trouver la paix.

À onze heures, il s'en va, et je m'endors d'un sommeil agité malgré les tranquillisants.

À six heures trente, il est de retour. Il nous reste une petite heure à partager et nous la passons silencieusement blottis l'un contre l'autre. À ce moment, je me repose complètement sur lui, c'est lui qui me donne l'énergie de respirer, comme si je m'étais branchée sur son cœur et qu'il battait à présent pour nous deux. J'ai conscience de l'épuiser, physiquement, nerveusement, mais pour une fois je suis égoïste, j'ai besoin de son amour pour me tenir la tête hors de l'eau.

On vient me chercher. Et, curieusement, on m'embarque dans mon lit, de sorte qu'à l'instant où je lance un regard en arrière ma chambre est vide. Pourquoi cela me fait-il aussitôt frissonner ? Sans doute parce qu'une pièce sans lit est une pièce qui n'attend plus personne...

1. *Paris Match*, 20 juin 1980.

Alain marche à côté du lit et me tient la main jusqu'aux portes du bloc opératoire. Maintenant, je suis pressée qu'il s'en aille, parce que j'ai peur de pleurer à l'instant de la séparation et que je ne veux pas arriver en larmes en salle d'opération. Il le sent, et nous nous disons très vite au revoir.

Je reconnais les yeux réconfortants du professeur Cabrol entre la coiffe et le masque, le regard clinique de sa femme qui va m'anesthésier et me caresse un instant la main. Je ne connais pas les autres. Ils sont peut-être une dizaine, femmes et hommes, tous habillés de vert comme des scaphandriers, et dont quelques-uns me sourient. Plus tard, on me dira que Christian Cabrol leur a répété jusqu'à la dernière minute *C'est une patiente comme les autres, ne changeons rien, n'en faisons pas trop.*

Revivant ce moment, dans les mois suivants, je noterai sur une page de mon agenda : *Quelqu'un se penche sur moi, encapuchonné de vert. Je reconnais la voix de Christian Cabrol. J'aimerais pouvoir lui expliquer qu'il me faut du temps, que j'ai envie de marcher un peu, de me détendre, de réfléchir. J'aimerais aussi téléphoner, faire pipi. Et puis je voudrais qu'il me présente son équipe, qu'il me re-explique pourquoi il faut absolument m'opérer. Tu te rends compte, maman, tout ça pour une angine ? Je ne peux pas m'empêcher de t'en vouloir, et je le regrette tellement...*

L'opération dure sept ou huit heures. Alain connaît exactement le protocole. Il sait que l'étape la plus critique se situe à l'instant de relancer le cœur. Alors on envoie un électrochoc, et ça repart, ou ça ne repart pas. Il attend tout seul à la maison. Jamais il ne me dira comment il a vécu ces heures. Je sais seulement qu'il n'a pas cessé d'écouter *La Traviata*. Il attend le coup de téléphone qui le délivrera. Et quand la sonnerie retentit, je sais qu'il prend sur lui pour dire calmement *Allô ?*

— Monsieur Delon ?

— Oui, c'est moi.

— Le cœur est reparti. M. Cabrol vous fait dire que tout s'est bien passé. Mlle Darc est en réanimation, vous pourrez la voir dans un moment.

C'est un bruit qui me réveille. Un martèlement insolite, et dans un demi-coma je cherche à identifier ce que ça peut bien être. Puis je reviens à moi petit à petit et je comprends que ce martèlement, c'est celui de mon cœur, formidablement amplifié par une machine. Mon cœur ! Mon cœur qui bat ! C'est donc que je suis vivante. Mais est-ce qu'on m'a opérée, déjà ? A-t-on réparé ce qui n'allait pas ? Oui, sûrement, puisque je suis allongée nue sur un lit, sans même un drap, et que des fils électriques et des tuyaux semblent me ligoter des pieds à la tête.

Je dois être en salle de réveil, et d'ailleurs j'entends des voix entre les battements de mon cœur. Je ferme les yeux. Quand je les rouvre, un homme habillé en chirurgien me fixe intensément. Je croise son regard bleu entre le masque et la coiffe, et soudain je reconnais Alain. J'essaie de parler, mais je suis intubée. J'entends :

— Tout s'est bien passé. Je suis là, repose-toi, reste calme.

Plus tard, c'est Christian Cabrol qui se penche sur mon visage, et lui aussi je voudrais l'embrasser, le serrer dans mes bras. Puis sa femme prend le relais et veille sur moi comme sur un nouveau-né.

Très vite, je suis frappée par le bruit intense qui règne en réanimation. Il y a le bruit des machines, mais comme si ça n'était pas suffisant, infirmières et médecins hurlent comme s'ils étaient sur un champ de courses. Quand je quitterai la réanimation après trois jours, épuisée, et avec le sentiment de n'avoir pas pu fermer l'œil, je leur demanderai pourquoi ils se croient tous obligés de crier dans ce service. *Parce qu'il faut absolument que vous soyez en colère,* m'expliqueront-ils. *Il faut que les gens qui sortent de ces opérations aient envie de se battre. Si on vous parlait tout bas, vous passeriez votre temps à dormir. On doit vous faire sortir du trou, vous ramener dans la vie.*

D'ailleurs, le lendemain ou le surlendemain de l'opération, on m'enlève le tuyau dans la gorge et on me fait mettre debout durant quelques secondes. Avec tous mes fils, je me fais l'effet d'une araignée au milieu de sa toile. Et c'est là que je découvre le miracle qu'a accompli Cabrol pour sauver mon décolleté : au lieu de m'ouvrir au niveau du sternum, j'ai une longue et jolie cicatrice juste sous le sein gauche...

Et deux petites électrodes qui en sortent. *Pour relancer votre cœur s'il lui prenait l'envie de s'arrêter*, me dit en souriant une infirmière. *Mais ne vous faites pas de souci, il ne s'arrêtera pas.*

En attendant, je paie le prix fort pour mon futur décolleté : afin d'atteindre mon cœur, Cabrol et son équipe ont dû bagarrer entre mes côtes, et la douleur irradie à présent dans mon dos, mes reins, ma tête. J'ai l'impression d'avoir été battue avec une barre de fer et les calmants me sont défendus, mon cœur raccommodé ne le supporterait pas. Mme Cabrol me dira que je passe alors toute une nuit à sangloter en appelant Alain. *L'infirmière de garde est venue me trouver au milieu de la nuit*, me racontera-t-elle, *en me disant* : « *Mireille demande à ce qu'on appelle M. Delon, voulez-vous que je le fasse ?* » *Et moi* : « *Mais vous êtes folle, il n'en est pas question ! Vous imaginez ce qui va arriver si le téléphone sonne chez M. Delon en pleine nuit et qu'il entende : Ici l'hôpital, Mme Darc vous réclame, pouvez-vous venir tout de suite ? Il va croire qu'elle est perdue et il va me faire un infarctus cet homme ! Non, laissez-le dormir. Je vais voir ce qu'on peut faire pour soulager un peu Mireille...* »

Douze jours plus tard, je suis prête à repartir. Alain vient me récupérer en pleine nuit, comme une évadée. Il ne veut prendre aucun risque avec les photographes qui ont l'habitude de le suivre. Jusqu'ici, le secret a été strictement gardé. Même Jean Cau, qui est un intime parmi les intimes, n'apprendra mon opération qu'une fois le danger écarté.

Je me rappelle ma joie en partant au bras d'Alain dans cette nuit presque printanière, et en même temps ma tristesse de devoir m'en aller comme une voleuse, sans embrasser Cabrol et sa femme, sans remercier toute son équipe, ces gens extraordinaires de compétence, de dévouement, d'enthousiasme.

Mais on ne lâche pas un homme qui a touché votre cœur, qui l'a tenu entre ses mains. Le 7 mars 1980,

À certains moments, dans un élan soudain, je dis : *Oh, Alain, je t'aime ! Je voudrais plein d'enfants de toi, je ne sais pas, cinq, six…* Je vois son visage s'illuminer, ses yeux qui sourient, et il me presse contre lui. J'entends battre nos cœurs, le sien qui est solide, le mien qui est malade…

Notre premier été à Douchy. Pendant les vacances, Anthony est beaucoup avec nous. Alain lui transmet ce qu'il aime, sa connaissance des arbres, des animaux, de la nature, et moi je lui parle constamment de sa maman, Nathalie, qui lui manque et que je n'essaie pas de remplacer.

Rudolf Noureïev, entre Jean Cau (à gauche) et Alain. Cette soirée à l'Opéra, alors que vient d'éclater l'affaire Markovic, nous soude pour la vie. Désormais, nous savons que, quelle que soit la situation, nous saurons faire front. Ensemble. Et seuls contre tous s'il le faut.

Pendant la préparation du match Bouttier (ici en conversation avec Alain) contre Monzon. J'aime notre vie, sans cesse dans le mouvement. À Douchy, loin du monde, nous prenons le temps de nous aimer, de rêver. C'est aussi là que sont nos chiens. Nous en avons jusqu'à vingt-cinq : des chiens d'Italie, du Tibet, des Balkans. Alain, qui ne redoute rien tant que la trahison dans la société des hommes, sait qu'un chien ne le trahira jamais.

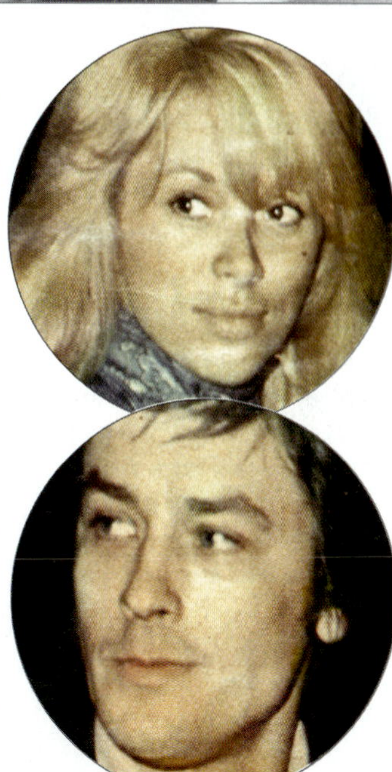

Alain m'appelle Mimi jolie, mon cœur, mon amour. Je me sens devenir femme sous son regard, femme dans l'appellation biblique la plus ancienne, la plus rétrograde. Je veux lui appartenir, lui être dévouée par le corps et l'âme et, si j'osais, j'écrirais que je veux l'aimer comme Marie-Madeleine a aimé le Christ.

À gauche, à Los Angeles, en 1978. Et, ci-dessous, ma photo préférée avec Alain. Qu'aurait été notre vie si nous avions rompu avec la France pour nous installer aux États-Unis ? Nous jouons un moment avec ce rêve… avant de regagner Paris.

© Collection Alain Delon

© Collection Alain Delon

Après mon opération du cœur. Alain a loué pour moi une jolie maison près d'Antibes et je pars là-bas récupérer des forces, flanquée de Manu et de Jado, nos deux chiens fidèles. La nature explose sous le premier soleil, et moi aussi je renais.

© Collection Mireille Darc

Michel Sardou est un ami. Je suis la marraine de son fils Romain et, sans Michel, je n'aurais sans doute pas rencontré Pierre Barret... Les Sardou me portent bonheur !

© Collection Mireille Darc

Pierre ! Un regard vert, où on lit immédiatement une formidable envie de vivre. Repensant à cette hâte qu'il mettait en tout, je me dis qu'une voix secrète lui soufflait qu'il ne lui restait que peu de temps. Qu'il ne nous restait que peu de temps pour nous découvrir et nous aimer. Nous sommes au début de l'année 1984. Quatre ans et demi plus tard, Pierre va mourir.

© Richard Melloul

© Richard Melloul

© Richard Melloul

Je sors de l'hôpital, je porte encore un corset de plexiglas, et Pierre m'embarque dans un rallye d'ULM en Égypte. *Tu vas rencontrer des gens extraordinaires, des cinglés qui se sont déjà cassé trois fois la colonne vertébrale. Au retour, tu n'auras plus peur de rien !*

© Collection B.F.

Il est en même temps casse-cou et maternel, érudit et aventurier, révolté et tenté par la foi...

© Collection B.F.

Avec Roger Thérond, le directeur de *Paris Match*, chez Bernard Fixot. Roger, qui est un ami, va découvrir Pierre trop tard, alors que la maladie l'a déjà frappé.

Dans les dernières semaines de la vie de Pierre, nous partons nous réfugier à Douchy, chez Alain. Pierre s'extasie sur la lumière, il échange quelques mots avec Alain, puis me propose un tour de barque sur le lac. En le voyant ramer sereinement, à cette heure de l'après-midi où le temps semble suspendu, il m'arrive d'imaginer que tout ça n'est qu'un cauchemar, que nous allons nous réveiller avec de nouveau l'éternité devant nous…

© Photo de Mireille Darc

Ce n'est pas moi qui pars, c'est vous qui n'êtes pas arrivés, je vais vous préparer des places…

La vie sans Pierre… Je mets deux ans à reprendre pied petit à petit, huit ans à retrouver le plaisir de vivre. Pendant ces longues années de deuil, mes parents disparaissent à leur tour. Mon père en juillet 1990 et, trois ans plus tard, maman.

Avant de me mettre à ce livre, je partirai sur les traces de ma mère.

Maman est née à Turriers, au-dessus de Sisteron, un village isolé à mille mètres d'altitude. J'ai retrouvé les restes de la maison où elle a grandi, quatrième enfant d'une famille de cinq. Son père est mort l'année de ses neuf ans, et c'est Baptistin, le frère aîné, qui a porté la famille. Maman n'a pas pu aller au-delà de la petite école, elle a dû travailler. Son jeune frère Élie, mort l'année de ses vingt ans, repose au cimetière de Turriers.

© Jean-Pierre Godeaux

Je suis amoureuse. Par moments, je me demande comment c'est possible. Où est-ce que le cœur trouve la force de repartir, de s'enthousiasmer, comme s'il n'avait rien connu ? Mais il trouve cette force, oui, et je répète : *Pascal est un cadeau de la vie ! Un très beau cadeau que je n'espérais plus…*

© Collection Mireille Darc

© Benjamin Auger

Pascal n'est pas un homme tout à fait comme les autres. Il est artiste, rêveur, inspiré. Avant de me connaître, il vivait dans les galeries d'art moderne. Nous y passons toujours une partie de notre temps.
Au-dessus de sa table d'architecte, il a suspendu cette photo de moi.

Pascal fait une chose inattendue, qui me bouleverse : il me demande en mariage ! C'est la première fois de ma vie déjà longue. Ni Alain ni Pierre ne m'avaient demandée en mariage, ni aucun homme avant eux.

De gauche à droite : Cécil-Laurent et Clémentine, les enfants de Pascal. Puis Pascal, M. Dumont, le maire, et, à ma gauche, Jean-Marc, le mari de Clémentine, Maya, la maman de Pascal, et enfin Dalila qui s'occupe de notre maison.

© Richard Melloul

Comment Pascal a-t-il su que je rêvais d'un potager ? Un jour, j'ai dû lui dire un mot de celui de mon père, tout bas, tristement, et il a compris, il m'a fait un potager. Mais à sa façon, artistique et raffinée.

Pascal m'a donné la place que la vie m'a obstinément refusée : je suis devenue la grand-mère des enfants de Clémentine et de Jean-Marc

© Jean-Daniel Lorieu / Collection Mireille Darc

Pascal : *J'ai tout de suite compris que j'avais une place dans ton cœur, une place qui ne se confondait pas avec celle qu'avait occupée tes deux autres amours.*

Pascal met de l'élégance, du romantisme et de la vie dans tout ce qu'il touche. Parfois, je me dis qu'un jour il parviendra même à me réconcilier avec mon enfance…

Christian Cabrol est entré dans ma vie et il n'en est plus jamais ressorti. Chaque fois que nous nous rencontrons, je regarde ses mains, et je me dis *Regarde-les encore, ne les oublie pas, elles ont tenu ton cœur, elles sont allées où aucun être n'ira jamais, si aimant soit-il. Est-ce que ça n'est pas la plus belle histoire d'amour jamais imaginée ?*

Lui l'a bien compris puisque, chaque année, il m'envoie un petit mot le 7 mars pour me souhaiter un bon anniversaire. Ce 7 mars 2005, tandis que j'écris ce livre, j'entre dans ma vingt-sixième année... Merci cher professeur, chaque jour, depuis vingt-cinq ans, je pense à vous avec la même émotion et la même tendresse.

Alain, qui porte Cabrol aux nues et qui sait qu'il est un grand cycliste durant ses vacances, lui offre un vélo. Et moi une signature, celle du ministre de la Santé. Un jour, j'apprends qu'il n'arrive pas à obtenir l'autorisation du ministre, à l'époque Claude Évin, pour lancer son Centre du cœur. Justement, je suis invitée à une émission de télévision dont l'un des ressorts est la réalisation d'un vœu. Je demande à rencontrer Claude Évin. Il arrive. Alors je lui dis *Monsieur le ministre, je dois la vie à Christian Cabrol, je voudrais lui offrir quelque chose en retour. Et ce quelque chose, c'est votre signature.* Claude Evin ne se fait pas trop prier et, trois jours plus tard, nous nous retrouvons tous pour la cérémonie du paraphe. *Sans Mireille*, conclura gentiment Cabrol, qui attendait ce moment depuis trois ans, *cet hôpital ne se serait jamais fait.*

Mais nous n'en sommes pas là. Il me reste à tirer quelques semaines de convalescence. Je passe les premières à Paris à répondre aux centaines de lettres de sympathie qui me parviennent dès la publication des premiers articles dans la presse.

Puis Alain loue pour moi une jolie maison dans le Midi, près d'Antibes, et je pars là-bas récupérer des forces, flanquée de Manu et Jado. J'y arrive avec le printemps ; les cerisiers sont en fleur, la nature explose sous le premier soleil, et moi aussi je renais. Alain me rejoint pour deux ou trois jours chaque semaine, et je me sens déjà assez forte pour m'investir dans le lancement d'une de ses dernières idées, un parfum à son nom. Un parfum *Alain Delon*. J'y travaille beaucoup, et bientôt toute l'équipe responsable du projet me rejoint. À un journaliste du *Point* qui descend pour me rencontrer, je confie :

Dans ces moments où la peur est si tenace et obsédante, il n'y a eu qu'Alain près de moi. Parler d'amour, de nos jours, est démodé et risible. Aussi n'en dirai-je rien, sinon qu'il m'éblouit.

Et comme le journaliste s'enquiert de mes prochains tournages, j'ai cette drôle de phrase à l'emporte-pièce :

Je m'occupe du lancement de son parfum. Quand on a ce genre de responsabilité, on n'a plus le temps de penser au cinéma[1].

C'est que cette opération du cœur, onze ans après notre apparition à l'Opéra, main dans la main, au pire moment de l'affaire Markovic, a fait de nous un couple immortel. C'est du moins ce que je crois. Oui, Alain m'a éblouie, j'ai raison de le dire, et il se mêle alors à mon amour une reconnaissance infinie pour l'élégance

1. *Le Point*, 4 août 1980.

et le courage dont il m'a entourée tout au long de ces mois.

Je crois que nous sommes dans cette maison près d'Antibes quand, une nuit, je le découvre réveillé à côté de moi.

— C'est mon cœur, n'est-ce pas ? C'est le petit bruit de la valve qui t'empêche de dormir ?

Et lui :

— Rendors-toi, tout va bien, je t'entends vivre.

Alors je me retourne pour qu'il ne me voie pas pleurer. D'émotion, de gratitude.

15.

La maison de Marrakech est encore un geste d'amour. De lui à moi. De moi à lui. Est-ce que je sais qu'elle sera la dernière de notre histoire ? Qu'il n'y en aura plus d'autre après elle ? Oui, je sens bien que toutes ces maisons, si jolies soient-elles, ne pourront jamais combler notre désir secret d'enfants.

Comment entre-t-elle dans notre vie, celle de Marrakech ? Par Marie-Hélène de Rothschild qui après m'avoir appris la beauté des fleurs, et l'usage des couverts en argent, nous invite au pied du Haut Atlas pour fêter Noël. Noël est toujours un moment difficile pour Alain. Tant qu'Anthony a été petit, nous avons fait le sapin et les cadeaux comme tous les parents du monde. Maintenant qu'il est adolescent, nous nous réfugions à Douchy. Ou nous partons en voyage.

Ce premier séjour à Marrakech me fait complètement tourner la tête. Les reflets orangés du couchant sur la neige des sommets à l'heure où le muezzin appelle à la prière... Les nuits froides sous un ciel constellé d'étoiles et comme brossé par le vent du désert... Les matins brumeux sur la place Djema'a el-

Fna, avant l'arrivée des marchands d'eau et l'ouverture du souk... Le soleil de midi sur la foule colorée, dans la poussière des chevaux et des ânes, dans la fumée des échoppes, qui vous réchauffe le cœur, encore plus que les os, tandis qu'à Paris il pleut sur ces mornes lendemains de Noël... Le parfum des épices et des eucalyptus, le soudain silence de la palmeraie, l'écho des voitures attelées sur les pavés, qui se mélange curieusement au son des klaxons, et toujours le muezzin qui vous laisse interdit et méditatif à l'heure où la ville s'embrase sous le feu du crépuscule...

Je veux qu'Alain partage mon émotion et, comme il ne peut pas sortir le jour sans provoquer un attroupement, c'est la nuit que je l'amène place Djema'a el-Fna. Nous parcourons la ville à pied, main dans la main, comme deux écoliers fugueurs. Les ruelles de la médina sont à nous, sous ce ciel biblique de Marrakech, et l'on frissonne en devinant la vie endormie juste derrière ces murs de terre simplement troués d'étroites lucarnes.

Chaque soir, je m'endors éprise et bouleversée, avec la conviction que nous devons vivre ici, que nous y serons heureux, qu'Alain y trouvera peut-être non pas la paix, bien sûr, mais des moments de repos.

Un jour, un ami, Jean Poniatowski, propose de me faire visiter une maison extraordinaire, mais sans me préciser qu'elle est à vendre. Une maison, me dit-il, qui aurait appartenu au fils du milliardaire américain Paul Getty, où les Beatles auraient séjourné et où ils auraient composé *Black Bird*... Je convainc sans mal Alain de venir la visiter avec moi.

Ce n'est pas une maison, c'est un palais ! Une succession de riads enfouis sous une végétation centenaire, faits de pièces vernissées de bleu, de vert, de plafonds en bois peint, de portes sculptées, d'escaliers secrets, d'un harem – ces appartements réservés aux femmes –, de terrasses, de minzhas, et tout cela entrecoupé d'espaces ombragés où jaillit l'eau d'une fontaine... C'est à tomber. On dirait que tout ce que j'aime à Marrakech est rassemblé là, un parfum d'éternité et de méditation, les traces somptueuses d'une culture que le siècle n'a pas anéantie, la poésie, la sensualité enivrante des épices, les pamplemoussiers, les orangers en fleur à Noël...

Alain tombe-t-il sous le charme, comme moi ? En tout cas, il doit vouloir me faire plaisir car, quand on nous annonce soudain que cette merveille est à vendre, il propose immédiatement de l'acheter. Et une fois encore, je l'entends me demander :

— Mais tu te sens capable de conduire les travaux ?

Évidemment que je m'en sens capable ! Je ne rêve même que de cela, restaurer à petites touches cet endroit hors du monde, hors du temps, et comme miraculeusement sauvegardé. Ici et là tel ou tel coin part en morceaux, ou d'anciens propriétaires ont recouvert les murs de peinture... Il faut remonter à l'origine des couleurs, des matériaux, de nouveau se faire conseiller, ouvrir les livres anciens, interroger des historiens, tirer des sonnettes, et ça n'est pas facile à Marrakech quand on est une femme...

Pendant que je suis entre Paris et Marrakech, complètement investie dans le sauvetage de notre palais, imaginant Alain derrière chaque porte, le rêvant le matin, le rêvant le soir – *Delon, le matin au réveil, il est aussi beau qu'au cinéma ?* me demande une journaliste de *Elle* entre deux avions. *Oui. Je ne l'ai jamais vu « pas beau ». Jamais. Même lorsqu'il est malade, il est beau. C'est emmerdant mais on s'y fait* [1] – pendant que je suis entre Paris et Marrakech, disais-je, Alain travaille, très loin de moi. J'ai l'impression qu'il n'a jamais tant travaillé. Il tourne *Pour la peau d'un flic.* Ce n'est pas un énième film, son soixante-quatrième, si je compte bien, non, c'est *son* film. Il en est le réalisateur, le producteur et l'acteur principal.

Il tourne avec Anne Parillaud dont il est en train de tomber amoureux. Il dira plus tard *Ce fut un coup de foudre immédiat, brutal et violent. J'ai tenté de résister mais je n'ai pas pu. Ma raison combattait mon cœur, mais mon cœur l'emporta. J'attendais que cela passe, mais cela ne passa pas.*

Et on dirait que Jean Cau pressent quelque chose. Il m'appelle, sous prétexte de faire un entretien pour *Paris Match*, qu'il fera d'ailleurs, et que j'ai là sous les yeux, comme un témoignage intact des prémices de notre rupture.

— Et tu reprends goût à la vie après ta fameuse opération ?

— Non, puisque je ne l'avais jamais perdu. Mais je suis quand même bien contente d'être là, avec mon cœur tout neuf.

— Dis, à propos de cœur, Alain, ça va ?

— Téléphone-lui et tu sauras.

— Écoute, Mimi, c'est une interview que je fais. Il faut que tu me répondes. Alain, ça va ?

1. *Elle*, 15 février 1982.

— Oui, oui, il a terminé son film et il est en plein montage.

— Il fait aussi le montage après la mise en scène ?

— Oui, oui, il fait tout, le montage, le doublage, le mixage, tout ! Dans ce film, il n'y aura rien qui ne lui appartienne pas.

— Tu n'es pas jalouse de tout ce temps qu'il te vole ?

— Non.

— Vous êtes bizarres tous les deux [1]...

Bizarres n'est pas le mot. En plein désarroi plutôt.

Il me semble, avec le recul, que le désamour s'installe dès le lendemain de mon opération, comme si après m'avoir portée, supportée durant toute cette épreuve, Alain se sentait soudainement libéré. Je suis sauvée, et lui se remet à vivre. Il m'a beaucoup donné, il faudrait qu'en retour je lui donne enfin cet enfant qu'il espère, mais je n'ai rien d'autre que mon cœur à lui offrir, à *nous* offrir. Rien, pour rallumer une flamme que les maisons ne suffisent plus à entretenir. Alors il commence à regarder ailleurs, et nous sentons l'un comme l'autre que nous partons à la dérive. Quand je lui dis *Je crois que nous sommes en danger, Alain*, il me répond, avec cette franchise que j'aime tellement chez lui, *Oui, je le crois aussi, mais je n'y peux rien, c'est plus fort que moi.*

Jamais il n'a un mot blessant, il est aussi élégant dans la défaite que dans l'amour, mais si je suis honnête avec moi-même je vois bien qu'irrémédiablement notre relation se dénoue. Un être qui se détache n'a plus envie de votre peau, de votre odeur, de vos cheveux, et tout cela

1. *Paris Match*, 24 juillet 1981.

fait atrocement mal. On réalise soudain qu'on a dépassé la quarantaine, même si les sentiments n'ont pas pris une ride, eux, et en se comparant à une fille de vingt ans, on mesure combien la vie peut être cruelle. Et qu'a-t-on à opposer à cela, sinon le pire, les larmes, les supplications, les reproches ?

Ça non, plutôt disparaître.

C'est ce que j'essaie de faire les premiers mois. Comme notre appartement du quai Kennedy est immense, je laisse Alain à un bout et je m'installe à l'autre. Je ne peux pas me défendre de l'espoir qu'il va venir m'y rechercher.

Il ne m'abandonne pas. Chaque soir, il vient m'embrasser avant d'aller se coucher, nous échangeons quelques mots. Je vois combien il est bouleversé par ce qui nous arrive, mais il ne me demande pas de le rejoindre.

Il est ailleurs, déjà reparti, sans peut-être le savoir lui-même, à la conquête d'un bonheur que je ne peux pas lui offrir. Quand, bien plus tard, il rencontrera Rosalie, je devinerai immédiatement qu'il a enfin trouvé la femme qu'il cherchait et, très vite, Rosalie lui donnera deux enfants.

Mais, pour le moment, nous sommes dans cet aveuglement, fait d'espoir et de chagrin, qui précède la chute. Nous bavardons, nous nous sourions, nous travaillons ensemble, mais nous ne nous touchons plus, sauf par accident, pour nous étreindre comme des noyés, nous raccrocher l'un à l'autre au milieu de la nuit quand nous nous sentons brusquement perdre pied.

Un jour du printemps 1983, je déjeune avec Guy Laroche et Monique de Valençais, chez Guy. Je me sens le cœur lourd, ça n'est pas un déjeuner très joyeux. Nous parlons à peine d'Alain qui est l'ami de Guy depuis toujours, un peu de Marrakech où je projette d'aller me réfugier quelques jours. Guy et Monique devinent que ça ne va pas et je les vois préoccupés. Au moment de nous séparer, Guy sort un trousseau de clés de sa poche et me dit *Tu sais, Mireille, j'ai un petit studio, j'ai envie de te laisser les clés. On ne sait jamais, si tu as besoin d'un endroit où te poser, eh bien, ça sera plus facile.*

Et moi j'accepte ces clés, un peu étonnée de ne pas m'entendre protester. Ça va donc si mal entre Alain et moi ? Oui, sans doute. Je m'épuise dans son attente, je me vois me recroqueviller, me faner petit à petit sous son indifférence. J'ai l'intuition que je dois réagir, prendre une initiative, et c'est sûrement cette intuition qui me pousse à empocher le trousseau de Guy.

Le 12 juin 1983, je pars soudain m'y installer. Que s'est-il passé de plus, ou de moins, que les autres jours, ce 12 juin ? Je ne sais pas. Peut-être juste un regard un peu plus impersonnel, ou un mot que j'attendais et qui n'est pas venu... Je laisse trois lignes pour indiquer où je suis, *Je crois que c'est mieux comme ça, mon amour.* Rien de plus. Je me dis que c'est une façon de précipiter les événements, qu'Alain va peut-être se rendre compte que nous sommes en perdition, et me tendre la main... *Mais comment a-t-on pu en arriver là, Mimi jolie, après toutes ces années ? On devient fous n'est-ce pas ? Viens, on va rentrer et prendre le temps de se retrouver...*

C'est un déchirement vertigineux de fermer la porte de chez soi en laissant les clés à l'intérieur. Les clés, et tout ce qui nous est si cher. Puis de marcher sur le trottoir en se faisant la réflexion que de cet amour immense il pourrait bien ne rester qu'une valise, trois tee-shirts, deux pantalons et une trousse de toilette, comme vingt ans plus tôt en débarquant de Toulon.

Alain ne vient pas me rechercher dans le studio de Guy Laroche. Du jour au lendemain, je ne le vois plus. S'il m'appelle, c'est pour me dire que je manque à Manu, le plus sensible de nos chiens, et je vais alors jusqu'au bas de l'immeuble où Sylvio, le maître d'hôtel, me descend Manu. Je l'emmène chez moi mais, aussitôt arrivé, il réclame Alain et se met à pleurer. Parfois je trouve la force de le consoler, et nous nous endormons, parfois je préfère le ramener quai Kennedy.

Et puis je ne supporte pas de le laisser enfermé seul chez moi si je sors. Qui s'occupera de lui s'il m'arrive quelque chose ? Si je ne reviens pas ? Depuis que je n'habite plus avec Alain, j'ai l'intuition qu'un malheur me guette. Je le sens là, qui rôde, comme une ombre noire et mortifère, et par moments j'en perds le souffle. Est-ce l'effet du chagrin ? Est-ce de l'autosuggestion due à mon thème astral qui n'a jamais été aussi détestable ? Depuis les prédictions de Louison avant mon opération du cœur, je me suis sérieusement mise à l'astrologie grâce à une nouvelle amie, Marie Marczak, qui va bientôt prendre la place de la sœur que je n'ai pas eue. Marie est comédienne, je l'ai rencontrée un soir par l'intermédiaire d'Alain qui l'avait invitée à la maison pour lui présenter José Giovanni. Passionnée d'astrologie, Marie a complété ma formation, et je suis maintenant capable d'étudier mon thème en fonction des planètes. Or, ce que j'y ai découvert est épouvantable, un drame doit me tomber sur la tête et je n'ai aucun moyen de l'éviter...

Le 7 juillet 1983, je quitte Milan à bord d'une Mercedes 500. Je suis encore très impliquée dans les affaires d'Alain et je viens de visiter plusieurs fabriques de meubles susceptibles de réaliser une ligne sous le label *Alain Delon*. Je suis avec deux collaborateurs d'Alain et nous nous rendons maintenant à Genève pour les parfums, ou les lunettes, signés d'Alain. De Genève, je dois reprendre l'avion en fin d'après-midi pour Paris où j'ai rendez-vous avec Pierre Barret pour dîner. J'ai rencontré Pierre quelques semaines plus tôt chez Michel Sardou, et c'est la première fois que nous dînons en tête à tête.

Comme ça n'est pas moi qui conduis et que je n'ai pas envie de parler, fatiguée et déprimée, je ferme les yeux et m'enfouis dans mon cocon. Je suis assise à l'avant et je me laisse étourdir et bercer par le ronronnement feutré de la Mercedes. J'ouvre vaguement les yeux quand nous pénétrons dans le tunnel d'Aoste parce que la voiture semble plus bruyante tout d'un coup, et puis je les referme, de sorte que je ne vois pas le camion se déporter brutalement pour nous couper la route. On me dira plus tard qu'une voiture a brusquement ralenti devant lui et que, pour l'éviter, il a dû déboîter sans prévenir. En tout cas, nous n'avons pas suffisamment de temps pour freiner, et un hurlement me tire de ma léthargie. Quand je comprendrai que ce hurlement est sorti de ma poitrine, l'accident sera passé et nous serons immobilisés, la partie droite de la voiture, celle où je suis assise, profondément encastrée sous le camion.

Est-ce que je perds conscience ? Oui, sûrement, puisque l'image d'après un homme me sort de la carcasse de la voiture et, tandis qu'il me porte dans ses bras pour m'emmener à la sortie du tunnel, je l'entends me dire qu'il me connaît, qu'il a fait de la figuration avec moi du côté de Nice pour tel ou tel film. Je ne sais pas comment je comprends qu'il est le chauffeur du camion que nous venons de percuter, mais je le comprends. Et puis je reperds conscience. Je fais certainement plusieurs allers et retours entre syncope et lucidité, puisque je me souviens d'un brancard, d'une ambulance, de la sensation que mon corps ne répond plus par moments. Et puis l'idée revient en boucle que je dois absolument appeler Pierre Barret pour le prévenir que je risque d'être en retard au restaurant...

Dans un lieu qui doit être un hôpital, j'entends qu'on appelle Christian Cabrol. Je sais suffisamment d'italien pour suivre la conversation, il y est question d'hémorragie, *Elle a peut-être une hémorragie interne*, dit l'homme au téléphone, *on ne sait pas*, et ils ont besoin des recommandations de Cabrol parce que je suis sous anticoagulants depuis mon opération, de sorte qu'une hémorragie peut m'être fatale. C'est étrange comme tout cela me paraît en même temps limpide et inexplicable. *Pourquoi font-ils ce cirque*, me dis-je, *puisque tout va bien. J'ai juste besoin de dormir un peu pour récupérer. Si j'étais près de mourir, je ne serais pas là, parfaitement consciente de ce qui se passe autour de moi, à les écouter bavarder. Enfin, c'est ridicule, aller déranger le professeur Cabrol pour ça...*

En réalité, une radio vient de révéler que j'ai une fracture de la colonne vertébrale et que j'ai un risque considérable de terminer ma vie dans un fauteuil roulant, si je ne meurs pas d'une hémorragie, ou d'un problème cardiaque. Il apparaîtra très vite que le chauffeur du camion m'a mise en danger en me sortant du tunnel dans ses bras alors que j'aurais dû être transportée dans une coquille. Mais Marie-Madeleine devait veiller...

Au milieu de la nuit, Alain est là, penché au-dessus de moi. Ses yeux, son visage, exactement comme au temps de l'opération. Mon émotion de le voir ! Une petite voix me rappelle bien qu'en ce moment ça ne va pas entre nous, mais elle est si lointaine, si confuse, que je peux encore me croire aux plus beaux jours de notre histoire. Tout est bien, il est là, nous nous aimons, il va me ramener à la maison...

— Dis-moi exactement ce que tu ressens ?

Je comprends qu'il me demande l'essentiel, *est-ce que je tiens encore solidement ma vie, ou est-ce que je la sens s'échapper ?*

— Ça va, Alain.

— Tu es sûre ?

— Oui.

— Alors on va te sortir de là.

Il a plusieurs conversations dans la nuit avec mon cardiologue, Yves Grosgogeat, avec Christian Cabrol, évidemment, puis avec différents spécialistes de la colonne vertébrale. C'est comme ça qu'il prend la décision de me faire transporter de ce petit hôpital italien à l'hôpital cantonal de Genève.

Entre-temps, dans la nuit, Roger et Maurice, mes deux frères, apparaissent derrière la vitre qui sépare la salle où je me trouve du monde extérieur.

Maurice : *Nous avons appris ton accident par Radio Monte-Carlo. J'ai aussitôt appelé chez Alain Delon et je suis tombé sur un homme à l'accent italien* (Sylvio, le maître d'hôtel).

— *J'aimais beaucoup votre sœur, m'a-t-il confié.*

— *Elle est morte ? ai-je demandé.*

Il n'a pas su me dire mais je l'ai senti très bouleversé.

Alors nous avons pris la route aussitôt pour Aoste.

En arrivant à l'hôpital, nous avons été surpris par la foule des journalistes et des photographes qui se pressaient devant l'entrée. Nous avons dit à une infirmière que nous étions tes frères, et que nous voulions te voir. Elle nous a demandé d'attendre et elle a disparu. Au retour, elle s'est un peu fâchée :

— *Mademoiselle Darc n'a pas de frères, c'est pas bien de mentir...*

Nous lui avons montré nos passeports, elle s'est excusée, et nous avons deviné que tu lui avais raconté ça pensant que des photographes essayaient de se faire passer pour des membres de ta famille.

On a pu t'apercevoir derrière une vitre. Tu avais un œil complètement noir, mais tu nous as reconnus et tu nous as dit : Merci d'être venus, Alain est là, il s'occupe de tout. Ne vous faites pas de souci, ça va aller. Rentrez tranquillement, rassurez maman, je vous tiendrai au courant.

Nous n'avons pas pu voir Alain Delon, mais nous avons échangé quelques mots avec un médecin qui nous a fait comprendre qu'on s'occupait parfaitement de toi.

Alors nous sommes rentrés sur Toulon plutôt rassérénés.

Durant cette même nuit, Alain me racontera plus tard que le directeur de cabinet de François Mitterrand est parvenu à le joindre. *Le président est très inquiet*, lui a-t-il déclaré, *il a beaucoup d'affection pour Mlle Darc et il vous serait reconnaissant de lui donner des nouvelles de son état de santé.*

Aux premières heures de la matinée, l'hélicoptère qu'a fait venir Alain est là, piloté par l'un de ses amis, François, qui mourra trois ans plus tard au côté de Thierry Sabine. Je comprends la gravité de mon état à la meute des photographes qui se pressent à mon apparition. Je suis bleue des pieds à la tête et, pour me soustraire aux objectifs, Alain me recouvre complètement d'un drap. Plus tard, on me dira que mon accident a fait l'ouverture de tous les journaux des radios et télévisions.

Alors je découvrirai les premiers articles dans la presse française. Celui du *Figaro* : *Mireille Darc : diagnostic réservé*, si réservé que le quotidien publie un long rappel de ma biographie qu'on peut lire comme une notice nécrologique [1]. *Mireille, tout le monde l'aime !* s'écrie *France-Soir*, comme si je ne devais pas reparaître [2]. Et partout le même communiqué des médecins italiens, diversement traduit, mais d'où l'on déduit que je souffre d'une fracture de la première vertèbre lombaire avec compression du canal médullaire, d'une fracture du bassin, de plusieurs côtes cassées, de contusions pulmonaires probables, d'une blessure profonde sous l'orbite de l'œil droit, et que je me trouve en

1. *Le Figaro*, 8 juillet 1983.
2. *France-Soir*, 8 juillet 1983.

état de choc hémorragique. Seule note d'optimisme, la conclusion du communiqué : *En l'état actuel, aucune lésion des viscères n'a pu être décelée. Mireille Darc est restée consciente. Sa pression artérielle est normale (70/100), de même que son rythme cardiaque (70/minute).*

À l'hôpital cantonal de Genève, je commence à prendre la mesure de ce qu'il va me falloir maintenant endurer : trois mois d'immobilité absolue dans une coquille pour permettre à la fracture de la vertèbre lombaire de se résorber. *C'est à ce prix-là qu'on va pouvoir vous récupérer*, m'expliquent les médecins. J'acquiesce, je comprends. Je suis maintenant dans une chambre, allongée à plat dos, et lorsque les gens me parlent ils se penchent sur mon visage, comme on le fait au-dessus d'un nouveau-né, pour que je ne sois pas tentée de tourner la tête.

Les médecins ne me disent pas encore combien je vais souffrir de mes blessures, des côtes cassées en particulier, parce qu'ils se savent impuissants à me soulager. La morphine, qu'on donne habituellement dans de telles situations, n'est pas recommandée pour mon cœur.

Petit à petit, je sens monter la douleur. On dirait des foyers qui s'embrasent l'un après l'autre. Bientôt la souffrance s'élève de partout, elle irradie dans les os, dans le dos, dans le ventre, dans la poitrine, dans les épaules, autour des yeux, sous le front, et il vient un moment où je ne saurais même plus la localiser. Alors j'ai cette image d'une boule de feu enfermée dans mon corps et qui chercherait à sortir en me déchirant les entrailles, en me brûlant les os. Mais je sais que je dois l'accepter, la supporter, et j'apprends à continuer à respirer dans cette espèce de grondement. À un certain degré, la douleur fait un bruit de forge, et l'on a le sentiment qu'il faudrait hurler pour se faire entendre. Pourtant, si d'un seul coup on ne souffrait plus, on serait étonné d'entendre le chant des oiseaux par la fenêtre ouverte. Mais là, on est incapable d'entendre quoi que ce soit... J'apprends à ne laisser passer qu'un filet d'air dans mes poumons, et je me focalise sur cette tâche minuscule, *respirer*, respirer le moins possible pour contenir la douleur, mais suffisamment tout de même pour ne pas suffoquer.

La nuit, on m'attache, on me sangle dans ma coquille pour que je ne sois pas tentée de rouler sur le côté. Chaque nuit est une traversée solitaire, et qui n'en finit plus, d'un continent à l'autre. Je continue de contrôler l'air, ce travail entêtant qui me prend le peu d'énergie qu'il me reste, et soudain j'ai la certitude d'avoir dormi, d'avoir échappé un moment à ce vrombissement d'usine que fait mon corps. Si je pouvais consulter une montre, je verrais sans doute que je n'ai pas dormi plus d'un quart d'heure, et peut-être même seulement cinq minutes, mais par chance je n'ai aucun moyen de le savoir. (Tiens, je n'ai pas dit qu'on m'avait volé ma montre dans les heures qui ont suivi l'accident, une montre sertie de petits diamants que m'avait offerte Alain. Je l'avais mise ce jour-là, moi qui ne porte jamais de bijoux, et la vie s'est chargée d'en faire profiter quelqu'un qui en avait sans doute plus besoin que moi.) De nouveau réveillée, je me remets au travail, *respirer, respirer*, ne penser qu'à ça, jusqu'au prochain répit que m'apportera le sommeil.

Alain est reparti. Avec l'apparition de la douleur, la lucidité m'est revenue. C'est vrai, ça n'allait plus entre nous. Bien avant l'accident, ça n'allait plus. Mais c'était quand, cet accident ? Trois jours ? Quatre jours ? Quand l'infirmière passera je le lui demanderai.

— Avant-hier, madame.

— Alors je n'ai encore passé qu'une nuit ici ?

— Oui, voilà, une nuit.

— Et M. Delon...

— M. Delon était là hier, mais il a dû rentrer à Paris.

Je me rappelle qu'il tourne *Un amour de Swann*, de Volker Schlöndorff. Mon Dieu, Alain ! Mais qu'est-ce qui nous est arrivé ? Toi là-bas, et moi sur ce lit d'hôpital... Tu vas m'appeler, tu vas revenir, n'est-ce pas ? Cet accident, c'était un avertissement. À quoi tient la vie ? Tu vois, on a failli se perdre. Si j'étais morte, on se serait perdus. Mais j'ai survécu, c'est une seconde chance qui nous est donnée. Maintenant, tu ne peux pas m'abandonner. Maintenant, on a tous les deux compris, on va se retrouver. Tu m'entends ? Je ne sais pas où tu es exactement, mais je suis certaine que tu m'entends. Je crois que les voix des gens qui s'aiment n'ont pas besoin du téléphone, elles voyagent sur la crête du vent, parfois elles empruntent une plume d'oiseau, parfois un pétale, mais elles parviennent toujours à entrer dans le cœur de l'autre.

16.

Mon amie Marie Marczak débarque à l'hôpital avec son sac de voyage. C'est elle qui m'apprend que nous sommes assiégés par les paparazzis et que je suis enfermée à double tour. Des photographes ont été découverts dans les couloirs déguisés en infirmiers...

— Ils seraient prêts à grimper par les gouttières pour t'avoir sur ton lit d'hôpital !

— Marie, approche-toi, je ne te vois pas... Et maintenant ne mens pas, dis-moi comment tu me trouves ?

— Très impressionnante, comme d'habitude.

— Ne fais pas l'idiote... Est-ce que je fais peur ?

— Tu reviens de loin, Mireille, et comment te dire... ça se voit.

Ma chambre a deux lits, un cabinet de toilette et une grande fenêtre qu'on laisse ouverte en permanence en ce début d'été où la température atteint trente-huit degrés l'après-midi (en dépit du ventilateur qui tourne jour et nuit). Marie a obtenu l'autorisation de dormir là et je l'entends aller et venir pour s'installer.

Brusquement, c'est comme si nous étions deux à porter ma souffrance, et moi qui suis parvenue à ne pas verser une larme, un moment plus tôt, quand Alain m'a téléphoné, j'éclate en sanglots aux premiers mots que nous échangeons avec Marie. Et c'est un soulagement de pleurer enfin. Sur mon corps en morceaux, sur la souffrance que représente chaque minute écoulée, sur l'absence d'Alain...

Marie me laisse pleurer, et puis elle trouve les mots. Peu importe lesquels, mais des mots qui me permettent déjà d'envisager l'avenir... dans trois mois !

— Je ne sais pas comment je vais faire pour puiser la force de tenir jusque-là...

— Mais la force, tu l'as, Mireille ! Et puis on ne va pas te laisser tomber. Les gens t'aiment, tu peux compter sur eux, ils seront toujours là.

Et comme pour confirmer ce que me dit Marie, les premières lettres de soutien m'arrivent. Au début timidement, puis très vite dans des proportions inimaginables. Ce sont chaque jour deux ou trois cents lettres qu'on me dépose à côté de mon lit dans un sac postal. Des lettres de toute la France, parfois de l'étranger, pleines d'affection, de recommandations, d'encouragements, de mots tendres. Beaucoup contiennent des médailles de la Sainte Vierge que je presse sur mes lèvres. Marie me les lit et, au moins pendant ce moment, j'essaie d'oublier mes blessures.

Noyées parmi les anonymes, des lettres d'amis fidèles également. *J'ai remercié le ciel de vous avoir conservée parmi nous*, m'écrit mon cardiologue, Yves Grosgogeat. *Ciel ou stéthoscope, peu importe, l'essentiel est que vous n'ayez pas brisé ce petit bout de fil qui relie l'être humain à la vie. Et que vous soyez là, en chair et en os, même avec un bel arc-en-ciel sur votre doux visage ! Continuez à faire preuve de patience, chaque jour qui passe vous rapproche du rétablissement définitif. Sachez que vos amis – et vos médecins – pensent à vous.*

Demain matin, m'écrit Mgr Mael au nom de toute la communauté du monastère de La Roche-Bernard, *nous célébrerons la Divine Liturgie pour vous et, dès maintenant, nous prions de tout notre cœur et de toute la force de notre foi pour que vous guérissiez. Soyez certaine que nous sommes près de vous par la pensée et par le cœur.*

Et Jean Cau, pris d'une sourde colère contre Alain : *Cet accident, je veux maintenant y voir une renaissance. Espérer en une Mimi qui va dire : « Hé, merde, maintenant je vais m'occuper de moi et on va voir de quoi je suis capable ! Hé, merde, j'en ai marre de réparer les parachutes des autres et je vais sauter avec le mien ! Hé, merde, A., je vais le mettre à sa place, et moi, je vais m'installer à la mienne ! » Pour ce qui me concerne, je t'avoue qu'après cet accident, M. A.D. (même écrire son nom m'ennuie...) s'est éloigné vertigineusement de moi. Moi aussi. Trop, c'est trop. Mon amitié n'est pas blessée (elle le fut souvent) mais cette fois ruinée.*

Mettre Alain à sa place, et moi à la mienne ? Non, je n'y pense pas. Je ne pense au contraire qu'à reprendre ma place dans son cœur, et cependant chacune de ses visites me laisse un peu plus détruite. Alain m'apporte mon courrier, il s'assoit près de moi, il est attentionné, tendre, gentil, mais il n'est plus amoureux. C'est une souffrance terrible de constater qu'un homme qu'on a connu enflammé, et qu'on aime encore comme au premier jour, n'est plus que dans le devoir, et l'amitié. Pour moi, c'est un effondrement qui n'en finit plus. Je me voyais vieillissant à côté de lui et je n'ai soudain plus d'avenir, plus de désirs...

J'attends qu'il s'en aille pour sangloter. Je me sens perdre pied, m'enfoncer dans la dépression mais, par bonheur, il me reste suffisamment de force, ou de fierté, pour ne rien lui dire. À quoi bon confier à un homme qui s'en va qu'on est en train de mourir pour lui ? Non, ma nature me pousserait plutôt à repartir à sa conquête, mais comment conquérir qui que ce soit ligotée sur un lit d'hôpital, le visage tuméfié et les cheveux sales ? On n'est plus une femme, on n'a plus aucun moyen de séduction, on n'est plus qu'une bouche nourrie à la petite cuillère et qui égrène des mots tristes.

Et mes cheveux ! Ils étaient libres et lumineux, j'avais fait d'eux la vitrine de mon âme en arrivant à Paris. Songer qu'Alain les voit à présent sales, collés par le sang et la transpiration, avec trois centimètres de racine brune, et que je suis impuissante à lui épargner ce spectacle résume mieux que tout mon effondrement. Plus que jamais, mes cheveux reflètent l'état de mon âme.

Pourquoi est-ce que je me décide, après quelques jours, à rappeler Pierre Barret ? Bien sûr, je veux m'excuser pour ce dîner, le soir de mon accident, mais j'ai peut-être aussi l'intuition qu'au fond de ma détresse lui saura me tendre la main.

Je ne sais presque rien de cet homme. Je me souviens juste d'un regard qui ne fuit pas, un regard vert avenant et solide. Le soir où je l'ai rencontré, Pierre venait d'assister à un concert de Michel Sardou à Auxerre. Moi aussi j'étais venue écouter Michel, qui est un ami (je suis la marraine de son fils, Romain, et Michel m'a même écrit quelques chansons au milieu des années 1970...), moi aussi j'étais venue l'écouter, disais-je, pour échapper au chagrin que me causait Alain. Et c'était une bonne idée puisque très vite la soirée m'avait conquise, au point qu'à un moment j'étais montée sur scène pour chanter *Requin chagrin* en duo avec Sardou.

D'ailleurs, c'est peut-être cette anecdote qui me pousse à rappeler Pierre Barret. L'idée qu'il a pu conserver un souvenir fort et joyeux de moi me réconforte sur ma propre image, au moment où je ne fais que pleurer dans cet hôpital.

Et je le joins. Comme je l'avais espéré, nous bavardons plutôt gaiement. Bien sûr, il a appris mon accident, et même parmi les premiers puisqu'il est journaliste, à l'époque patron d'Europe 1. À la fin de la conversation, il me demande s'il peut passer me voir, et je dis oui, comme si ça allait de soi, comme si on était déjà de vieux amis.

Un après-midi, il entre dans ma chambre.

— Bonjour, Mireille, c'est Pierre. Pierre Barret, vous vous souvenez de moi ?

Soudain, son visage au-dessus du mien. Oui, ça y est, je reconnais le regard vert, vert émeraude, où l'on lit immédiatement une drôle d'envie de vivre, de s'amuser, et je pense en moi-même *Lui, à l'école, il devait être le premier dans la cour de récréation !*

— Je peux vous embrasser ?

— Si vous trouvez un petit coin de joue intact...

— Sous l'œil gauche, je vois l'espace d'un baiser, vous croyez que ça va aller ?

— Essayez, je vous dirai.

Et puis il s'assoit, s'enquiert doucement de mon état d'une voix chaude pleine de tendresse, et alors rien ne se passe comme je l'avais imaginé. Aux premiers mots, je sens monter les sanglots, et je ne sais plus ce que je lui raconte, peu importe, je déborde soudain de chagrin, de douleur, d'angoisse, et je déverse ce flot de misère sur cet homme que je ne connais pas.

Sans doute un autre que lui aurait-il saisi le premier prétexte venu pour prendre la fuite – l'entrée d'une infirmière, ou le prochain avion pour Paris. Mais Pierre me laisse pleurer et, quand le plus gros est passé, il revient tranquillement à la conversation.

— Oui, je comprends, je comprends, mais essayez tout de même de me dire comment tout ça est arrivé...

Alors lentement je reprends pied et je raconte par bribes, dans le désordre. Je n'essaie pas d'expliquer, d'être cohérente, comme je m'y efforcerais sans doute avec n'importe quel autre interlocuteur. J'ai cette intuition, déjà, que Pierre peut tout entendre, tout comprendre. Et je ne me trompe pas puisqu'il est encore là, à la tombée du soir, acquiesçant, m'écoutant, puis laissant le silence s'installer avant de dire trois ou quatre mots qui me réconfortent presque malgré moi.

— Maintenant je vais vous laisser vous reposer. Ça ne vous ennuie pas si je repasse dans quelques jours ?

— Non, vous voyez bien...

Mes frères me rappellent, ils me disent que maman aimerait beaucoup venir me voir, mais je ne veux pas qu'elle fasse le voyage. Maman a quatre-vingts ans et je sais que je ne supporterai pas sa présence ici. Je lui téléphone très souvent pour la rassurer, mais je la dissuade de venir. Je n'ai pas envie d'avoir à lui expliquer ce que je faisais en Italie, et ce que j'allais entreprendre en Suisse. Les meubles *Alain Delon*, les lunettes *Alain Delon...* Non, il y aurait trop de choses à dire, à raconter, pour rattraper le temps écoulé et se remettre à niveau. D'ailleurs, même en faisant beaucoup d'efforts, je ne suis pas certaine que maman puisse réellement imaginer la vie que je mène, elle qui n'a connu que notre petite épicerie et n'a jamais quitté l'avenue des Moulins...

Et puis je n'ai pas envie du regard de maman sur moi, de ses larmes peut-être. Je n'ai plus envie ni de sa tendresse ni de ses caresses, moi qui rêvais, petite fille, de me blottir dans ses bras et de l'écouter me raconter des histoires...

La seule personne dont j'aimerais qu'elle me touche, c'est Alain. Et Alain ne me touche plus. Il entre dans ma chambre avec un sourire un peu contraint, il s'applique à prendre de mes nouvelles, il m'écoute distraitement, en se levant, en allant et venant, et je sens qu'il est pressé de repartir. Je le connais trop pour ne pas lire en lui. S'aperçoit-il que je maigris d'une visite à l'autre ? Devine-t-il que je pleure toutes les nuits en me répétant son nom : *Alain, Alain, Alain...* comme une pauvre folle ? Quand il n'est pas là, je l'appelle silencieusement et, maintenant, quand il est là j'ai hâte qu'il s'en aille. Dans ces moments où on ne peut pas être belle, on voudrait que la personne aimée nous dise qu'on l'est malgré tout. On ne la croirait qu'à moitié, mais ça ferait tellement de bien ! J'attends un mot, un mot seulement teinté d'un peu d'amour, et comme rien ne vient, je me sens de plus en plus pitoyable sous son regard. Pitoyable et laide. Et moi qui suis si attentive à la beauté de l'âme chez les autres, je découvre soudain la mienne laide, pleine d'un désespoir amer qui l'infecte petit à petit et la ronge.

Je pense que c'est cette maladie de l'âme, plus que mon aspect physique, qui me donne un jour la force de lui demander de ne plus venir. Et à l'instant où je le fais, j'ai le sentiment de me jeter dans le vide, de sorte que je dois fermer les yeux pour ne pas m'évanouir.

— Alain, ne reviens plus. Vis, travaille. Je sais que tu ne veux pas m'abandonner sur un lit d'hôpital, je sais que ça n'est pas le meilleur moment pour partir, mais fais-le tout de même, fais-le pour moi. J'ai besoin d'être seule, de me récupérer...

— Je ne peux pas ! Pas comme ça !

— Mais si, puisque c'est moi qui te le demande. Fais-le au nom de toutes ces belles années que nous avons vécues ensemble. On est en train de s'abîmer, tu vois bien.

— Je sais, par ma faute.

— Par notre faute à tous les deux, mon amour.

Il s'en va, et comme si elle se doutait de quelque chose, Marie débarque le lendemain.

Avec elle, je peux me laisser aller à pleurer (encore et encore...). Et même à rire. Et je peux parler d'Alain, qui est son ami, pour qui elle a de l'affection et du respect. J'entends Marie se laver les cheveux et je lui parle d'Alain. Je l'entends me dire qu'avec cette chaleur elle resterait bien en culotte et soutien-gorge toute la journée, et je lui parle encore d'Alain.

— Est-ce que tu crois qu'un jour je ne souffrirai plus, Marie ?

— Je ne le crois pas, j'en suis sûre !

— Je ne vois aucun homme arriver à la cheville d'Alain.

— Tu ne vois aucun homme tout court, Mimi, c'est surtout ça le problème.

— Je te parle d'amour, Marie, on dirait que tu fais exprès de ne pas comprendre.

— Mais l'amour est partout ! Même dans les couloirs de cet hôpital. Tu sais, je suis encore passée par le bureau des internes en venant...

— Oh ! ça va avec tes internes...

— Je suis sûre qu'ils rêvent tous de s'occuper de toi.

— Avec mon œil au beurre noir ?

— Même avec ton œil au beurre noir tu es ravissante !

— Pauvre crétine !

Christian Cabrol et Yves Grosgogeat me rendent également visite. Les deux hommes à qui je dois la vie ! Inévitablement, ils se mettent à parler de mon cœur, mon cœur secrètement malade d'Alain. Devinent-ils quelque chose ? En tout cas, Christian Cabrol, qui comme à l'accoutumée colle son oreille contre ma poitrine, prolonge de façon très inhabituelle son examen. Malgré moi, je songe à un homme qui espionnerait une conversation derrière une porte. Je le sens qui écoute, qui écoute, attentif et tendu comme s'il était sur le point de résoudre une énigme. Et puis il se redresse, et dit à Grosgogeat :

— Le cœur de Mireille, c'est inimaginable ! Il tape, il s'arrête, il repart... Je n'ai jamais vu quelqu'un d'aussi imprévisible !

José Giovanni, le réalisateur de *Deux hommes dans la ville* et du *Gitan*, débarque à son tour. Mais en tenue de cycliste ! Comme il habite en Suisse, à une cinquantaine de kilomètres de l'hôpital, je deviens pour lui un but de randonnée. Il arrive, essoufflé et content, et ses visites me donnent le sentiment que la vie revient lentement me lécher le bout des pieds, un peu comme la mer qui monte. Je lui commande un plateau-repas, il déjeune à côté de moi en me racontant tout ce qui lui passe par la tête, et puis il s'allonge sur le lit voisin et fait une bonne sieste. Zazie, sa femme, passe le récupérer en fin d'après-midi et, grâce à lui, la journée a été moins longue.

Les week-ends sont embellis par les fruits de Nadine de Rothschild. Elle vit à Genève, et les pêches, les figues, les abricots de son verger, qu'elle me fait porter dans une jolie corbeille, sont comme des baisers que m'enverrait l'été, sensuels et sucrés.

Et puis Pierre revient. C'est étrange comme sa présence me réconforte, sans jamais me mettre dans l'embarras. Même me montrer à José Giovanni, qui me connaît pourtant depuis longtemps, me dérange secrètement. Mais me montrer à Pierre, immobilisée sur un lit, avec mes cheveux sales et mon œil noir, ne me gêne pas. Pourquoi ? Peut-être parce que nous ne sommes pas dans une relation de séduction. Il me semble que, dès sa première visite, Pierre entre dans ma vie pour me protéger. Sans intentions particulières, juste me prendre par la main et me conduire sur l'autre rive.

Il arrive avec ce regard confiant qui ne juge pas, et dit tranquillement :

— Comment tu te sens, aujourd'hui ? Est-ce que tu as dormi ?

Je peux répondre si j'en ai la force, ou pleurer, ou ne rien dire, il va simplement me prendre la main et me couver des yeux avec une tendresse qui résisterait à la foudre.

Si je me sens bien, il me donne des nouvelles du monde. Il me parle de Paris au milieu du mois d'août, de son travail qu'il aime, d'un rallye en ULM, ces petits avions légers comme des libellules, qu'il projette pour l'automne.

Si je me sens mal, il ouvre un livre et se met à lire. Je peux m'endormir, je sais qu'en me réveillant je le retrouverai là, à la même place, absorbé dans son bouquin.

— Tiens, écoute ça, dira-t-il.

Et je l'écouterai me lire quelques pages.

Il me parle des pèlerins de Compostelle sur lesquels il vient d'écrire un livre, et j'apprends qu'il a lui-même fait ce pèlerinage avec un ami, Jean-Noël Gurgand [1]. Il me parle de sa passion pour le Moyen Âge et de la bibliothèque qu'il s'est constituée sur cette époque au fil des années...

Petit à petit, je découvre l'âme de cet homme, en même temps joyeuse et tourmentée. Enfant d'une

1. *Priez pour nous à Compostelle*, Pierre Barret et Jean-Noël Gurgand, Hachette Littératures, 1978.

famille bourgeoise, Pierre était sans doute destiné à devenir l'un de ces conquérants qui dirigent l'économie. Mais le ciel en a décidé autrement en lui enlevant sa mère à l'âge de huit ans, et quand je le rencontre il porte toujours cette blessure. Je crois que c'est elle qui en fait cet homme inattendu et comme en quête d'autre chose, d'une explication qu'il cherche et ne trouve pas. Élève à HEC, il interrompt brusquement ses études pour s'engager à vingt ans dans les commandos de marine et partir faire la guerre en Algérie. Patron et père de famille, il risque sans cesse sa vie pour battre des records dans les airs, ou au guidon d'une moto de course... Il est en même temps casse-cou et maternel, érudit et aventurier, révolté et tenté par la foi.

Plus tard, repensant à ce couple étrange que nous formions à l'hôpital, moi dépérissant dans ma coquille, lui surgissant de la vie tel un chevalier triomphant, je me dirai qu'en amoureux des extrêmes il a dû trouver dans cette situation quelque chose de romanesque. Cette femme qui a connu le succès, la lumière, et qui vit à présent cloîtrée dans cette chambre, au fond du malheur, et lui qu'un enchaînement de hasards a conduit jusqu'à son chevet... Oui, plus tard, le connaissant et l'aimant, l'aimant infiniment, je me dirai qu'il a certainement cru au doigt du destin, imaginé qu'il n'était pas mené là par hasard, et qu'il a accompli cette mission de sauvetage avec la passion et le feu qu'il mettait en tout.

Un soir, il me demande s'il peut rester dormir dans le lit à côté du mien, il se sent trop fatigué pour reprendre l'avion, et je dis *Évidemment, Pierre, pourquoi me poses-tu la question ? Évidemment que tu peux dormir là*... Ensuite seulement je me fais la réflexion que si José Giovanni, ou un autre ami, m'avait demandé la permission de passer la nuit dans ma chambre, j'aurais été gênée. Mais la présence de Pierre est une évidence. Je suis rassurée de le deviner en train de lire au lit et, plus tard, lorsqu'il dort, comme apaisée d'entendre sa respiration. D'ailleurs, peut-être est-ce ce soir-là que je l'appelle *maman* pour la première fois. Ça m'échappe, et aussitôt nous en rions. Pendant les quatre années où nous allons vivre ensemble, il m'arrivera sans le vouloir de lui dire encore *maman*, mais à certains moments particuliers où je le remercierai de m'avoir tendu la main.

Au début de septembre, on me sort par intermittence de ma coquille et je commence la rééducation. Après huit semaines d'immobilité, je ne tiens plus sur mes jambes et je dois réapprendre à marcher. Mes muscles ont fondu, je n'ai plus que la peau sur les os. Je me fais l'effet d'être une asperge cuite, vraiment très cuite.

Les premiers jours, ce sont des exercices tout simples, on me pousse sous les pieds, ou les mains, et je dois résister. Je n'ai pas beaucoup plus de force qu'un nourrisson. Et puis on me met debout quelques secondes et j'ai l'impression que ma tête pèse une tonne. Les premiers pas me donnent la nausée. J'ai quarante-cinq ans, mais en apercevant ma silhouette au détour d'un couloir, soutenue par deux infirmières, il me semble que j'en fais trente de plus...

Par bonheur, Marie est là pour me laver les cheveux et me rendre un peu de lumière. Ensemble, nous commençons à parler de ma sortie. J'en rêve, et en même temps je la redoute. Apprendre à vivre sans Alain... Apprendre à revivre, tout simplement. J'arrive à peine à arpenter ma chambre toute seule, comment vais-je faire pour aller chez l'épicier, chez le coiffeur, pour traverser la rue, conduire ma voiture... On me dit que la meilleure rééducation consisterait à grimper puis redescendre l'escalier de l'hôpital, mais on ne me cache pas que les photographes continuent le siège et qu'ils ne vont certainement pas me rater. Alors les infirmières m'autorisent à parcourir l'escalier la nuit, quand l'hôpital est fermé et que les autres malades dorment. Vers la fin septembre, je passe mes nuits dans cet escalier, accrochée à la rampe, le souffle court, et mes journées à récupérer derrière ma porte cadenassée.

Ça y est, les médecins évoquent mon prochain départ. La nouvelle va très vite se répandre et, le jour J, je peux déjà prévoir une bousculade sans nom. J'en discute avec Marie. Officiellement, Alain et moi vivons toujours ensemble, de sorte que personne ne comprendrait qu'il ne vienne pas me chercher.

— La photo qu'attendent les journalistes, c'est celle de vous deux quittant l'hôpital, toi au bras d'Alain.

— Ça je ne veux pas, ça serait complètement bidon.

— Mais si tu sors sans Alain, c'est votre séparation qui va faire les gros titres...

— Il n'en est pas question non plus.

— Alors tu ne peux pas sortir !

— Si, je crois que j'ai une idée...

— Tu vas te déguiser ? C'est ça ?

— Non, bien mieux, on va se tirer en pleine nuit !

— T'es cinglée ! Jamais l'hôpital ne te laissera partir...

— L'hôpital, je m'en arrange. Écoute-moi, Marie, voilà comment on va faire...

Je charge Marie de nous prendre deux couchettes dans le train Lausanne-Paris qui part vers minuit. Puis de me rapporter un jean et un pull. Enfin de commander un taxi qui nous attendra tous feux éteints sur le parking de l'hôpital et nous conduira à Lausanne.

Le seul que je mets dans la confidence, c'est Pierre. Il nous récupérera à l'arrivée du train, gare de Lyon, je sais que je peux compter sur sa discrétion.

La nuit choisie pour mon évasion, je demande comme d'habitude à rejoindre l'escalier. Les deux infirmières de garde ont un mot gentil pour m'encourager – *À ce rythme-là, mademoiselle Darc, vous serez bientôt prête pour le marathon !* Elles ne se doutent de rien, surtout pas du marathon qui m'attend et, pour qu'elles n'aient pas d'ennuis, j'ai laissé sur ma table de nuit une longue lettre de remerciement, et d'explication, à l'adresse des médecins qui me soignent depuis trois mois. Je ne porte que mon jean et mon pull, Marie a embarqué ma valise quelques heures plus tôt.

Un ou deux allers et retours dans l'escalier et, l'air de rien, je franchis le hall silencieux, puis la porte, sans rencontrer personne. Marie me fait signe depuis le parking. Je suis hors d'haleine quand j'arrive au taxi.

— Maintenant, vite à la gare de Lausanne, dit-elle au chauffeur.

Alors seulement nous éclatons de rire.

17.

Je traverse la gare de Lyon entre Pierre, d'un côté, et Marie, de l'autre. Mes deux *béquilles*. C'est déjà l'automne à Paris. Les matins gris et mouillés, les files d'attente aux feux rouges...

— Où est-ce que je te conduis, Mireille ?

— Au studio de Guy Laroche. On récupère mes affaires et on repart aussitôt pour Neuilly. Un nouvel appartement...

— Tu ne veux pas qu'on prenne un petit déjeuner d'abord ?

— Oh si, avec plaisir !

La tête me tourne dans la voiture. Pour entrer dans le café, Pierre doit me soutenir. Je me concentre sur mes jambes, sur l'effort que je dois faire pour tenir debout. Est-ce qu'on nous observe ? Sans doute, peut-être, je ne sais pas. Je suis incapable de lever les yeux, d'affronter les regards.

Je croyais avoir faim, mais je n'arrive à rien avaler.

— Emmène-moi, Pierre, je suis fatiguée, j'ai besoin de me reposer.

Et Marie :

— Ça ne va pas ? Tu ne veux pas venir chez moi plutôt ?

— Non, ça va aller, ne te fais pas de souci.

Je retrouve le studio que m'a prêté Guy Laroche, quatre mois jour pour jour après avoir quitté l'appartement que je partageais avec Alain. Si ç'avait été moi au volant de la Mercedes, j'aurais été la première à croire à une envie inconsciente de mourir pour échapper au chagrin. Mais je ne conduisais pas, et donc cet accident n'a aucun sens. C'est par hasard qu'en me détruisant physiquement il a fait que mon corps exprime aujourd'hui l'état de mon âme. Une porcelaine, qu'un petit choc supplémentaire briserait comme du verre.

Nous rassemblons mes quelques affaires et Pierre et Marie me conduisent à Neuilly. Nicole Calfan me prête son appartement, un rez-de-jardin où je vais pouvoir me poser durant les premières semaines. Nicole est une amie que j'ai connue au temps où elle tournait avec Alain dans *Borsalino*. J'aime la paix de son appartement qui s'ouvre sur un gazon, bien protégé du monde extérieur par une haie de troènes.

J'ai une conscience aiguë de ma fragilité. Je porte un corset de plexiglas (une sorte de cuirasse de libellule avec des boucles en cuir pour l'ajuster) qui me rappelle à chaque instant que ma colonne vertébrale n'est pas complètement solidifiée. Le premier jour, en me retrouvant seule sur le trottoir, je me mets à pleurer. Soudain je ne peux plus ni avancer ni rebrousser chemin. Je suis paralysée par la trouille. J'ai peur des piétons que je vois fondre sur moi à une allure vertigineuse – un coup d'épaule et je tombe, et je me casse... J'ai peur des voitures dont les klaxons me font sursauter. J'ai peur des enfants qui courent, des chiens qui surgissent, des flaques d'eau... Et je pleure silencieusement en priant pour qu'une main amie me ramène à la maison.

Ça me paraît insurmontable de passer de l'hôpital, où l'on accompagnait chacun de mes gestes, à cette violence de la rue. Et puis je parviens à prendre sur moi et, au lieu de rentrer, je m'éloigne encore de quelques pas en longeant prudemment les façades. Alors j'entends :

— Mon Dieu, Mireille Darc ! Vous permettez que je vous embrasse ?

— Non, ne m'embrassez pas, j'ai le cou très fragile. Mais serrez-moi la main si vous voulez...

C'est une femme d'une quarantaine d'années, vive et souriante.

— On a tellement pensé à vous ! dit-elle en me caressant les doigts.

— C'est gentil. Merci...

Mais déjà un couple s'est arrêté derrière elle, et je vois qu'eux aussi m'ont reconnue et veulent me parler. Si un attroupement se forme, je n'aurais pas la force, je vais tomber.

Alors je dis très vite :

— Excusez-moi, je dois partir. Merci de votre sympathie, merci beaucoup...

Et je poursuis mon chemin sans plus regarder nulle part.

Traverser est épouvantable. J'attends deux ou trois jours avant d'oser. Le flot furieux des voitures me soulève le cœur, un grondement plus fort que les autres me fait trembler des pieds à la tête. Au rouge, quand c'est à notre tour de passer, les piétons se précipitent, ils se ruent les uns vers les autres, et je dois fermer les yeux pour ne pas hurler d'angoisse quand je les vois me charger.

C'est pourtant à cette Mireille-là, qui aimerait qu'on lui donne la main pour traverser, que Pierre Barret propose de participer... à un rallye d'ULM en Égypte !

— Tu serais dans une voiture suiveuse.

— Mais, Pierre, les médecins m'ont interdit la voiture...

— Je sais, on ne leur dira pas.

— Tu crois ? J'ai peur de ne pas supporter, d'être un fardeau pour toi...

— Mireille, tu ne seras jamais un fardeau, voyons ! Regarde-toi, tu ne pèses rien... Non, viens ! Et puis tu vas rencontrer des gens formidables, des cinglés qui se sont déjà cassé trois fois la colonne vertébrale. Au retour, tu n'auras plus peur de rien.

Pierre a raison. En quelques jours, ce rallye me sort du cocon dépressif où je m'enfonçais. D'abord, je retrouve le soleil qui me fait du bien aux os. Ensuite, je rencontre des phénomènes, des hommes et des femmes qui ont cette particularité d'être restés des enfants dans un coin reculé de leur tête. Ils ont quitté leurs affaires de grandes personnes pour venir ici s'amuser. Ils savent qu'à ce jeu-là – s'envoler avec un moteur de scooter entre les jambes – on peut facilement se casser le cou, mais ils sont suffisamment déraisonnables pour recommencer. Ils ont dans les yeux cette excitation des garçons dans une cour de récréation, avec en plus le respect et la gentillesse des vieux routiers pour les jeunes qui se lancent.

Des corsets en plexiglas comme le mien, certains en ont déjà porté. Et s'ils ne se sont pas encore fêlé une vertèbre, ils se sont cassé autre chose, un genou, un poignet, une clavicule... Ils ont pour les blessés la prévenance, mais la rudesse aussi, des gens d'expérience. Ils savent comment se positionner dans les cahots, les gestes pour assouplir une articulation douloureuse, comment dormir avec un coussin sous les genoux pour soulager son dos... Et comme ils en ont vu d'autres, on dirait que rien ne les affole vraiment. Quand Patrick Poivre d'Arvor se plante avec son ULM, je suis la seule à pousser un hurlement. Eux vont tranquillement constater les dégâts et, finalement, Patrick sera le premier à en rire.

Les soirées sont joyeuses, dépaysantes et réconfortantes pour moi qui reviens de si loin. Parfois nous dormons à la belle étoile, parfois à l'hôtel. Je fais la connaissance de Bernard Fixot qui va devenir un ami, avant d'être mon éditeur. J'apprends surtout à mieux connaître Pierre, à aimer ce mélange insolite de réflexion et de folie, de maman poule et de risque-tout. Après m'avoir tenu la main à l'hôpital de Genève, c'est lui qui me pousse à embarquer à bord d'un ULM deux places. Nous nous envolons dans le ciel de Gizeh, nous frôlons la tête mutilée du Sphinx, nous survolons les grandes pyramides, avant de revenir nous poser en cahotant sur la terre rouge. Ce jour-là, tout le rallye m'applaudit comme si j'étais une miraculée, et je commence à croire que j'en suis une, en effet. J'ai survécu à une opération du cœur, à un accident de voiture, et ne suis-je pas en train de survivre au départ d'Alain ?

Tout va très vite ensuite. À la fin de cet automne 1983, Pierre ne me cache pas ses sentiments. *Si je peux vivre quelque chose avec toi, si c'est possible,* me dit-il, *je suis prêt à le vivre.* Moi, je ne lui cache pas que j'ai toujours Alain dans le cœur, mais je lui dis aussi combien sa présence m'est devenue précieuse. Avec cette force qu'il a, je le vois acquiescer et sourire. Il sait, il m'a suffisamment vue pleurer, je n'ai pas besoin d'expliquer.

Quelques semaines plus tard, c'est moi qui décide d'en finir avec le chagrin. De me donner un grand coup de pied au cul, comme je me le murmure un matin en ouvrant les yeux, *Mimi, maintenant tu vas arrêter de souffrir.* Ce même jour, je dis à Pierre *Je ne te promets rien, Pierre, mais c'est oui, je veux bien essayer de vivre quelque chose avec toi...*

Je me rappelle ses yeux comme si c'était hier – l'éclair de bonheur qui a traversé son regard, subitement, et ce geste qu'il a eu aussitôt après pour ouvrir *Le Figaro* à la page des annonces immobilières :

— Alors je vais tout de suite nous trouver une maison !

Repensant à son empressement, aujourd'hui, à cette hâte qu'il mettait en tout, je me dis qu'une voix secrète lui soufflait qu'il ne lui restait que peu de temps à vivre. Qu'il ne nous restait que peu de temps pour nous découvrir et nous aimer. Nous étions au début de l'année 1984. Quatre ans et demi plus tard, Pierre allait mourir.

Quand nous nous rencontrons, il est marié, père de deux filles. Se séparer de sa femme, tourner le dos à tout ce qu'ils ont construit ensemble, n'est pas facile. Il m'en parle peu, mais je sais qu'il ne provoquerait pas ce séisme familial s'il n'était pas certain de ses sentiments. Certain d'être honnête et loyal avec lui-même. Et sans doute sa femme le sait-elle également puisqu'elle sera jusqu'à sa mort d'une grande élégance à son égard. Et j'allais écrire, à *notre* égard.

En quelques jours il trouve une maison. Je l'écoute me la décrire. Elle est à Boulogne-Billancourt, dans une impasse fleurie, délicieusement provinciale. Elle compte trois étages et un petit jardin. Elle est blanche, années 1930, romantique... Je l'écoute me la décrire, mais je ne vais pas la visiter. Il se demande si elle me plaira, s'il peut prendre le risque de l'acheter, et je dis *Si tu l'aimes, Pierre, je l'aimerai aussi. Achète-la.*

Il y a de gros travaux à entreprendre, et je ne lève pas le petit doigt. C'est à cela que je vois combien ma relation avec Pierre est différente de celle que j'avais construite avec Alain. J'étais l'architecte en chef des maisons d'Alain, inlassablement je produisais de la vie et de la beauté autour de lui, parce qu'une fée maligne avait dit *Il n'aura pas le goût du bonheur !* Pierre a le goût du bonheur, lui, il n'a pas besoin de moi pour lui rappeler chaque matin combien la vie est enivrante et le soleil délicieux. Je le laisse diriger les travaux, et moi je me laisse aller, c'est très agréable, très reposant.

Je ne lui demande que deux choses, que mon lit fasse deux mètres de large, parce que je n'aime pas les lits étroits, et que les murs soient blancs. Tout habité par sa passion pour le Moyen Âge, Pierre aime les velours rouges, les lourdes tentures, les couleurs sombres, et moi c'est le genre de choses qui me donnent des cauchemars. Il sacrifiera ses goûts à mon appétit pour la lumière, à l'exception de sa table de travail qu'il choisira noire...

Et puis j'écris à Alain. Nous nous sommes séparés, mais nous ne nous sommes pas quittés. Je veux qu'il sache tout ce qu'il m'arrive d'important, et je ne veux pas qu'il l'apprenne par quelqu'un d'autre que moi. Je lui parle un peu de Pierre, de notre rencontre, et je lui dis que j'ai envie de continuer mon chemin avec cet homme.

À la minute où j'accepte Pierre dans ma vie, je l'accepte avec joie. Et je fais tout pour que notre quotidien soit joyeux. Alors je découvre combien Pierre peut être séduisant par ce mélange si particulier de générosité et d'engouement qu'il met en tout. Chaque jour, je me dis *Comment ai-je pu vivre si près de lui à l'hôpital, puis à Paris, sans réaliser à quel point il est beau, intelligent, fascinant ?* Et je me vois tomber sous son charme avec une facilité qui me déconcerte.

Ce début d'année 1984 où j'ai encore besoin de temps pour cicatriser mes blessures, je me laisse porter par lui. Il voyage beaucoup et je l'accompagne. Je me souviens de mon amusement secret en l'observant le matin choisir tel costume plutôt que tel autre. Pierre est patron, il s'habille chaque jour en patron, et cela me semble soudain le comble de la sensualité. Cette année-là, nous allons au Kenya, deux ou trois fois à New York, et dans plusieurs capitales européennes.

Dans les moments volés à son métier, nous partons marcher tous les deux. Pierre a besoin de retrouver ses racines à travers des sentiers ancestraux, en traversant des forêts, en grimpant sur de hauts plateaux. Il possède un moulin près de Millau dont il me parle tous les jours. C'est son attache sur terre, ce moulin, l'endroit où il se sent le mieux en communion avec les générations qui nous ont précédés. Meuniers, bergers, tailleurs de pierre, tous ces métiers dont il a recherché l'origine au Moyen Âge le touchent profondément, comme s'ils donnaient un sens à notre passage sur la terre. Nous sommes les maillons d'une chaîne, pense-t-il, nous poursuivons l'élaboration d'une civilisation, d'une culture.

Nous pouvons marcher tout un week-end, lui sac au dos, et moi ne portant rien, comme d'habitude, à cause de mon cœur. Nous visitons l'Aveyron, nous dormons sur les Causses à la belle étoile, et nous découvrons ensemble l'Aubrac. La beauté inouïe de l'Aubrac qui nous habitera, et que nous nous remémorerons souvent, durant toute notre vie ensemble...

D'autres fois, nous partons à moto pour Montlhéry voir une course, nous mêler aux coureurs et, pour Pierre, parler motos. Je découvre qu'il a couru le Bol d'Or, les Vingt-Quatre Heures du Mans de la moto. C'est lui qui a créé *Moto Journal*, inspiré de sa propre passion pour les *gros cubes*, pour la vitesse, et il est étrangement autant à sa place sur un circuit, dans la fureur des moteurs et l'odeur d'huile de ricin, que sur les Grands Causses, dans l'extrême solitude.

Au retour de Montlhéry, il me parle du prochain record qu'il envisage de battre en ULM, de sa fascination pour le désert qu'il a déjà parcouru plusieurs fois en pèlerin solitaire, du prochain livre sur le Moyen Âge qu'il envisage d'écrire... Et, en l'écoutant, je me dis qu'il n'aura jamais assez d'une seule existence pour satisfaire autant de désirs, alors je nous imagine tous les deux courant inlassablement après les chimères de ce beau don Quichotte, et cette pensée me remplit de confiance en la vie, en nous.

À l'automne 1984, je fais la connaissance de Jacqueline Cormier qui dirige le théâtre Édouard-VII. C'est elle qui me propose de remonter sur les planches pour y jouer dans une pièce de l'auteur américain Neil Simon, *Chapitre II*, mise en scène par Pierre Mondy. L'histoire du coup de cœur de Jennie, comédienne fraîchement divorcée, pour Georges, qui vient de perdre sa femme et ne s'en remet pas. Va-t-elle réussir à le tirer du malheur ? Referont-ils leur vie ensemble ?

J'aime le texte de Neil Simon qui m'évoque un peu ce que nous venons de vivre avec Pierre, lui dans le rôle de Jennie, moi dans celui de Georges. Je suis contente d'apprendre que Jean Piat, pour qui j'éprouve affection et admiration, a déjà accepté le rôle masculin. Contente de retrouver Pierre Mondy avec qui j'ai joué dix ans plus tôt dans *Le Téléphone rose*, d'Edouard Molinaro. Pierre, dont l'œil frise aussitôt qu'il me voit, et avec lequel j'ai une complicité naturelle. Enfin, je trouve de bon augure de renouer avec la vie professionnelle en reprenant mes marques au théâtre. Le théâtre, ma première passion, celle qui vingt-cinq ans plus tôt m'a ouvert les portes du cinéma... Ah oui, et j'allais oublier : comme si le destin voulait me mettre les points sur les i, je me rappelle alors que le succès sur les écrans m'était venu après avoir joué dans une pièce du même Neil

Simon, *Pieds nus dans le parc* (avec Jean-Pierre Cassel pour partenaire), déjà mise en scène... par Pierre Mondy ! C'était au début des années 1960. Après tant de signes, comment repousser la proposition de Jacqueline Cormier ?

La première a lieu le 15 janvier 1985. Et immédiatement nous faisons un triomphe. *Plébiscite total, la ville est unanime !* s'écrie le critique du *Point* [1]. Bien sûr, à ces commentaires élogieux qui saluent le talent du metteur en scène, et le jeu merveilleux de Jean Piat, se mêle une avalanche d'articles pour célébrer mon retour sur les planches, tous plus chaleureux les uns que les autres. Je me savais aimée, et même très aimée, depuis les milliers de lettres reçues à l'hôpital de Genève. Les journalistes me le confirment à travers des mots d'une telle tendresse qu'elle me bouleverse encore aujourd'hui.

Mireille Darc est formidable, et c'est vrai, poursuit le critique du *Point*. *Dès que vous prononcez son nom, votre interlocuteur plonge... Intelligente, sympathique, superbe, vivante. C'est vrai aussi que la voir bouger est un bonheur : elle se déplie avec une grâce et un charme qui traduisent toutes ces qualités. Vrai encore que, dans la pièce de Neil Simon, elle est étonnante de vérité, d'aisance. Le parallélisme peut-être entre le rôle – une comédienne qui reprend à la fois sa vie d'actrice et sa vie affective – et la réalité ?*

La grande sauterelle n'a pas pris une ride ! s'exclame gentiment *Le Figaro Madame* [2].

1. 28 janvier 1985.
2. 26 janvier 1985.

Sa gentillesse et sa droiture lui ont donné une place à part dans le cœur des Français, renchérit *Paris Match*. *Ils se sont émus de la savoir malheureuse lorsque s'est achevé son roman d'amour de quinze ans avec Alain Delon, lorsque sont parues, dans nos pages, les photos de l'acteur avec sa nouvelle compagne. L'image du bonheur de Mireille va les rassurer : elle revient au théâtre et elle a refait sa vie* [1].

Cependant, une fois passé le choc émotionnel des premières représentations, très vite le théâtre me pèse. Je comprends pourquoi je m'en suis éloignée au profit du cinéma : jouer tous les soirs me bouffe mes nuits et mes jours, et me coupe implacablement des petits bonheurs du quotidien qui me sont si chers. Pierre s'assoit parmi les spectateurs au début, puis il se lasse, ou a autre chose à faire, et il ne passe plus me chercher qu'à la fin du spectacle. Puis il part en voyage, et je prends l'habitude de dîner sans lui et de rentrer seule. Bientôt, nous nous croisons, il dort quand je rentre me coucher, et je dors profondément quand il part travailler...

Ne plus avoir de temps pour Pierre me met en colère. Être sans cesse stressée me déprime. Je dois me reposer, sinon le soir ça n'ira pas. Mais quand je me réveille à midi, au lieu d'être satisfaite, je constate avec dégoût que j'ai déjà raté la moitié de la journée. Et comment vivre légèrement l'autre moitié avec cette épée de Damoclès que sont les soirées ? À partir de quatre heures de l'après-midi, la tension est telle que je ne peux même plus décrocher le téléphone... Au final, pour deux petites heures sur scène, j'ai le sentiment de

1. *Paris Match*, 18 janvier 1985.

sacrifier toute ma vie, et je ne suis pas suffisamment ambitieuse pour payer ma carrière à ce prix-là.

Roger, mon frère aîné, meurt durant cette année 1985 où je suis tous les soirs sur scène. Nous nous sommes beaucoup éloignés l'un de l'autre, mais sa disparition soudaine me rapproche des miens. J'ai envie de partager le chagrin de sa femme, de Maurice, de maman, et Pierre loue un hélicoptère pour me permettre de passer une journée à Toulon et d'être présente le soir au théâtre. Il m'accompagne, et je suis heureuse de lui présenter mes parents, mon second frère. C'est étrange comme tout est facile avec lui, il n'y a rien à expliquer, rien à justifier. Pierre ne juge pas, il est ouvert et bienveillant.

Ce jour-là, nous nous promenons une petite heure dans Toulon, avant de regagner Paris, et j'en apprends un peu plus sur lui. Pendant que j'étais au Conservatoire, Pierre était en formation de plongeur à la base navale. Nous aurions pu nous rencontrer, oui, peut-être, mais alors nous nous serions sans doute ratés. Moi, je ne pensais qu'au théâtre, lui venait d'interrompre HEC pour partir en Algérie. Il en reviendra quatre ans plus tard, marié, pour terminer HEC dont il sortira major. Il ne me parle pas de sa guerre, il ne me raconte pas dans quelles conditions il a été blessé, transfusé... Tout cela, je ne l'apprendrai qu'un peu plus tard, quand il apparaîtra que cette blessure est en train de le rattraper.

Enfin libérés du théâtre (Pierre en était autant prisonnier que moi), nous nous retrouvons pour croquer la vie par les deux bouts. Pierre tient à son record du monde d'ULM. Il se découvre un complice, André, et nous organisons l'entreprise à tous les trois. Ils veulent être les auteurs du plus long vol jamais réalisé. Quel itinéraire choisir ? Ils s'arrêtent évidemment sur le plus risqué : une traversée de la Méditerranée, d'Annaba, en Algérie, à Monaco. Près de mille kilomètres au-dessus des flots, avec seulement les côtes de Sardaigne et de Corse à proximité s'ils doivent se poser en catastrophe...

La traversée nécessite un ravitaillement en vol, et je ne veux laisser cette mission-là à personne. C'est moi qui m'en chargerai. J'aime cette idée de leur apporter la force d'aller au bout de leur pari, de leur tendre la main au-dessus de la mer. Nous cherchons l'hélicoptère et le pilote capables de mener avec moi cette espèce de rodéo en plein ciel. C'est une manœuvre plutôt hasardeuse : pendant quelques minutes, les deux appareils vont se retrouver reliés par un tuyau, de sorte que, si l'un faisait une embardée, il pourrait déstabiliser l'autre et provoquer une catastrophe.

Enfin, tout est prêt et, un matin d'été, je regarde André et Pierre s'envoler. Très vite, l'ULM n'est plus qu'un bourdon insignifiant entre l'immensité du ciel et de la mer, et j'ai hâte que nous décollions pour le rejoindre. Alors je pense très fort à Pierre. Si Dieu existe, pourquoi ne lui fait-il pas un signe ? Il ne comprend donc pas qu'il n'attend que ça ? Il part à Compostelle, il remet sans cesse sa vie en jeu, mais Dieu là-haut fait comme s'il n'entendait rien, comme s'il ne voyait rien. Quand Pierre a perdu sa mère, à l'âge de huit ans, les jésuites lui ont expliqué qu'il ne devait pas pleurer, mais se réjouir, plutôt, car en rappelant sa maman le Seigneur lui faisait un grand honneur. Pierre a bien voulu les croire, il a essayé, en tout cas, et ensuite il a tenté inlassablement d'entrer en contact avec ce Dieu tout-puissant. De la guerre d'Algérie à Compostelle, du Bol d'Or à ce record du monde d'ULM. Mais le Seigneur, semble-t-il, ne s'est plus jamais manifesté.

C'est moi qui le dis, nous n'avons jamais parlé de la foi ensemble. J'ai parfois essayé, j'aurais voulu qu'il m'explique l'idée qu'il se faisait de Dieu, mais c'était sans doute trop sensible, ou trop douloureux. Dieu est resté jusqu'à la fin une affaire entre lui et lui.

C'est à ce Dieu malentendant que je songe en survolant l'homme que j'aime, précairement suspendu au-dessus de la Méditerranée. Pourvu que son moteur tienne le coup... pourvu que ses ailes ne se déchirent pas... pourvu que la météo reste clémente... pourvu qu'il parvienne à attraper le tuyau d'essence...

Quand vient le moment, nous nous approchons tout près, si près que je peux deviner son sourire. Il lève le pouce et je descends doucement le tuyau. Je suis assise sur un bidon, les jambes dans le vide, secouée par les turbulences, les cheveux dressés sur la tête mais l'œil rivé à l'endroit précis où doit arriver l'embout pour qu'il puisse le saisir et faire le plein. Et ça marche ! Il s'en empare, le tire doucement à lui et, pendant des minutes qui me paraissent des heures, nous volons attachés l'un à l'autre.

Le soulagement quand il me fait signe de remonter ! La première étape est gagnée, il reste maintenant à atteindre Monaco...

Quand la côte apparaît, quelques heures plus tard, je vibre de la tête aux pieds. Ils vont le décrocher, leur record ! Ça y est, ils descendent, ils survolent la jetée, ils entrent dans le port de Monaco... Et soudain ils tombent ! Le moteur a-til lâché ? N'ont-ils plus d'essence ? En tout cas, le petit avion s'abat comme un oiseau foudroyé dans les eaux du port et, quelques minutes plus tard, des gens se précipitent pour récupérer les deux pilotes. Tout va bien, ils sont entiers, heureux.

Une semaine plus tard, le record du monde leur est soufflé par deux types dans leur genre, et tout est à recommencer...

Mon record à moi s'appelle *La Barbare*. C'est le titre d'un roman [1] de mon amie Katherine Pancol qu'un producteur, Norbert Saada, me propose d'adapter au cinéma alors que je quitte le théâtre. Passer de la comédie à la réalisation me fait évidemment très peur, et ça serait sans doute suffisant pour relever le défi. Mais il s'y ajoute le désir de trouver un second souffle après avoir tourné dans une quarantaine de films et avoir frôlé la mort à deux reprises. Et puis l'histoire de *La Barbare* me touche parce qu'elle est aussi la mienne. Une jeune femme débarque dans la vie d'un couple qui vit heureux depuis quinze ans et le fait exploser. Je viens de traverser ce séisme-là des deux côtés : *victime*, avec Alain, quand je l'ai vu tomber amoureux d'une fille de vingt ans de moins que moi, et *barbare*, avec Pierre, quand j'ai brisé malgré moi son couple et sa famille... S'il y a un thème sur lequel j'ai envie de réfléchir, de travailler, c'est bien celui-là.

1. Éditions du Seuil, 1981.

Avant de prendre une décision, j'en parle à Alain, au fil d'une longue promenade dans les allées du bois de Boulogne. Je lui parle du personnage de l'homme, Michaël dans le roman de Katherine Pancol, j'ai envie qu'il me dise ce qu'il en pense, la façon dont il l'imagine. Et Alain se prête au jeu avec cette fièvre qui le saisit, et que je connais bien, aussitôt qu'il s'empare d'un scénario. Il me raconte ce qui traverse la tête, et le cœur, d'un homme de quarante ans lorsqu'il voit surgir une jeune femme au milieu de son couple. Son désarroi, son ambivalence, la sourde lutte entre le cœur et la raison... Est-ce que je ne suis pas en train de lui demander d'accepter le rôle ? Si, peut-être, mais je n'en ai pas clairement conscience et, quand je m'en rendrai compte, il sera trop tard. Cependant, je retiens que durant toute notre conversation Alain m'a poussée à faire ce film, à me lancer.

Pierre aussi m'encourage à foncer et, au moment où je dis oui, je pense qu'il sera à mes côtés tout au long de l'aventure, avec cette audace et cette intelligence qu'il insuffle à tout ce qu'il touche. Je me sens forte de son amour, de sa présence, je suis pleine d'enthousiasme, je ne me doute pas que la maladie va soudain nous précipiter au bord du gouffre.

18.

Je me souviens d'une journée passée sur le *Foch*, et de Pierre, radieux, embarquant à bord d'un avion de chasse pour aller survoler la Provence. Je me souviens d'une croisière côtière en Méditerranée, et de Pierre disparaissant sous les tourbillons d'écume avec ses bouteilles d'oxygène sur le dos, le long d'une paroi rocheuse, pour aller bavarder avec les poissons. Je me souviens d'une nuit ensemble dans le Ténéré, de celle-ci plus que des autres, parce que cette nuit-là les grains de sable soulevés par le vent produisaient une petite musique métallique qui nous fit penser au *Petit Prince* de Saint-Exupéry. Je me souviens du projet dont il parlait sans arrêt cet été-là, sauter de nuit au-dessus de la mer et n'ouvrir son parachute qu'au dernier moment, comme pour flirter de plus près encore avec la mort et se prouver qu'elle ne lui faisait pas peur...

Et soudain, cette nouvelle ahurissante, qui nous laisse un moment sans voix : Pierre souffre d'une cirrhose du foie consécutive à une hépatite B. Où l'a-t-il attrapée, cette hépatite ? En Algérie, lorsqu'il a été transfusé. Et pourquoi son organisme, qui avait résisté jusqu'à présent, a-t-il subitement cessé de se défendre ? On ne sait pas. Plus tard, je rapprocherai le début de sa maladie de son départ d'Europe 1, durant l'hiver 1986, qui l'a profondément abattu et qu'il a mis quelques mois à surmonter. Mais, sur le moment, on ne comprend pas. Le médecin ne nous cache pas que c'est très grave, qu'il n'y a pas vraiment de traitement, mais comment le croire puisque Pierre est en pleine forme ?

Au début, on se rassure, en songeant que tout vient sans doute de ce docteur qui ne doit pas avoir tellement confiance en la vie, qui ne connaît pas suffisamment Pierre en tout cas – son courage, sa capacité de résistance, cette envie qu'il a de braver le danger et de l'emporter, toujours... Et on cherche un autre médecin. On en voit plusieurs, on ne fait même plus que ça pendant un certain temps, prendre des rendez-vous, téléphoner à droite et à gauche pour se renseigner sur les spécialistes de l'hépatite B et de la cirrhose du foie, acheter les derniers bouquins parus, recueillir les témoignages d'amis d'amis qui s'en seraient sortis.

Et puis, un jour, on se retrouve en face du professeur Bismuth, qui est au foie ce que Christian Cabrol est au cœur. Un magicien. Un homme doué de pouvoirs quasi divins, croit-on. Henri Bismuth a réalisé quinze ans plus tôt, en 1972, la première transplantation du foie, et il évoque aussitôt la possibilité d'une greffe. Alors on mesure soudain que le premier médecin ne se trompait pas : en l'état, Pierre est donc condamné. Oui, mais je l'étais aussi, et Cabrol m'a sauvée ! On balance silencieusement entre l'angoisse et l'espoir, et on lutte secrètement pour ne pas se laisser gagner par la trouille.

La Barbare est passée au second plan de mes préoccupations. J'envisage de remettre le film à plus tard pour rester auprès de Pierre, lui consacrer tout mon temps. Seulement, si je fais cela, me dis-je, il risque de penser que je n'ai plus d'espoir, ou que la peur de le perdre me paralyse. Je lui en parle à demi-mot, sous prétexte de le tenir au courant de la préparation du tournage. Et lui :

— Mireille, quoi qu'il arrive, tu fais ton film.

— Oui. J'essaierai seulement de ne pas être absente trop longtemps...

— Ne raisonne pas comme ça, ne sacrifie rien. Les gens comptent sur toi, et tu as besoin d'eux pour réussir. Il ne faut jamais faire les choses à moitié.

— C'est vrai, mais je n'ai pas non plus envie de te laisser.

— Écoute, on ne va pas se faire bouffer par ce truc. La vie continue, continuons à vivre, à travailler

Lui s'est remis à un projet de livre. Il passe une grande partie de ses journées dans la bibliothèque qu'il s'est fait aménager au premier étage de notre maison de Boulogne-Billancourt. Tous ses livres sur le Moyen Âge sont rassemblés là, ils occupent trois des quatre murs. Sa table de travail, sombre et massive, est disposée dans un coin. En rentrant le soir de mes castings, je l'y découvre en train de prendre des notes, ou au fond du canapé, entouré de fiches manuscrites et de bouquins ouverts. Il a maigri, mais la flamme est là, vive et ardente, au fond de ses yeux verts pailletés de soleil.

— Ah, Mireille ! Raconte-moi vite ta journée. Non, attends, je te sers d'abord un verre de jus de fruits.

— J'ai trouvé mon Michaël, Murray Head, le chanteur !

— Très bien ! C'est toi qui en as eu l'idée ? Il a tout à fait la tête de l'emploi, ce type. Et la barbare est toujours Aurélie Gibert ?

— Oui, et la femme de Michaël Angela Molina.

— Comment s'entendent-ils tous les trois ?

— Je ne peux pas encore te le dire. On part la semaine prochaine en Tunisie, la production a trouvé une villa magnifique, paraît-il, avec piscine et tout et tout.

— Pour toi ?

— Mais non, crétin, pour le film ! Moi je serai très bien à l'hôtel et, à mon avis, j'aurai autre chose à faire qu'à me baigner...

La villa est à Sidi Bou Saïd, au milieu des jardins de Schéhérazade, une oasis de fraîcheur à quelques pas du Café des Nattes que fréquentait André Gide, où touristes et Tunisiens sirotent aujourd'hui du thé à la menthe dans le parfum entêtant des narguilés. Pour la première fois, j'observe ma *barbare*, la petite Aurélie Gibert, sur le lieu de son western sentimental. C'est moi qui ai choisi Aurélie parmi deux cents candidates. Pourtant, elle était systématiquement en retard au casting, bourrée de problèmes, mauvaise élève... Mais elle était en colère contre le monde entier et ça m'a paru de bon augure pour son personnage. Elle s'appelle Sophie dans le film, elle a dix-sept ans et revient en Tunisie pour enterrer son père, après dix années d'exil. Elle est hébergée par le meilleur ami de celui-ci, Michaël, la quarantaine sympathique, qu'elle va bientôt rendre fou, plongeant sa femme Alice (la jolie Angela Molina) dans un désespoir sans fond...

Relisant les quelques articles qui paraissent avant le tournage, je retrouve un peu de mon excitation du moment. *Cet homme, ces deux femmes, je comprends leur façon de fonctionner, d'exister, de souffrir et d'aimer*, dis-je à la journaliste du *Figaro* qui m'accompagne. *Je sais aussi que lorsque dans un couple la femme voit arriver une fille comme Sophie, il vaut mieux sortir le bazooka. Davantage qu'une simple intrigue psychologique, j'aimerais que mon film se déroule comme un western, à un rythme effréné* [1].

Mais quand le tournage démarre, j'ai bien du mal à vibrer de la passion qui m'animait au début. Je pense à Pierre que j'ai laissé seul à Boulogne-Billancourt. Il travaille comme s'il avait l'éternité devant lui, il ne se plaint jamais, mais il faudrait être aveugle pour ne pas voir à quelle allure son corps se dégrade. Il n'a plus d'appétit, il maigrit, ses muscles fondent, et de l'homme que j'ai connu franchissant la Méditerranée aux commandes de son ULM, il ne reste que le regard, solide et confiant, toujours animé de la même flamme.

Combien de temps va-t-il tenir ? Il est maintenant en attente d'une greffe et chaque matin nous nous réveillons, lui à Boulogne, moi sous le soleil de Tunisie, avec l'espoir qu'un membre de l'équipe du professeur Bismuth va appeler. Quand je crie *Coupez !* en fin de journée, c'est à ce coup de fil que je pense. Est-ce qu'on m'a cherchée ? Est-ce que Pierre a laissé un message ? J'en rêve, de ce message : *Ça y est, Mireille, je pars*

1. *Le Figaro*, 11 mai 1988

pour l'hôpital ! Souhaite-moi bonne chance. Et comme on ne me fait part d'aucun appel, c'est moi qui téléphone.

— Pierre ! Je suis contente de t'entendre ! Comment s'est passée la journée ?

— J'ai déjeuné avec Sardou, je vais lui écrire une ou deux chansons pour son prochain spectacle. Bercy, à l'automne.

— Ça, tu aimes, hein ?

— J'adore ! Mais raconte-moi plutôt, toi. Comment avance le film ?

— Les trois comédiens sont formidables, à fleur de peau. Trois chats sauvages, tu sais. Il y a une tension inimaginable sur le plateau...

— Tu es contente de ce qu'ils te donnent ?

— Oui, et j'espère que je leur en donne suffisamment en retour...

— Je ne me fais pas de souci pour ça.

Nous parlons de tout, sauf de la seule chose qui nous préoccupe, l'appel de Bismuth. Si Pierre n'en dit rien, c'est qu'il n'a aucune nouvelle. Aussitôt le téléphone raccroché, je pense à lui. Aux heures qu'il a peut-être comptées depuis le matin, à tout ce qui a pu lui traverser l'esprit, sachant le prix de ces heures, de ces jours...

Les comédiens sont formidables, oui, c'est vrai, mais moi je ne leur donne pas ce qu'ils sont en droit d'attendre. Je devrais les entraîner, les emballer, les réconforter si besoin, les pousser au bout d'eux-mêmes... Je devrais maintenir cette espèce d'euphorie et de tension qui accompagne normalement un tournage.

Merde, c'est tout de même moi la réalisatrice ! Mais je n'ai pas la force de jouer les boute-en-train. La journée finie, je les laisse dîner entre eux et je disparais. Je les abandonne pour aller marcher seule, tenter de reprendre des forces pour le lendemain, penser très fort à Pierre comme pour me permettre de l'oublier un peu quand je serai derrière la caméra.

Je ne suis pas plus présente avec les techniciens qui, certains jours, me mettent deux ou trois heures en retard alors que le budget est déjà ric-rac...

Le week-end, je les abandonne tous de nouveau pour m'envoler rejoindre Pierre. Seuls Norbert Saada, mon producteur, et Marc Angelo, mon assistant, sont au courant de ce que je traverse. Je ne veux pas faire pitié, je ne veux pas que l'équipe du film partage mon angoisse et que la vie de Pierre soit un sujet de discussion sur le plateau – cela surtout m'est insupportable –, si bien qu'ils s'imaginent sans doute que je file m'envoyer en l'air à Paris...

C'est Marc Angelo, *mon petit frère*, qui veille au moral des uns et des autres, qui dîne avec l'équipe, qui pique une grosse colère contre les techniciens, qui a l'œil à tout. C'est lui qui m'accompagne à l'aéroport le vendredi soir, et c'est encore lui qui vient m'y rechercher le dimanche soir. Il ne me lâche pas, et il est le seul à qui je puisse parler quand l'angoisse n'est plus supportable.

Enfin, la nouvelle tombe, le 10 mai de cette année 1988, en pleine effervescence sur le plateau : ça y est, un greffon est disponible, et cette fois c'est au tour de Pierre ! Ça y est !

Je ne peux pas l'accompagner, lui tenir la main jusqu'aux portes du bloc opératoire, comme Alain l'avait fait pour moi. Je vis la transplantation depuis la Tunisie, par téléphone, suspendue aux informations que me donne l'équipe d'Henri Bismuth.

Nous nous retrouvons le 15 mai, pour mon anniversaire. Pierre est en réanimation. Il sourit, et moi je pleure. D'émotion, de bonheur. À ce moment-là, nous nous croyons sauvés.

Pierre sort de l'hôpital au début du mois de juin. Tout semble montrer que l'opération a été un succès : il a retrouvé l'appétit et, déjà, récupéré des forces. Le professeur Bismuth paraît confiant. De notre côté, nous recommençons petit à petit à faire des projets. Dans l'immédiat, Pierre va partir se reposer au bord de la mer, chez Jacqueline Cormier, qui m'avait produite au théâtre Édouard-VII pour *Chapitre II*, et qui est devenue une amie. Pendant ce temps-là, je serai en montage, et je le rejoindrai chaque week-end, puis nous passerons le mois d'août ensemble.

Notre dernier été est en même temps joyeux et studieux. Pierre se remet rapidement, il partage son temps entre la lecture, la natation et les promenades. Il fait deux ou trois longueurs de piscine sous l'eau pour se rééduquer à la plongée. Et sinon il nage, avec l'obstination qu'il mettait à grimper dans l'Aubrac l'été précédent. La maison est confortable, des gens sont là pour la cuisine et le reste, il n'a qu'à penser à lui. Quand je suis présente, nous parlons évidemment beaucoup de mon film. En dépit des conditions difficiles dans lesquelles je l'ai tourné, j'ai l'impression de tenir des moments très forts, très justes. Je lui décris certaines scènes, et je le vois curieux, ému, étonné, toujours intéressé. Au fil des discussions, je finis sans doute par lui raconter tout le film. À sa sortie sur les écrans, en tout cas, quelques mois après la mort de Pierre, chaque plan, chaque décor, me ramènera à lui, à son regard, à ses réflexions, de sorte que je fuirai mon film pour ne pas me laisser emporter par le chagrin.

C'est cet été-là, chez Jacqueline Cormier, que je fais la connaissance d'un homme qui va beaucoup compter dans ma vie, Guy Bonnet. Guy est un généreux, doué d'une grande capacité d'écoute, et j'aime le regard qu'il porte à ce moment-là sur Pierre, sur notre couple. Nous parlons longuement, facilement. Guy, qui deviendra par la suite mon agent, est resté jusqu'à aujourd'hui l'un de mes amis les plus proches, et qu'il ait connu Pierre a sûrement contribué à nous attacher l'un à l'autre.

Vers la fin du mois d'août, je sens Pierre soudain inquiet. Les douleurs sont réapparues et, avec elles, cet état de fatigue abyssal qu'il supportait stoïquement avant la transplantation. Nous regagnons Paris et le professeur Bismuth nous reçoit aussitôt. Les résultats des examens ne laissent aucun doute : le nouveau foie est contaminé, la maladie est repartie.

Je ne parviens pas à me remémorer dans quelles conditions nous quittons l'hôpital avec ce fardeau sur le cœur. Comment trouve-t-on la force de marcher droit après une telle nouvelle ? De se mêler à la circulation et de conduire jusque chez soi ? Je ne sais pas, je ne nous vois pas dans la voiture rentrant de l'hôpital. Mais j'ai le souvenir du sourire de Pierre une fois à la maison. Il sait qu'il va mourir, et il sourit.

Et j'ai aussi le souvenir que le lendemain, ou très vite, il déclare d'une voix tranquille *Mireille, si on me propose une seconde greffe, je ne l'accepterai pas*. Alors je devine qu'accepter la première n'a pas dû être facile. Les donneurs sont en général des accidentés de la route. Celui qui a donné son foie à Pierre était un jeune motard, c'est tout ce qu'on nous a dit sur le moment. Un motard, comme Pierre. En l'entendant me dire qu'il ne recommencera pas, j'entrevois ce qui a pu le traverser durant ces mois d'été où il a vécu heureux grâce au foie de ce jeune garçon mort sur la route. Combien d'heures a-t-il passées à lui parler silencieusement ? À songer à cet accident ? À son espoir à lui, Pierre, né du désespoir de toute une famille ?

Maintenant, il veut regarder la mort en face. Il veut que nous la regardions ensemble. C'est cela qu'il souhaite me dire quand il m'explique qu'il n'acceptera pas une seconde greffe. C'est cela qu'il veut me dire quand il sourit en rentrant de l'hôpital. Il me faut quelques jours pour admettre cette évidence, lui faire une place dans notre vie : Pierre va mourir, il n'en a plus que pour quelques semaines, *et nous n'allons pas nous battre*. Non, ni nous battre, ni nous agiter, ni nous lamenter. Nous allons attendre la mort et la regarder venir.

À ce moment-là de ma vie, je l'ai déjà croisée à deux reprises, la mort, et chaque fois je lui ai tenu tête. Je me suis battue pour vivre quand mon cœur a lâché, et de nouveau quand on m'a sortie en morceaux du tunnel d'Aoste. C'est la première fois que je me trouve en position de devoir capituler. Il faut du courage pour choisir de vivre, mais il en faut plus encore pour accepter de mourir. C'est ce que j'apprends de Pierre durant ces quelques jours où je dois admettre avec lui que la bataille est perdue. Pierre m'apprend à lâcher prise, à accepter dignement l'inacceptable, comme les grands militaires acceptent la défaite – lui le sait bien qui a fait la guerre d'Algérie. Nous n'allons pas fuir, nous perdre, tromper notre angoisse en courant les guérisseurs. Nous allons profiter du temps qu'il nous reste pour nous regarder, nous répéter combien nous nous aimons, et quand la mort viendra nous nous inclinerons.

Comment fait-on pour parler de la mort avec l'être que nous chérissons le plus au monde ? De *sa* mort, je veux dire ? Le plus simplement du monde, comme s'il s'agissait d'organiser les prochaines vacances. Pierre me donne l'exemple, il prépare son départ avec sérénité, en prenant le temps de tout m'expliquer, en souriant, en me réexpliquant si je n'ai pas bien compris. Il va chez le notaire, il organise la vie future de tous ceux qu'il aime, ses deux filles, sa femme, moi. Alors que ses forces le lâchent, c'est lui qui nous porte toutes. Il range ses papiers avec soin, prend le temps d'écrire à chacun, de donner des instructions, d'effacer les malentendus.

Jamais je ne m'étais trouvée dans la situation de devoir envisager calmement la disparition prochaine de l'homme que j'aime. J'apprends à ne pas éclater en sanglots sous ses yeux en réalisant subitement que dans un mois, dans deux mois, il ne sera plus là. J'apprends à contrôler mon chagrin, mon chagrin terrifiant, vertigineux, pour ne pas le lui faire porter en plus de tout le reste. J'apprends à me mettre à son niveau. Puisqu'il regarde sa mort en face, sans un mot d'effroi, sans une larme sur lui-même, je n'ai pas le droit de flancher. J'ai une obligation de courage, de dignité.

Il me prend la main. Il dit :

— Nous devons profiter du temps qu'il nous reste, tu sais, de chaque minute.

Et je réponds :

— Oui, Pierre. Oui.

Et s'il n'est pas trop épuisé, nous allons faire quelques pas ensemble.

Un jour, nous partons chercher tous les deux le cimetière où il reposera et, le lendemain, nous nous promenons silencieusement entre les tombes.

La semaine suivante, comme il me voit planter des fleurs dans notre petit jardin, il vient me dire :

— Elles sont jolies, tu me mettras les mêmes.

— Je te le promets, mon amour.

Et donc, aujourd'hui, dix-sept ans après sa mort, je lui porte toujours les mêmes fleurs.

Dans ces ultimes semaines, si douloureuses qu'on a parfois la sensation physique d'avoir été battus, roués de coups, nous partons nous réfugier quelques jours à Douchy. C'est Alain qui nous le propose, et la perspective de profiter des bois sous la lumière dorée de septembre sourit à Pierre.

Ce n'est pas la première fois que nous allons à Douchy. Quand je lui ai présenté Pierre, quatre ans plus tôt, Alain a tout de suite accroché. Ils se sont parlé, nous nous sommes revus, et une amitié discrète est née entre eux, faite d'estime, je crois, pour ce qui les différenciait – la flamboyance chez Alain, la curiosité chez Pierre, cette envie qu'il avait de tout comprendre, de tout connaître.

Quand Pierre est tombé malade, Alain s'est immédiatement manifesté, à sa façon, nerveuse et pudique, et j'ai compris que je pourrais compter sur lui. Cette invitation à Douchy, au seuil du dernier automne de Pierre, c'est ce qu'Alain peut faire de mieux pour nous.

Pierre est très affaibli, mais il profite de la piscine et passe une grande partie de son temps à nager, comme il l'avait fait durant l'été, comme s'il attendait secrètement que son corps se régénère au contact de l'eau. En sortant, il s'ébroue, il s'extasie sur la lumière, échange quelques mots avec Alain et, après s'être séché et rhabillé, me propose un tour de barque sur le lac. Il est très beau, joyeux, vivant, et en le voyant ramer sereinement vers l'autre rive, à cette heure de l'après-midi où le temps semble suspendu, il m'arrive une seconde d'imaginer que tout ça n'est qu'un cauchemar, que nous allons nous réveiller avec de nouveau l'éternité devant nous...

Alain fait venir son hélicoptère pour nous raccompagner à Paris. Au moment du décollage, le pilote survole longuement la propriété et Pierre fait toute une série de photos, de la maison, du lac, des bois. *Son dernier regard sur le monde*, dira Alain. Bouleversé par ces images qu'il découvrira après la mort de Pierre, il en tapissera l'habitacle de son hélicoptère.

Pierre essaie de supporter la douleur physique avec des cachets, de tenir, mais parfois c'est impossible et nous partons pour l'hôpital. Lui grelottant de fièvre, moi suppliant la Vierge Marie et tous les saints de nous ouvrir la route. Là-bas, nous sommes un peu comme chez nous. Ils nous offrent la possibilité d'arriver sans prévenir, à n'importe quelle heure du jour ou de la nuit, et de repartir quand ça va un peu mieux. Ils me laissent m'allonger par terre à côté du lit de Pierre. Bientôt, ils m'installeront même un lit de camp pour que je puisse dormir. On lui donne aussitôt de la morphine, il en prend un peu, pas trop, parce qu'il veut rester conscient de tout, qu'on ne lui vole pas son temps si précieux, sa lucidité. Ses filles et sa femme passent de longs moments avec lui, à l'hôpital comme à la maison. J'espère qu'il se sent aimé des siens, entouré, soutenu. Pour cet ultime réconfort, je donnerais tout ce qu'il me reste.

De quoi parlons-nous quand il n'est plus dans la préparation de l'*après* ? Il me semble que nous passons notre temps à nous dire combien nous avons eu de la chance de nous rencontrer. C'était seulement quatre ans plus tôt, nous n'avons pas vu passer le temps entre son travail et le mien. Nous devrions être en colère, révoltés contre l'arbitraire du ciel. Mais ça n'est pas le genre de Pierre. Il meurt des conséquences de son engagement en Algérie, vingt-cinq ans plus tôt, d'un de ses défis lancés à ce Dieu qui lui a pris sa mère quand il était enfant, et il assume. Au lendemain de sa mort, je retrouverai ce petit mot à notre adresse, qui trahit sa foi en un au-delà : *Ce n'est pas moi qui pars, c'est vous qui n'êtes pas encore arrivées, je vais vous préparer des places...*

Un jour, nous allons à l'hôpital, et nous y restons. Bismuth m'a prévenue qu'à la fin Pierre tomberait dans le coma. Ce moment est-il venu ? Pierre est épuisé. Je devine aux mines des médecins, des infirmières, que son état s'est encore aggravé. Je ne le quitte plus des yeux, je reste au-dessus de son visage, sur son souffle. Je ne sais pas durant combien d'heures je le couve ainsi du regard, lui rappelant sans cesse que je suis là, avec lui, *avec toi, Pierre, mon amour... Tu m'entends, n'est-ce pas ? Je suis là...* Et soudain, je le vois partir. Qu'est-ce qui me fait penser qu'il entre dans le coma, moi qui ne connais rien à la médecine ? Je le sais, c'est tout. Alors je me mets à l'appeler, à hurler son nom de toutes mes forces, comme si je le voyais courir dans la nuit vers une falaise, *Pierre ! Pierre ! Reviens, je t'en supplie,* et il rouvre les yeux, et j'ai le temps de lui dire *Pierre, je t'aime !* et lui trouve encore la force de me répondre *Moi aussi, je t'aime.* Ensuite il repart, et cette fois je le laisse s'en aller.

Pierre est mort à l'hôpital, le 16 octobre 1988, vers vingt-trois heures. La plus jeune de ses filles était là, près de lui, avec moi. Dans la minute qui a suivi, j'ai appelé le médecin de garde.

— Faites venir une ambulance, vite, je ne veux pas qu'il reste à l'hôpital, je veux le ramener à la maison.

— Mais c'est impossible, madame. La loi...

— Faites venir une ambulance, je vous en supplie, et ne me parlez pas de la loi, je me fiche de la loi...

Il cède. J'ai promis d'appeler un médecin de ville, une fois rentrés, pour faire constater le décès, et les ambulanciers se présentent. Nous ramenons Pierre chez lui, à

Boulogne-Billancourt, et je le couche dans notre lit. Pierre ! À ce moment-là seulement je peux pleurer.

Ses filles, sa femme, son ami Pierre Fabre, qui a fait avec lui HEC et la guerre d'Algérie, viennent ce soir-là le veiller. Puis ils repartent, et je reste auprès de Pierre avec la plus jeune de ses filles.

Cette première nuit, nous la passons allongées près de lui. *Je t'ai aimé vivant, Pierre, pourquoi est-ce que je ne continuerais pas à t'aimer dans la mort ?* Je lui parle beaucoup. Je lui dis qu'il m'a appris à ne pas avoir peur de la mort. *Et comment est-ce que je pourrais avoir peur de toi, mort, alors que, vivant, tu ne m'as jamais fait que du bien ? Alors que, vivant, tu ne m'as donné que du bonheur ? Comment est-ce que je pourrais avoir peur de toi, mon amour ?*

Sa femme et sa fille aînée reviennent le lendemain. Elles le veillent, nous le veillons tous ensemble. Pierre Fabre revient également. Puis Alain, puis quelques amis très proches. Pendant deux jours, nous ne le lâchons pas. Le troisième, nous l'accompagnons jusqu'à la tombe qu'il s'est choisie. Alors tous ceux qui l'ont aimé sont là. Ils lui ont glissé des petits mots dans les poches de ses vêtements. Des mots d'amour, d'affection, pour tromper sa solitude durant le long voyage vers l'autre monde.

19.

La vie sans Pierre. Je mets deux ans à reprendre pied petit à petit. Au début, je ne parviens pas à croire que mon existence est devenue cela, ce vide, ce gouffre. Je cherche au fond de mon sac la clé de notre maison, je pousse la porte, et malgré moi je m'attends encore à trouver toutes les pièces illuminées. Au début, c'est un tel fardeau de porter la mort de l'autre, qu'on ne peut penser à rien d'autre. On a marché tout doucement dans le soir d'automne pour rentrer chez soi, on a longé les murs, comme écrasé, hébété, et on n'a pas envisagé tout ce qui va changer. C'est trop, on ne peut pas tout assimiler du jour au lendemain. Alors même qu'on rentre du cimetière, on peut encore s'imaginer qu'on va retrouver sa maison baignée de lumière, et pleine des bruits familiers du quotidien...

Les premières semaines, il m'arrive de hurler en la découvrant plongée dans le silence et l'obscurité. De grimper les étages en courant, et de hurler. C'est ma façon de meubler le vide, de résister peut-être, je ne sais pas. Est-ce que Pierre m'entend ? Est-ce qu'il voit que je deviens folle de chagrin, lui si courageux ? Ensuite, j'allume toute la maison, et comme ça ne suffit pas, j'allume aussi les deux ou trois télévisions, et la radio dans la salle de bains. Je vais d'une pièce à l'autre, je regarde les images sur l'écran sans les voir, j'écoute la radio sans l'entendre, je peux sortir une assiette et réaliser bien plus tard que je sanglote au-dessus, que je ne me suis rien préparé à manger, finalement. Je ne réussis plus à dormir, je passe une grande partie de la nuit debout à errer. Et puis je ne coupe plus les postes parce que, si par hasard je m'endors, j'ai besoin, en me réveillant, de me raccrocher à une voix. Il n'y a rien de pire que le silence en sortant du sommeil. C'est chaque fois comme si on redécouvrait que l'autre est mort. Comme si on l'avait oublié durant quelques instants et que notre conscience vienne nous l'annoncer. C'est à se fracasser la tête contre les murs.

Pendant ces premiers mois, je suis très entourée. Véronique et Marie sont constamment chez moi. Guy Bonnet, Danielle Barraya, Nicole Calfan, Jacqueline Cormier ne laissent pas passer un jour sans m'appeler. Un couple d'amis, Pierre et Geneviève Hebey, m'embarque souvent pour le week-end. Ils ont un appartement à Venise et nous nous y retrouvons tous les trois. Ils m'aiment et me laissent pleurer autant que j'en ai envie. Sans discours ni vaines consolations. Je peux éclater en sanglots au milieu du repas, ils poursuivent la conversation comme s'il ne se passait rien d'anormal, si bien que je peux me reprendre sans avoir à m'excuser.

Comme dans tous les événements graves, Alain est extraordinaire. Il était à côté de moi le jour de l'enterrement. Plus tard, j'apprendrai qu'il a rendu visite à Pierre, à l'hôpital, deux ou trois jours avant sa mort. Et il me rapportera ses propos : *Alain, je voudrais vous demander une chose. Je sais que je vais partir... Quand je ne serai plus là, prenez soin de Mimi, s'il vous plaît.*

Ensuite, Pierre, épuisé, lui a difficilement tendu la main, les yeux pleins de larmes. Alain l'a longuement serrée :

— Vous avez ma parole, Pierre.

Dans cet hiver, où je ne suis plus bonne qu'à pleurer, Alain est très présent. Il m'appelle, il vient, il se tient en contact avec mes amis les plus proches, et je sais qu'il fait le nécessaire pour que je ne manque de rien.

Pour ce premier Noël où je suis seule, Jacqueline Cormier et Guy Bonnet m'emmènent à New York. Nous passons les fêtes tous les trois, dans cette ville où il est si facile de s'étourdir.

Pourtant, en dépit de toute l'amitié qu'on me manifeste alors, j'ai conscience de me noyer. Je m'éloigne de la vie, des vivants, je lâche prise, et il m'arrive d'éprouver dans cet abandon une forme de bonheur. Ou plutôt de repos. Je repense sans cesse au visage de Pierre à l'instant où je l'ai vu partir dans le coma : il souriait ! Il voyait la mort, et il souriait ! À certains moments de la nuit, je suis traversée par le regret fulgurant de ne pas être partie avec lui. *Nous aurions pu, mon amour. Nous nous serions pris par la main et nous serions passés ensemble de l'autre côté.* Sans en avoir clairement conscience, je fais entrer la mort, je l'accueille parmi les fantômes qui me hantent, et c'est en bavardant avec elle, bien plus qu'en me remémorant mes bonheurs d'autrefois, que je trouve le soulagement. La mort est une compagne agréable quand on cesse de lui résister. C'est une chose étrange que je découvre. J'aime de plus en plus éprouver sa présence, presque *l'entendre*, quand je me réveille au milieu de la nuit. Elle est là, quelque part, je le sais, assise sur un coin de mon lit, ou négligemment adossée dans l'embrasure de la porte...

Pourquoi est-ce au professeur Bismuth que je décide d'en parler ? Sans doute parce que je sens chez lui une force que n'ont pas les autres. Celle que lui donne sa familiarité avec la mort. Lui la combat quotidiennement, sans se laisser séduire pour autant.

Me confier à Henri Bismuth, qui s'est tellement battu pour sauver Pierre, c'est déjà me raccrocher d'une main à la vie. Très vite, il me met en contact avec un psychologue qui va me prendre l'autre main et me ramener lentement vers la terre ferme.

Et c'est un peu grâce à Pierre, comme s'il veillait sur moi de là-haut, que je me remets au travail, c'est-à-dire, pour moi, à la caméra.

Pourtant, au départ, les choses s'enchaînent dans le désordre et l'improvisation. Comme je l'avais fait pour Cabrol, je souhaite aider Bismuth qui a bien du mal à ouvrir le centre de greffes du foie dont il rêve. Peu de temps après la mort de Pierre, je rencontre Jacques Attali à qui je fais part de mon souci. Il se trouve, me dit-il, qu'il dîne le soir même avec un banquier qui pourrait être l'homme de la situation. Je sais qu'il lui en parle puisque, quelques jours plus tard, cet homme et le professeur Bismuth se rencontrent. Une partie du financement sortira de ce rendez-vous, ce qui fera dire à Henri Bismuth *Sans Mireille, je ne sais pas si cet hôpital aurait vu le jour...*

Entre-temps, nous avons créé la Fondation Pierre-Barret avec quelques amis de Pierre. C'est notre façon de lui garder une place parmi les vivants. L'un des premiers projets financés par la fondation est destiné au nouveau centre d'Henri Bismuth : nous prenons en charge la construction du laboratoire.

Mais, plus globalement, la fondation a pour objectif d'aider des jeunes qui démarrent dans le journalisme, comme aimait à le faire Pierre qui avait une passion pour ce métier. Nous choisissons chaque année quelques candidats, en fonction des projets qui nous sont soumis, et nous leur ouvrons les portes de la profession.

C'est par ce biais que je suis amenée à rencontrer Paul Nahon et Bernard Benyamin d'*Envoyé spécial*, sur la deuxième chaîne. Ils pourraient prendre l'un de nos lauréats. Nous en venons à parler de Pierre, évidemment, de sa blessure en Algérie, de l'espoir qu'a constitué pour nous la greffe, malgré les difficultés considérables qu'il faut surmonter : l'attente, l'idée à peine supportable que notre survie dépend désormais de la mort d'un autre, l'opération elle-même, l'incertitude quant à la réussite de la transplantation... Et soudain, ces hommes me demandent si je ne veux pas réaliser pour eux un documentaire sur le sujet.

— Mais je ne suis pas journaliste !

— Ça n'a aucune importance, pour la technique on vous aidera.

— J'ai vécu tout ça si douloureusement... Je ne serai sûrement pas objective.

— Vous serez plus juste.

— Vous me demandez quelque chose de très difficile.

— Prenez le temps de réfléchir, et rappelez-nous.

Très difficile, oui, et en même temps je suis immédiatement tentée. Revenir à la greffe du foie et à tout ce qui l'entoure, c'est revenir à Pierre, à notre dernière année ensemble. Et puis j'aime comprendre ce qui se cache derrière les choses. Après mon opération du cœur, j'avais accepté l'invitation de Cabrol à venir assister à une intervention similaire. Assister à une greffe du foie m'attire et m'intéresse.

Enfin, je suis heureuse de renouer avec le travail. À l'exception de mon ami Bernard Fixot, qui est à l'origine d'une série télévisée de quatre épisodes, *Laura*, écrite spécialement pour moi et que je tourne au printemps 1990 (Bernard y incarne d'ailleurs mon mari...), personne ne me propose plus rien depuis la mort de Pierre. *La Barbare* est sortie sur les écrans au plus noir de mon chagrin et le film n'a pas eu le succès que j'espérais. Du coup, les producteurs ne viennent plus me chercher. Quant aux réalisateurs, ils se méfient sans doute d'une comédienne en deuil.

J'accepte donc la proposition d'*Envoyé spécial*, et je replonge immédiatement dans ce milieu hospitalier que je n'ai pas cessé de fréquenter depuis mon opération à cœur ouvert. Je retrouve Cabrol et Bismuth, je retrouve surtout chez les patients que je rencontre l'émotion que je partageais avec Pierre lorsque nous attendions la transplantation, lui à Boulogne, moi en Tunisie. Au début, je n'ose même pas interroger ces gens tellement je me sens proche d'eux, puis je me lance, et peut-être parce qu'ils sentent mon affection, mon empathie, ils se mettent à parler avec une sincérité qui me serre la gorge.

Au contraire de *La Barbare*, mon premier reportage est chaleureusement accueilli par la critique. Toute la presse en parle, et partout on met en avant la justesse et l'émotion des témoignages.

Pour moi qui arrive du cinéma, des rôles de composition, ce documentaire marque un tournant. Je découvre la force de l'émotion saisie sur le vif, du témoignage direct, de l'authenticité. Je découvre que ces émotions qu'on se donne tant de mal à reconstituer au cinéma, on peut les capter dans la vie réelle, à condition d'aimer les autres et de savoir les écouter.

Curieusement, le succès de ce reportage me touche beaucoup plus que mes succès de comédienne. Sur le moment, je me demande un peu pourquoi et, petit à petit, les choses s'éclairent. J'y ai mis ma sensibilité, ma réflexion, bien plus que lorsque je tiens mon rôle dans une fiction. C'est moi qui suis allée chercher les témoignages, c'est moi qui les ai montés, c'est moi qui ai choisi la musique, saisi la poésie de tel moment, l'émotion de tel autre... Tandis qu'à la fin d'une fiction je rentre chez moi insouciante et légère, prête à passer à autre chose, ici je me sens responsable de la réussite ou de l'échec. Responsable aux yeux des personnes qui m'ont ouvert leur cœur, puis responsable aux yeux de tous ceux qui vont maintenant les voir et les entendre sur le petit écran...

En réalité, je suis en train de me découvrir une seconde vocation : le journalisme ! À cinquante ans (et presque autant de films), ce retour à la vie, à la vérité, me laisse un temps étonnée, interdite. Comme s'il m'avait fallu faire ce long détour par le romanesque, me dis-je, pour me réconcilier enfin avec la réalité fruste et douloureuse de mon enfance. Pour me réconcilier avec la vie réelle tout simplement, celle que nous partageons tous ici. Et c'est Pierre, lui si près des hommes, qui m'aura mise sur cette voie, comme s'il voulait me passer le relais...

Après les greffes d'organes, je travaillerai sur la prostitution, sur les prisons, sur le cancer... puis sur les méthodes pour rester belle ! Et j'allais écrire, *malgré tout !* Est-ce que toute la question ne se résume pas à rester belle, en effet, en dépit des injustices, des souffrances et des deuils qui nous assaillent ? Je veux dire à rester debout, vivant ? *Ce qui m'intéresse dans les hommes, désormais*, ai-je écrit récemment sur mon agenda, *c'est ce qu'ils pourraient avoir de beau, de généreux, de juste, de commun, ce qu'ils peuvent inventer qui rendrait le monde meilleur et habitable.* C'est une phrase d'Éric-Emmanuel Schmitt que j'ai piquée dans *L'Évangile selon Pilate* [1], et qui exprime, mieux que je ne parviens à le faire, ma passion toute neuve pour le reportage.

J'écrivais que le journalisme me réconcilie *avec la réalité fruste et douloureuse de mon enfance.* Et on dirait que mon père a attendu ce moment pour se rappeler à ma mémoire : il entre à l'hôpital alors que je réalise mon premier documentaire... La vie, décidément, me rattrape cruellement par le collet. *Galia* n'est plus qu'une jolie fable, et *La Grande Sauterelle* un miroir aux alouettes.

Aurions-nous pu enfin nous parler si j'étais arrivée à temps ? À l'instant où je m'envole pour l'hôpital, j'ai encore ses mots à l'esprit, et il me semble que je n'ai

1. Albin Michel, 2000.

jamais cessé de les entendre depuis quarante-cinq ans : *Regarde-moi bien, Mireille, je vais me pendre, et je vais me pendre à cause de toi. C'est toi qui m'as apporté le malheur*. Mais il est trop tard, papa est déjà parti en emportant son secret.

Je l'ai regardé, je lui ai caressé le visage, et j'ai seulement murmuré *Au revoir, papa, fais un bon voyage.*

Maman aussi me rappelle à la réalité, une année peut-être après la mort de mon père.

Un jour, Maurice me téléphone :

— Maman va très mal, Mireille, j'ai décidé de la faire hospitaliser.

Comme je ne parviens pas à comprendre de quoi elle souffre, je demande les coordonnées du médecin et je l'appelle.

— J'opère votre mère demain matin, me dit-il, elle a un problème intestinal.

— Quel problème ?

— Je le saurai quand j'aurai ouvert.

— Alors je ne suis pas d'accord. Maman a près de quatre-vingt-dix ans, docteur, si vous ne savez pas de quoi elle souffre, je vous interdis de la toucher.

— Comme vous voulez, mais il faudra me signer une décharge.

— Ne faites rien pour le moment, je vous rappelle.

Je téléphone aussitôt à Bismuth en lui demandant d'avoir la gentillesse d'appeler ce chirurgien. Il le fait, mais n'en apprend pas plus que moi.

— Si je vais chercher ma mère et que je vous l'amène, professeur, vous vous occuperez d'elle ?

— Évidemment, Mireille. Prévenez-moi avant d'embarquer, je vous enverrai une ambulance à l'aéroport.

Je pars pour Toulon, je signe la fameuse décharge, et j'embarque maman.

Elle a l'air contente que je m'occupe d'elle. Je lui mets un manteau sur les épaules et on la conduit jusqu'à l'avion sur une civière.

Une ambulance nous attend sur le tarmac à l'atterrissage.

Henri Bismuth, qui l'examine, est partisan de la laisser sous surveillance. Il n'a pas l'air trop inquiet.

Aussitôt, un ballet d'infirmières s'organise autour d'elle. On la branche à des appareils, on la dorlote, on lui demande toutes les cinq minutes si elle a besoin de quelque chose.

Ses sous-vêtements sont en loques, sa chemise de nuit n'a plus de couleur, je devrais sans doute avoir honte, mais je m'en fiche.

Le lendemain, j'arrive avec une garde-robe complète et je l'habille moi-même. Sinon, je sais bien qu'elle va garder les vêtements neufs dans leurs emballages, et remettre sa chemise de nuit sans âge. *Mireille, tu sais que je n'aime pas jeter l'argent par les fenêtres ! – Je sais, maman, je sais*... À Toulon, toutes les jolies robes que je lui ai offertes au fil des années s'entassent encore dans son armoire en attendant leur tour, de plus en plus improbable.

Deux jours plus tard, elle va beaucoup mieux. Et alors seulement elle m'avoue avoir mangé un chou farci qui, comme les robes, attendait son tour au frigidaire depuis pas mal de temps. Son sens de l'économie, encore, mais qui a bien failli lui coûter la vie cette fois...

À sa sortie de l'hôpital, je la ramène chez moi, à Boulogne. Pierre est mort depuis un peu plus de deux ans et je commence tout doucement à respirer. C'est la première fois, depuis des années, que maman et moi partageons le même toit. La première fois que je m'occupe d'elle. Je lui donne ma chambre, mon lit, et, comme j'ai peur qu'elle ne s'ennuie, je téléphone à sa voisine de palier, à Toulon, sa meilleure amie, pour l'inviter à venir nous rejoindre. Bientôt, j'ai deux dames en permanence à la maison dont j'entends les bavardages du matin au soir. Je rapporte des gâteaux, je prépare du thé, et je me surprends à sourire. Ça faisait longtemps...

Un soir, nous parlons de papa toutes les deux. Va-t-elle me dire ce qui est arrivé ?

— Maman, souviens-toi, il était toujours de mauvaise humeur quand nous étions enfants...

— Il avait son caractère, mais c'était un brave homme.

— Oh ! Oh ! Pas si brave que ça... Toi-même, tu en avais marre de le voir bouder.

— Ça c'est vrai ! Mais que veux-tu, il y a des gens comme ça.

— Tu n'as jamais pensé à le quitter ?

— Mais je l'aimais ! Qu'est-ce que tu vas chercher encore ?

— Et le tromper, tu n'as pas eu envie de le tromper ? Tu étais si vivante, et lui tellement...

— Tais-toi ! Je t'interdis ! Je n'ai jamais trompé ton père, voyons !

— Tu sais, j'ai longtemps rêvé que j'avais un autre papa, plus grand, plus beau, plus lumineux... Plus gentil aussi.

— Tu as toujours eu beaucoup trop d'imagination.

À ce moment, je suis tout près de lui raconter la scène du grenier. Est-ce qu'elle sort aussi de mon imagination, celle-ci ? Une enfant de six ou sept ans peut-elle inventer une telle horreur ? Oui, lui raconter enfin la scène du grenier, lui faire violence, avant qu'il ne soit trop tard. Il y a un long silence... À quoi pense-t-elle ? Je vois qu'elle est partie très loin dans ses souvenirs, qu'elle m'a oubliée. Et, subitement, je renonce. *Tu as bien le droit à la paix, maman, et après tout qu'est-ce que j'en ai à faire de qui est mon père ? Je sais que celui-ci ne m'aimait pas, qu'il m'avait condamnée, ça me suffit. Sans cette fêlure, je ne serais sans doute jamais partie à la conquête de ma vie...*

Et comme par hasard, à peine mon père disparu, la vie, ou plutôt le cinéma, me ramène dans les faubourgs de Toulon. C'est Jean Sagols, le réalisateur d'une série récemment diffusée sur la première chaîne, *Le Vent des moissons*, qui vient me chercher. Il me propose de partager la vedette avec Pierre Vaneck dans le prochain grand feuilleton de l'été sur TF1, *Les Cœurs brûlés*. Une histoire à la *Dallas* qui me séduit dès les premières pages du scénario. Marc et Hélène, divorcés depuis dix ans, dirigent ensemble La Réserve, un palace installé sur la Côte. Tout ne semble que tranquillité et luxe autour de ce couple et de leurs grands enfants, quand surgit une jeune fille qui va entraîner ce petit monde dans des rebondissements où l'amour le dispute à la haine, et l'amitié à la jalousie...

Ce qui me plaît dans mon personnage (Hélène), c'est qu'il est diamétralement opposé à la femme que je suis dans la vie. Hélène a souffert, on l'a maltraitée, déchirée, et elle est aujourd'hui amère, méchante, violente. Aller rechercher au fond de moi cette violence que j'éprouvais à vingt ans, et que j'ai passé ma vie à dompter pour justement ne pas devenir une Hélène, est une forme de gageure.

J'accepte ce défi avec enthousiasme et, au début de l'année 1992, je m'embarque pour la côte méditerranéenne avec Jean Sagols et toute son équipe. Nous partons pour six mois. Le tournage a lieu à Hyères, à une petite demi-heure de Toulon. Jean Sagols est exactement l'homme qu'il me faut alors que le chagrin est toujours là et que, par instants, j'aimerais m'enfermer et pleurer. C'est un enfant de Béziers, un meneur d'hommes, un bon vivant, un conquérant au moral éternellement au beau fixe. Pour sa tribu (sa femme, Béatrix, ses deux fils, et la fiancée de l'aîné), il loue une grande et belle maison dans les pins... dont il m'offre le premier étage.

J'étais seule, sonnée par la vie, et je me retrouve du jour au lendemain dans une vraie famille, avec les portes qui claquent, le frigo qui déborde, les femmes à la cuisine, des tablées surexcitées à tous les repas, et de la tendresse, de l'affection, comme s'il en pleuvait... Je crois que je ne pouvais pas rêver mieux pour me réconcilier non pas avec le bonheur, bien sûr, mais avec le plaisir simple d'exister, de se sentir respirer.

Et puis accepter une série pour une comédienne, c'est comme de se lancer dans les jeux Olympiques pour une sportive : c'est être sur la brèche de l'aube au crépuscule. La nuit, j'apprends par cœur des kilomètres de texte, et tous les matins je suis sur le plateau pour une longue journée de tournage. Par la force des choses, je dois m'oublier, tout donner. Et Jean Sagols est un merveilleux *entraîneur* ! Il ne me lâche pas, il me parle avec passion de mon personnage, il m'aide à m'incarner en *tueuse*, moi qui suis plutôt du genre à parler aux oiseaux, et jour après jour sa satisfaction, ses encouragements discrets, me portent.

Le succès considérable des *Cœurs brûlés* – près de dix millions de téléspectateurs durant tout l'été 1992 – incite le producteur et la première chaîne à donner une suite à la série. Durant l'hiver 1994, nous repartons tous pour la Côte d'Azur tourner cette fois *Les Yeux d'Hélène*. Je retrouve Jean Sagols et sa tribu, Pierre Vaneck, l'équipe technique, et je fais la connaissance de nouveaux comédiens. Mais entre-temps Hélène est devenue aveugle, et pour entrer dans la peau de mon personnage je m'astreins à jouer les yeux fermés derrière mes lunettes noires. Je me laisse guider par l'authentique chienne d'aveugle, Girella, un tendre labrador, qu'a engagée la production.

Après *Les Yeux d'Hélène*, Jean Sagols m'embarquera encore pour Cuba tourner *Terre indigo*. Et là, enfin, je découvrirai que le chagrin m'a lâchée, comme usé, épuisé, par notre capacité à le tromper. J'écris *notre*, parce que Jean a pris une grande part, une belle part, dans cette guerre d'usure.

Maman, à qui j'ai rendu visite durant tout le tournage des *Cœurs brûlés*, meurt l'année suivante. Elle part sans s'en rendre compte, comme on rêve tous de s'en aller. Avec Maurice, nous lui avions loué un appartement à la montagne où elle venait de passer cet été 1993 avec une jeune fille qui était aux petits soins pour elle.

À la fin du mois d'août, Maurice vient la chercher pour la raccompagner à Toulon. Le voyage est très gai, paraît-il. Elle est contente de son été, contente aussi de rentrer chez elle, dans cette petite cité construite à l'emplacement même de son épicerie, avenue des Moulins, où elle occupe un trois pièces. Dans les derniers kilomètres, elle est prise d'une grosse fringale et elle a hâte d'arriver. Il doit être midi passé quand elle monte dans l'ascenseur, accrochée au bras de Maurice. Elle sourit en songeant au saucisson qui l'attend là-haut, celui des goûters de notre enfance. Mais à l'instant où la porte de l'ascenseur se rouvre, elle s'affaisse dans les bras de son fils.

Maurice comprend tout de suite. Il la porte jusqu'à son lit, l'allonge, et me téléphone aussitôt :

— Je vais appeler le docteur, Mireille, mais j'ai l'impression que maman n'est déjà plus là.

Nous sommes tous les deux en larmes à la messe. Et ensuite il faut assister à cette chose impossible, son incinération... Nos parents avaient pris cette décision de se faire brûler pour nous épargner des complications, sans doute, mais c'est un geste épouvantable à mes yeux. Je l'avais dit à maman après l'incinération de mon père. Je lui avais dit *Ne le fais pas, toi. Fais-toi enterrer près de Roger. Tu vois bien comme nous avons du plaisir à déposer des fleurs sur sa tombe, et ensuite à nous promener dans les allées. Nous sentons sa présence, nous lui parlons, il y a une douceur particulière dans les cimetières qui se prête aux conversations silencieuses, tandis que ces murs pleins d'urnes funéraires me glacent le cœur...*

— Mireille, j'ai promis à ton père, je ne reviendrai pas sur ma promesse.

— D'accord, madame Aigroz. D'accord. Alors nous respecterons ta dernière volonté.

Il ne me reste rien de ma mère. Pas un endroit où bavarder avec elle. S'il m'arrive de lui parler, c'est par hasard, au volant de ma voiture en patientant au feu rouge, ou à l'instant de monter dans un avion. N'importe où, finalement, alors que j'aurais tellement aimé la retrouver sous un vieil amandier. Pascal, qui est entré dans ma vie comme un soleil, huit ans après la mort de Pierre, et dont il est temps de parler, maintenant, est tombé un jour sur le chapelet de ma mère.

— Si tu le veux, je te le donne.

— Mais pourquoi ?

— Parce que j'aurais bien aimé que tu la connaisses.

Depuis, il se promène avec ce chapelet dans sa poche. Il ne part jamais en voyage sans l'emporter.

20.

Oui, Pascal entre dans ma vie comme un soleil de printemps après huit années d'hiver.

J'avais connu Pierre grâce à Michel Sardou. Je rencontre Pascal grâce à Anne-Marie Périer, qui va devenir la femme de Michel Sardou. Les Sardou me portent bonheur.

Un jour, Anne-Marie, qui dirige le magazine *Elle*, et qui est une amie, me téléphone pour me dire qu'un architecte aimerait visiter ma maison de Marrakech. Un certain Pascal Desprez. Je crois comprendre qu'il recherche une demeure pour l'un de ses clients.

— Eh bien, dis-lui qu'il peut m'appeler, naturellement, réponds-je à Anne-Marie.

Depuis près de vingt ans, Alain et moi portons ensemble notre beau palais de Marrakech. Seulement, lui n'y va pratiquement plus, et depuis quelque temps nous envisageons de nous en séparer.

Pascal : *Je venais de visiter les plus belles bâtisses de Marrakech, sauf une, qui était fermée. On m'avait dit que c'était la tienne, alors j'ai téléphoné à Anne-Marie Périer et je lui ai demandé si elle pouvait éventuellement te contacter.* Je vais essayer, *m'a-t-elle promis,* mais Mireille n'est pas facile à joindre. *Comme Anne-Marie ne me rappelait pas, je suis rentré à Paris sans avoir vu ta maison.*

Peut-être dix jours plus tard, coup de fil d'Anne-Marie :

— J'ai réussi à joindre Mireille qui ne serait pas contre une vente.

— Le problème c'est qu'entre-temps mon client a changé d'avis, il ne veut plus acheter à Marrakech...

— Ce sont des choses qui arrivent. Mais écoute, j'ai dérangé Mireille, est-ce que ça ne t'ennuierait pas de l'appeler malgré tout ?

— Bien sûr que non !

Et pourtant je ne t'appelle pas malgré ma promesse... Pourquoi ? Je ne sais pas.

Un jour, je tombe par hasard sur Anne-Marie :

— Au fait, tu as passé un coup de fil à Mireille ?

— Non, je suis désolé...

— Fais-le, je t'en supplie, je me sens gênée vis-à-vis d'elle.

Alors, cette fois, je prends sur moi, je respire un grand coup, et je compose ton numéro.

Pascal s'excuse très gentiment, il m'explique que son client s'est désisté, mais je ne sais pas pourquoi, au lieu de raccrocher rapidement, je me mets à lui parler de mon émotion pour cette maison. Des odeurs, des couleurs, de tous les mystères qu'elle recèle à mes yeux...

Pascal : *Oui, tu t'es mise à parler, avec ta voix de soie. Tout ce que tu me racontais était très joli, très romantique et, à la fin, je me suis entendu dire* : Mais vous n'avez pas des photos ? *C'était idiot, puisque je n'avais aucune intention d'acheter ta maison. Mais tu m'as répondu* : Si, je vous les apporte ! *Et incroyablement, une demi-heure plus tard, tu as débarqué dans mon bureau...*

Il se trouve que je déjeunais, ce jour-là, tout à côté de l'agence de Pascal... et que j'avais avec moi un reportage dans un magazine qui venait de sortir sur ma maison ! Il se trouve aussi, sans doute, que j'avais senti chez lui un intérêt sincère pour la beauté de cet endroit et que j'avais envie de partager cela. Même si Alain et moi étions pratiquement décidés à vendre, tourner la page de Marrakech n'était pas facile. Pour moi, c'était aussi rompre le dernier lien matériel qui m'unissait encore à Alain.

Pascal : *C'est étrange, les hasards de la vie. Je ne savais pas qu'Alain Delon avait longtemps collectionné les Bugatti, et ce jour-là j'avais une œuvre de Bugatti sur ma table de travail, une panthère sublime que je venais d'acheter pour l'un de mes clients... Tu entres, et tout de suite je vois que ton regard est attiré par la panthère, de sorte que nos premiers mots ont été pour parler de Bugatti, un peu comme si l'esprit d'Alain veillait sur nos premiers pas...*

Ensuite, bien sûr, tu m'as montré le reportage, et nous avons parlé de ta maison. En me quittant, tu m'as dit : Si vous revenez à Marrakech, voilà mon numéro de téléphone là-bas, je serai ravie de vous recevoir.

Et Pascal m'appelle quelques jours plus tard, alors que je suis là-bas, en pleine séance photos pour *Paris Match*. Il est descendu à la Mamounia.

Pascal : *Après avoir vu tes photos, j'avais rappelé mon client qui m'avait dit* : Je vous sens très séduit. Allez voir, et nous en reparlerons. *Je te téléphone de l'hôtel et tu me dis* : Venez tout de suite, si vous voulez. C'est très facile, en sortant de *la Mamounia*, vous tournez à droite et vous marchez. Je viens à votre rencontre ! Restez bien sur le trottoir de droite, on va forcément se croiser... *Je t'ai vue venir de loin, j'ai immédiatement reconnu ta silhouette, cette façon que tu as de danser en marchant. C'était comme dans un film de Lelouch, je marchais droit devant moi, j'allais rencontrer la femme de ma vie, et je ne le savais pas...*

Moi aussi, je reconnais sa silhouette. Grand, mince, tout habillé de blanc, pantalon à pli. En chemin, je lui explique la situation. Je n'ai pas une minute à lui consacrer, le photographe m'attend, aussi je ne vais pas pouvoir l'accompagner dans la maison...

Pascal : *Tu riais, tu m'as tout de suite mis à l'aise.* Comme ça, vous allez pouvoir rêver tranquillement, vous ne m'aurez pas sur le dos... *De fait, quand on est entré, tu m'as dit* : Allez-y, l'endroit est à vous... *Pendant deux ou trois heures je me suis baladé seul, c'était extraordinaire, derrière chaque porte, souvent dans l'ombre, ou parfois dans l'éclat de la lumière, je ressentais le mystère et la magie de l'art islamique, la douceur de vivre qui n'existe nulle part ailleurs, et puis je découvrais les traces profondes d'une vie passée...*

Je suis revenu vers toi pour te dire au revoir. Cette fois, je ne pensais pas qu'on se reverrait... mais tu m'as invité à dîner! Vous êtes seul, ce soir ? Eh bien, passez, on aura un peu plus de temps pour bavarder.

Ça tombait bien, je recevais deux amies de cœur ce soir-là, Zana Murat et Danielle Barraya, en plus du photographe, Richard Melloul, de son assistant et de la maquilleuse. Je m'en voulais sans doute un peu d'avoir abandonné Pascal, mais surtout j'aimais l'idée de le recevoir dans la magie de la nuit à Marrakech. Au crépuscule, on monte sur les toits pour profiter de la fraîcheur, la nuit est pure, douce, la ville s'apaise, on écoute le dernier muezzin, on regarde la Koutoubia illuminée, on est heureux. Des centaines de bougies sont disposées tout au long de l'allée qui conduit à la maison, et le bâtiment lui-même, illuminé aux chandelles, semble surgir d'une des aventures fantastiques et merveilleuses de Sindbad le Marin, le héros des *Mille et Une Nuits*. L'apparition de Pascal dans cette ambiance féerique fait sensation. Il est sublime, on dirait qu'il rentre d'un voyage aux Indes...

Pascal : *Tu m'avais assis à ta droite, à table. Je ne sais pas pourquoi, je me suis mis à te parler de ma passion pour l'architecture, pour l'art islamique, et aussi, bizarrement, de ma maison en Normandie... J'étais intimidé, en réalité, et je crois que je m'en suis sorti en devenant bavard.*

Je l'écoute avec surprise et bonheur ce soir-là. J'aime son enthousiasme, son humour, sa culture, et par-dessus tout je suis sensible à ce qu'il dit de ma demeure.

Il est sous le charme, je le sens, et la façon dont il m'en parle, avec ce mélange si particulier d'émotion et d'érudition qui est sa marque, m'étonne et me touche. Si bien que quand il s'en va, je l'invite à revenir le lendemain.

Pascal : *Tu m'as dit* : Passez prendre le petit déjeuner avec nous, demain matin, au lieu de rester seul à votre hôtel, *et j'ai accepté. La soirée avait été tellement belle ! C'est après ce petit déjeuner que je t'ai révélé mon intention de fêter mes cinquante ans à Marrakech. Je comptais profiter de ce voyage pour louer une maison et, cet après-midi-là, justement, j'en visitais une dans la palmeraie.* Alors revenez dîner en sortant de votre visite, *m'as-tu dit*, vous nous raconterez.

Pour moi, cette journée était encore dévolue aux photos. J'étais contente qu'on se retrouve tous de nouveau, le soir, comme la veille, et curieuse de savoir ce que Pascal dirait de ce riad que je ne connaissais pas.

Et je le vois revenir déçu et un peu triste. *Je ne fais plus mon anniversaire à Marrakech,* m'avoue-t-il, *je renonce, je n'ai vu que des endroits lugubres...* Et il pleuvait, pour ne rien arranger ! Enfin, il me raconte. Nous sommes au mois de juin, son anniversaire tombe quelques semaines plus tard, le 30 juillet. Alors, subitement, je m'entends proposer : *Mais pourquoi ne viendriez-vous pas chez moi ?*

Pascal : *Mon plus bel anniversaire ! Grâce à toi, et tu n'y étais pas... Tu as voulu que je te dise comment ça s'était passé, je voulais te remercier, on s'est donc donné rendez-vous au milieu du mois d'août, au Plaza Athénée, pour prendre un verre.*

Je me rappelle qu'en sortant, deux jeunes filles m'ont accosté : Excusez-nous, Monsieur, mais la dame avec laquelle vous étiez, c'était pas celle qui joue dans *Les Cœurs brûlés ? J'ai bredouillé* Oui, oui, c'est ça, c'est elle... *mais en réalité je ne savais pas de quoi elles parlaient, je ne regarde pas la télévision. C'est ensuite, en ouvrant les journaux, que j'ai compris : cet été-là, TF1 rediffusait* Les Cœurs brûlés...

Après ce verre au Plaza Athénée, nous nous perdons de vue. Moi je m'envole pour la Suisse tourner *L'Ami de mon fils*, de Marion Sarraut. Pascal retourne à ses affaires.

Pascal : *Je commençais un chantier énorme à Genève qui allait durer quatre ans. Si tu m'avais annoncé que tu partais également pour la Suisse, nous aurions peut-être décidé de nous revoir, mais tu ne me dis rien, et donc notre histoire s'arrête là. À ce moment, je n'imagine pas te revoir un jour.*

Et nous nous retrouvons dans l'avion de Genève ! C'est un matin d'octobre. Je suis de bonne humeur, heureuse du film que je fais, heureuse de la vie en général qui me réussit plutôt pas mal ces derniers temps. Après ces longues années de solitude, j'ai fini par me réconcilier avec une certaine forme de bonheur. Je vis seule, mais je n'en souffre pas. Je suis entourée d'amis précieux, j'apprécie les petits plaisirs du quotidien, je me sens légère, en paix avec moi-même, heureuse d'être vivante et de profiter des saisons.

Pascal : *Tu étais lumineuse ! On a commencé à bavarder, je t'ai dit que j'allais rester trois ou quatre jours à Genève, et je ne sais pas ce qui m'a pris, j'ai eu le culot de t'inviter à dîner... J'étais sous le charme ! Et toi, tu as dit* Oui, avec plaisir ! Tenez, je vous laisse un numéro de téléphone, appelez-moi.

Notre histoire commence ce soir-là, tout doucement, chastement. Pascal me séduit. Il est drôle et léger, jamais lourd. C'est un esthète. Il parle de la vie avec une délicatesse teintée d'humour qui donne envie d'entrer dans son monde. Et puis il est beau, romantique et beau, comme les personnages de Fitzgerald.

En le quittant pour regagner mon hôtel, je suis à la fois ravie et troublée. Que m'arrive-t-il ? Je ne pensais plus, à mon âge, tomber sous le charme d'un homme. Je n'ai plus personne dans ma vie depuis huit ans (même si je raconte le contraire aux journalistes), je vis seule dans cette maison de Boulogne que m'a laissée Pierre. J'ai apprivoisé ma solitude. Jusqu'à cette soirée, je n'imaginais pas que le destin pouvait encore chambouler cette paix reconquise de haute lutte...

Bien sûr, il m'est arrivé, au fil de ces huit années, d'éprouver le manque d'un homme, mais je ne me voyais pas recommençant une histoire. À cinquante ans passés, tout ce qui est délicieux et spontané dix ou vingt ans plus tôt apparaît d'un seul coup un peu pathétique. Je me disais *Ai-je vraiment envie de vivre avec un homme de mon âge ?* Comment se déshabille-t-on à cet âge ? Comment feint-on la hâte amoureuse ? Je n'avais pas envie de me moquer, mais malgré moi je souriais... Et d'ailleurs, me disais-je encore, on ne trouve plus d'hommes passé la cinquantaine. Ils sont tous casés, et ceux qui ne le sont pas préfèrent les femmes plus jeunes...

Pascal : *J'étais bouleversé en rentrant me coucher. Et déjà déchiré de devoir te laisser. Quelque chose m'arrivait qui me dépassait complètement...*

Nous nous revoyons dès le lendemain. Je suis amoureuse. Éperdument amoureuse. Par moments, moi aussi je me demande comment c'est possible. Où le cœur puise-t-il la force de repartir, de s'enthousiasmer, comme s'il n'avait encore rien connu ? Mais il trouve cette force, oui, et dans l'avion qui me ramène de Genève je me répète *Pascal est un cadeau de la vie ! Un très beau cadeau que je n'espérais plus...*

Nous aurions pu nous rencontrer à Paris, à Marrakech, mais c'est à Genève que notre histoire a commencé. À Genève, où déjà Pierre m'avait récupérée en morceaux après ma rupture avec Alain. Il doit y avoir dans cette ville, pourtant un peu triste, quelques fées qui me veulent du bien...

Pascal : *Tu m'as parlé d'Alain, et de Pierre. Je ne savais pas pour Pierre. Ce qui me tue, aujourd'hui encore, c'est d'imaginer combien tu as souffert... J'étais le troisième homme de ta vie. J'arrivais après deux monuments, mais, curieusement, ça ne m'a pas gêné. J'ai tout de suite compris que j'avais une place dans ton cœur, une place qui ne se confondait pas avec celle qu'avaient occupée tes deux autres amours.*

Avant de me connaître, Pascal vivait dans les galeries d'art moderne. Dès nos premières sorties ensemble, c'est là qu'il m'emmène. Je ne connaissais rien à la peinture abstraite. Alain m'avait appris à aimer Dürer et Delacroix. Pierre avait échoué à me faire partager sa passion pour le Moyen Âge. Pascal réussit très vite à faire de moi une admiratrice de Soulages, parce que sa culture artistique est immense et qu'il sait trouver les mots pour expliquer l'œuvre.

Pascal : *Il y a deux choses qui nous ont immédiatement liés : ta passion pour les maisons et ton ouverture à l'art...*

Oui, et mon cœur s'ouvre complètement, passionnément, à celui de Pascal, le jour où il me fait découvrir l'œuvre du sculpteur basque Eduardo Chillida. Alors il faut maintenant que je raconte ce jour où ma vie a changé, où je n'étais plus exactement la même, le soir, en me couchant. Mon esprit était plus libre, plus ouvert, plus fort.

Nous étions partis pour un petit voyage, le nez au vent. C'était l'été, notre premier été ensemble. La veille au soir, passant par Biarritz, nous avions dîné chez mes amis Hebey, Geneviève et Pierre, à qui j'étais heureuse de présenter Pascal.

Dans mon souvenir, ce sont eux, avec Jorge Semprun qui était aussi leur invité, qui nous parlent les premiers du musée Guggenheim de Bilbao, construit par l'architecte Frank Gehry. Pascal connaît cet édifice extraordinaire, mais il ne l'a jamais vu de ses yeux, et nous décidons aussitôt d'y aller le lendemain. Après tout, Bilbao n'est qu'à deux ou trois heures de route de Biarritz.

Il est encore tôt, peut-être dix heures du matin, lorsque nous découvrons, depuis le pont qui enjambe le fleuve, cette sorte de paquebot qu'est le musée Guggenheim, fiché dans la berge, et comme violemment déstructuré par un choc imaginaire. Il est si fort et si déconcertant, cet édifice, qu'on doit pouvoir passer des heures à le contempler. Pascal semble s'interroger : quels cheminements a bien pu suivre l'architecte pour parvenir à cette œuvre qui étonne la raison tout en enthousiasmant le cœur ? Nous demeurons là un bon moment, éblouis et stupéfaits, l'ensemble du bâtiment est en titane...

Nous entrons, et je vois Pascal se figer : le hasard a voulu que nous arrivions en pleine exposition Chillida ! À ce moment, je ne sais pas encore qui est Eduardo Chillida, mais je peux constater que son seul nom produit une vive émotion chez Pascal. Ce sculpteur de génie, dont les œuvres sont visibles dans le monde entier, sauf en France, est un des artistes contemporains qu'il admire le plus... Pascal me prend par la main, nous franchissons le seuil, et ce que je découvre ne ressemble à rien de ce que j'ai vu jusqu'à présent : nous sommes ailleurs, dans un monde qui m'est absolument étranger, fermé, et pendant de longues minutes j'observe ces œuvres abstraites, certaines monumentales, d'autres plus petites, avec le sentiment d'avoir été transportée sur une planète dont je ne partagerais aucun des codes, ni ceux de la langue ni ceux de l'émotion. Mais, à l'inverse, Pascal est chez lui, je le constate à l'excitation qui le prend, à ses yeux qui courent d'une œuvre à l'autre, à la fièvre incroyable qui le gagne... Il voudrait tout embrasser d'un seul regard, se remplir de tout, je le sens, et moi je suis à son côté comme une aveugle, interdite et mutique. *Par où commencer*, semble-t-il se demander, *et surtout quels mots trouver pour faire partager à Mireille mon éblouissement ?*

Et il se met à parler, avec cette intelligence, cette douceur, cette tension – cette tension dont je le verrai plus tard tout habité lorsqu'il m'expliquera son propre travail d'architecte –, il se met à me parler, oui, de l'abstraction, de la nécessité d'accepter l'espace sans aucune référence, de lâcher prise sur les courbes et les droites pour retrouver la liberté originelle et se laisser griser par un imaginaire différent. Ce sont ces mouvements qui provoquent une forme de musicalité. Et petit à petit, c'est comme si la brume se levait par banc, révélant un paysage inconnu. Ces volumes d'acier, de bois, d'albâtre, se mettent lentement à prendre souffle, à vibrer. Les mots de Pascal ouvrent en moi des portes secrètes, ils me libèrent du carcan têtu de la raison, ils m'entraînent dans des limbes mystérieux où je peux laisser courir librement mon imagination, prise subitement de vertiges, et excitée par tant de découvertes.

Je rejoins Pascal, et le rejoignant je le découvre lui aussi. Il n'est pas un homme tout à fait comme les autres, il est ailleurs, artiste, rêveur, inspiré, et à travers ses mots je comprends qu'il y a d'autres formes de liberté, peut-être même une autre dimension de la vie que je ne soupçonnais pas. Tout ce qu'il dit m'étonne, m'élève, et je mesure grâce à lui ce qu'il me reste à aimer.

Nous sommes encore au musée Guggenheim, au milieu de l'après-midi, quand Pascal, toujours sur son nuage, me propose de partir pour San Sebastian visiter la Fondation Chillida. Nous pouvons y être avant la fermeture, et nous prenons la route aussitôt.

Seulement le temps s'est mis à la pluie, en chemin, et nous entrons dans San Sebastian sous une de ces averses d'été qui font déborder les caniveaux. La ville est noyée, balayée, nous nous perdons, et c'est finalement avec le concours d'un taxi qui roule devant nous en éclaireur que nous atteignons la fondation. Les portes sont closes, mais Pascal ne se décourage pas. Depuis la voiture, je l'aperçois qui sonne, tambourine, et au fil des secondes je le vois se liquéfier littéralement sous les trombes d'eau.

Je suis sur le point de l'appeler quand une voiture s'immobilise derrière la nôtre.

— Entrez ! Entrez ! lui crie alors la conductrice, et avec une télécommande elle fait ouvrir les portes.

Pascal entre, je le rejoins, et alors la femme se présente : *Je suis Mme Chillida. Entrez !*

Nous lui expliquons que nous arrivons de Bilbao, Pascal lui dit sa vénération pour l'œuvre de son mari, et avec beaucoup de gentillesse elle nous ouvre toutes les portes de la fondation à laquelle le public ne peut pas encore accéder.

Nous sommes dans les jardins, le temps s'est miraculeusement remis au beau et nous nous apprêtons à la remercier, et à partir, quand c'est elle qui vient vers nous :

— Ça vous ferait plaisir de rencontrer mon mari ?

Je me rappelle l'émotion de Pascal à cet instant, son silence, ses larmes presque... et, du coup, c'est moi qui dis à sa place :

— Oui, un plaisir immense !

Ils habitent au-dessus de la baie de San Sebastian, une maison toute blanche ouverte sur la mer. *Le blanc gagne toujours*, me dira Eduardo Chillida en souriant.

Il nous reçoit comme si nous étions de sa famille. Pour Pascal, c'est un moment précieux, unique, et pour moi l'aboutissement de tout ce qu'il m'a transmis au fil de la journée. Je les écoute parler, ils communient dans cet *ailleurs*, sans attaches ni références, ils volent, ils ne touchent plus terre, et j'envie leur liberté.

— Connaissez-vous *Le Peigne dans le vent* ? me demande à la fin Chillida.

C'est une sculpture qu'il a scellée sur des rochers, au milieu de la mer, au bout d'une longue jetée où l'on se promène en famille, le soir.

Non, nous ne l'avons jamais vue, et alors il nous propose de nous emmener la voir. Nous faisons ensemble cette belle promenade, parmi les gens qui le saluent sans jamais l'importuner. Et comme le soleil se couche sur ces dents d'acier dressées dans le vent, nous nous séparons en nous embrassant.

Chillida a-t-il deviné qu'il m'avait ouvert ce jour-là l'âme de Pascal ? Quand il mourra, quelques années plus tard, nous aurons le sentiment de perdre un ami très cher.

Après Bilbao, ce sera New York, Venise, Tokyo... Pascal me fera faire le tour du monde, nous irons dans toutes les villes où s'expose l'art contemporain.

Et puis je découvre que Pascal est un des seuls architectes en France à ne construire que des maisons particulières pour des gens importants, et souvent célèbres, aux quatre coins du monde. Chacune est une œuvre d'art, élaborée en communion avec les personnes qui la lui commandent. Je ne sais pas si on peut parler de *clients*, tant les liens qui se tissent entre eux et lui, au fil des mois, sont forts. Longtemps après la fin du chantier, il continue de parler de toutes ces personnes avec lesquelles il a travaillé comme d'amis précieux, comme s'ils avaient partagé des émotions inoubliables. Je crois que construire s'apparente chaque fois à une expérience unique dans laquelle il laisse une partie de lui-même.

S'il n'avait pas été le fils d'un père exigeant et pragmatique, Pascal aurait sans doute été peintre, ou sculpteur (il faut le voir dessiner...). Son père, médecin, accepte qu'il songe aux Beaux-Arts, mais pour y étudier l'architecture parce que, *Artiste, mon garçon, ça n'est pas un métier*. Architecte, il se retrouve dans une grande agence à concevoir des barres de HLM – il déprime, pense qu'il s'est trompé de métier, et retourne aux Beaux-Arts. Il y fait de la scénographie, avant qu'au hasard d'un concours il reçoive la charge d'aménager un hôtel particulier dans les jardins du Trocadéro... C'est là qu'il découvre sa vocation. Depuis, les maisons particulières ne l'ont plus lâché.

Quand je comprends que mon histoire avec Pascal est sérieuse, immense, je décide de prévenir Alain, comme je l'avais fait quand j'avais commencé à vivre avec Pierre. Déjà, je ne voulais pas qu'il l'apprenne par les journaux. Je lui écris donc une lettre, de ces lettres que je relis dix fois avant de les poster. Pourquoi ai-je besoin de l'associer à chacune de mes renaissances ? Sans doute parce que nous avons su préserver l'essentiel de ce que nous nous étions promis. Nous ne sommes plus dans l'amour fusionnel, mais l'affection, la confiance et le respect sont intacts. Alain me fait toujours battre le cœur, et j'ai besoin de sentir sa présence dans les grands chagrins comme dans les moments de bonheur intense.

Pascal : *Un soir, nous allons Salle Pleyel, pour entendre une conférence sur Bouddha. On se retrouve tous les deux au premier rang, avec un quart d'heure d'avance. Cinq à six cents personnes bavardent derrière nous en attendant le lever de rideau. Et soudain, on entend comme un mouvement de foule dans notre dos, et le brouhaha qui s'éteint petit à petit.*

— Qu'est-ce que c'est ?

Et toi, jetant un œil en arrière :

— C'est Alain !

J'avais dû parler à Alain de cette conférence, lui dire que nous y serions. Cela faisait déjà plusieurs mois que je voulais lui présenter Pascal. Pourquoi a-t-il choisi ce soir-là ?

Pascal : *Je me retourne, et je vois Alain descendre la salle au milieu d'une foule silencieuse et carrément en hypnose. Elégant, très beau, l'œil métallique, et naturellement je comprends dans l'instant qu'il vient vers nous.*

À la réflexion, je crois que j'aurais préféré que notre première rencontre soit plus intime... Mais celle-ci avait un côté romantique, très Paul Morand, qui m'a séduit sur le coup.

Alain est arrivé jusqu'à nous. Est-ce qu'il t'a embrassée ? Sans doute. Mais très vite tu as fait les présentations :

— Alain, je te présente Pascal.

— Je suis content de vous connaître !

Malgré moi, j'étais assez impressionné, de sorte que je ne me souviens plus trop de ce que je lui ai dit. Mais je me rappelle parfaitement ses propos :

— Mireille est ce que j'ai de plus cher au monde, prenez soin d'elle.

J'ai repensé au Bugatti, sur mon bureau, le jour de notre première rencontre. Cette fois, c'était un Alain en chair et en os qui te confiait à moi. J'ai dû lui dire que je ferais tout. Tu me tenais la main gauche, de l'autre j'ai serré la main d'Alain, et pendant un moment nous avons formé une chaîne tous les trois.

Pascal m'aime, il ne songe qu'à me rendre heureuse, et au milieu de l'hiver 1997-1998, il fait une chose inattendue qui me bouleverse : il me demande en mariage ! C'est la première fois de ma vie déjà longue. Ni Alain ni Pierre ne l'avaient fait, ni aucun homme avant eux.

C'est un moment inoubliable. Nous sommes en Normandie, nous roulons en voiture sur les falaises, dans le vent, au-dessus de la mer qui a pris les reflets sombres du ciel.

Subitement, Pascal s'arrête sur un promontoire. Il se gare au pied d'un Christ immense qui contemple les flots et nous sortons dans la tempête. C'est très beau, très impressionnant. Le vent nous fouette le visage, il amplifie le fracas des rouleaux en contrebas, il nous mouille des embruns de la mer, et nous nous retenons l'un à l'autre comme s'il pouvait nous emporter.

Alors j'entends des mots hachés, des mots à peine audibles et comme jetés dans la tourmente, j'entends cette drôle de phrase *J'ai la hardiesse de t'aimer...* et puis *T'épouser si tu voulais... Mireille... Nous marier... Ma femme...* Et c'est extraordinaire parce que avec tout ce vent je peux pleurer sans qu'il le voie, pleurer d'émotion, de bonheur, et à la fin seulement m'entendre crier *Oui ! Je veux bien devenir ta femme !*

Pascal : *Tu sais, je n'avais pas le courage de te regarder. Dix minutes avant, je ne savais pas que j'allais te demander en mariage. Je n'avais rien prémédité, rien préparé. Je crois que c'est cet endroit, au pied du Christ, face à la mer... D'un seul coup, j'ai senti que mon destin se jouait là, et j'ai eu cette audace... Je n'aurais pas pu te le demander les yeux dans les yeux, mais giflé par le vent du large, face à cette mer en colère, ça avait quelque chose d'irréel... Si tu avais répondu* À nos âges, c'est une connerie, *ou* Je n'ai jamais été mariée, pourquoi commencer aujourd'hui ? *je serais certainement retombé sur terre, et j'aurais eu un peu honte, mais tu te taisais, je ne voyais pas que tu pleurais, je ne voyais que l'horizon, et je continuais, je continuais... J'essayais simplement de te dire que tu avais surgi sur mon chemin comme un ange blond, et qu'à présent je ne pouvais plus envisager de vivre sans toi.*

Pascal nous construit notre maison, ou plutôt notre appartement. Il nous arrive comme un cadeau, cet appartement... et des Sardou, encore ! C'est celui qu'Anne-Marie Périer occupait, avenue Montaigne, avant de rencontrer Michel.

Pascal sait tout ce que j'aime. Il sait que j'ai découvert le plaisir de cuisiner et il me fait une cuisine exceptionnelle. Elle est noble et silencieuse, on peut s'y recueillir comme dans un atelier d'artiste. Il sait que j'aime les bibliothèques et il me fait des bibliothèques. Il y en a même une dans la cuisine. Il sait que j'aime les tables et il en met partout. *De mon bureau*, me dit-il pendant les travaux, *je veux pouvoir t'apercevoir de partout. Me remplir les yeux de toi...* L'appartement est transparent, on peut d'un regard se dire combien on est heureux de vivre ensemble, et cependant nous y avons chacun nos espaces, mystérieusement délimités, ici, par une ou deux colonnes, vestiges des cloisons d'autrefois, là, par un rayon de lumière qui tombe joliment d'une fenêtre.

Ensuite, il se demande comment faire pour que je me sente bien dans sa maison de Normandie, cette maison où il a vécu une autre vie avant de me connaître. Un joli manoir, romantique, lové dans une clairière... Ici, le temps semble s'être arrêté, la lumière est changeante, la pluie fine n'est jamais triste, et cependant chaque éclaircie est un cadeau du ciel. Et Pascal trouve la solution : changer de place l'entrée ! Il cherche une porte ancienne qui marquerait mon entrée dans sa vie, et il la fait poser sur un des pignons de la maison. Du coup, toutes les pièces s'en trouvent bouleversées et nous les habitons différemment.

Pascal : *À partir de là, je t'ai vue te passionner pour le jardin. J'ai compté : tu as planté mille huit cents rosiers ! Tu avais fini par te séparer de ta maison de Marrakech pour des amis d'Alain, ta maison où tu passais beaucoup de temps à tailler les plantes, à soigner les arbres, et tu as retrouvé en Normandie une terre aussi fertile.*

Comment a-t-il su que je rêvais d'un potager ? Un jour, j'ai dû lui dire un mot de celui de mon père, tout bas, tristement, entre chien et loup, et il a compris, il m'en a fait un. Mais à sa façon, artistique et raffinée. Je suis sûrement la seule agricultrice de France à repiquer mes salades comme si j'accomplissais un tableau vivant. Ce qui était si lourd et angoissant avec mon père est devenu léger et beau grâce à Pascal.

Il met de l'élégance et du romantisme dans tout ce qu'il touche. Parfois, je me dis qu'un jour il parviendra même à me réconcilier avec mon enfance. Ce potager, c'est un premier pas...

Nous nous marions le 30 juin 2002, dans cette maison de Normandie. Seule la famille de Pascal est là. Sa maman, Maya, et son gendre, Jean-Marc, sont mes témoins. Pascal a choisi, quant à lui, ses deux enfants, Cecil-Laurent et Clémentine.

Ce jour-là, il me donne la place que la vie m'a obstinément refusée jusqu'à présent : je deviens la grand-mère des enfants de Clémentine et Jean-Marc, Valentin et Justine, cinq et trois ans au moment où j'achève ce livre. Et la grand-mère aussi des deux premiers enfants de Jean-Marc, Mikaël et Raphaël...

Ils me téléphonent, ils me disent quel jour ils vont venir à la maison et, avant de raccrocher, je les entends crier dans l'appareil *Mimi, je t'aime !*

Maintenant, j'ai des petits bras autour de mon cou qui savent qu'ils peuvent compter sur moi, et cette confiance qu'ils me font me remplit d'émotion, de reconnaissance envers la vie.

Presque tous les dimanches soir, nous dînons avec Maya. Elle m'a ouvert les bras le premier jour, heureuse que j'entre dans sa famille, heureuse du bonheur de son fils, et depuis nous avons appris à nous connaître, à nous aimer. À l'improviste, Cecil-Laurent m'appelle, et je le rejoins quelque part pour déjeuner. Il est architecte d'intérieur. Je songe en le regardant que Pascal devait être comme lui à trente-cinq ans, soucieux de ne pas passer à côté de sa vie, et cependant un peu trop romantique pour y entrer. Avec Clémentine, qui est avocate, nous prenons un café rapidement, certains matins. J'ai beaucoup de plaisir à l'écouter, à la regarder. Elle est belle, vive, intelligente et volontaire. J'aime notre complicité, il me semble que nous nous connaissons depuis toujours. Et puis, comme son père, elle ne manque pas d'humour.

L'autre jour, je lui ai demandé si elle avait remarqué combien sa petite Justine me ressemblait :

— Tu ne trouves pas que ma petite-fille me ressemble de plus en plus ?

— Mais si, je m'en faisais justement la réflexion, c'est tout à fait toi petite !

Et naturellement nous avons éclaté de rire.

Voilà, ce livre est fini, et maintenant je vais retourner dans la vie. Partager mon temps, comme j'aime le faire, entre Pascal, mes petits-enfants et mes reportages. Demain, je pars pour le Cambodge...

Jusqu'ici, jamais je ne m'étais arrêtée pour regarder en arrière. Je fonçais droit devant moi, j'allais vers la lumière, comme si faire ressurgir le passé pouvait nuire à la plénitude du moment présent. Sans l'insistance de Pascal, sans son entêtement à me connaître, je ne me serais sûrement pas arrêtée pour écrire ces Mémoires.

Mettre sa vie en mots est un exercice impitoyable, comme de s'observer longuement dans un miroir grossissant. C'est revisiter son enfance, revivre ses peurs, ses cauchemars, ses hontes... C'est refaire pas à pas la découverte de l'amour, revivre ses premiers éblouissements, ses premières déceptions aussi... C'est retraverser des bonheurs qu'on avait crus éternels, et replonger dans des chagrins qu'on espérait cicatrisés, et qui ne le sont pas vraiment... C'est parvenir à comprendre de quoi nous sommes faits, et comment nous nous y sommes pris pour construire notre propre destinée...

Tant que battra mon cœur

Mettre ma vie en mots m'aura pris plus d'une année, sans cesse entre le rire et les larmes. Suis-je fière du résultat ? Je suis fière d'être allée au bout, oui, de ne pas avoir cédé à la tentation de tout arrêter pour sauter dans le premier train venu. Fière aussi de n'avoir pas triché, ni avec la réalité telle qu'elle m'est apparue ni avec mes sentiments.

Pour le reste, je n'ai fait qu'écouter ce que me disait mon cœur.

Tanger, juillet 2005.

Et pour finir, je voudrais remercier tous ceux qui ont partagé mes bonheurs et mes chagrins, et m'ont aidée à vivre, Anthony Delon, les filles de Pierre Barret et les enfants de Pascal, Maurice et Bernadette Aigroz, Véronique de Villele, les professeurs Christian Cabrol et Yves Grosgogeat, Pierre et Geneviève Hebey, Guy Bonnet, Marie Marczak et Maya, la mère de Pascal.

Cet ouvrage a été composé et imprimé par
la Société Nouvelle Firmin-Didot
pour le compte des éditions de Noyelles
en septembre 2005

Imprimé en France
Dépôt légal : octobre 2005
N° d'édition : 43504 – N° d'impression : 75347